Wrócę, gdy będziesz spała

Patrycja Dołowy

Wrócę, gdy będziesz spała

Rozmowy z dziećmi Holocaustu

Wołowiec 2019

Projekt okładki Mroux
Projekt typograficzny Robert Oleś / d2d.pl
Zdjęcie dziewczynki na okładce pochodzi z archiwum Maryli Krasnowskiej

Copyright © by Patrycja Dołowy, 2019

Redakcja Ewa Polańska
Korekta d2d.pl
Redakcja techniczna Robert Oleś / d2d.pl
Skład pismami Secca i Charter ITC Karolina Księżyc / d2d.pl

Zrealizowano w ramach stypendium Ministra Kultury
i Dziedzictwa Narodowego

Książkę wydrukowano na papierze Ecco-Book Cream 70 g/m², vol. 2,0,
dystrybuowanym przez firmę Antalis Sp. z o.o.

ISBN 978-83-8049-830-3

Eli, Doni, Simie, Oli i Halszce –
moim pierwszym rozmówczyniom

Przedmowa
(rozmowa z Anną, Warszawa)

Jeszcze pani nie powiedziałam, dlaczego chciałam się z panią spotkać. Przyjaźniłam się z Ireną Sendlerową. Poznałam ją w 1983 roku. Przychodziłam do niej do domu przy placu Na Rozdrożu, zanim zamieszkała w domu starców na Nowym Mieście. Potem do jej pokoju też przychodziłam. Czasem mierzyłam jej ciśnienie i potem rozmawiałyśmy. Różne rzeczy mi opowiadała. Mówiła mi, że spotkała się z Amosem Ozem, izraelskim pisarzem, i on obiecał jej, że napisze książkę o matkach. Ale w końcu nie podjął się tego.

A Irena go prosiła, pisała do niego. Uważała, że nie mówić o nich to jakby im pozwolić umrzeć – po raz drugi. Zostawić je same z tym: "Idź już. Nie oglądaj się". Bardzo chciała podkreślić ich determinację i heroizm. Nie dość, że rozdarte w kwestii swoich dzieci, to jeszcze były w konflikcie z własnymi matkami – babciami tych dzieci, oskarżane o brak uczuć macierzyńskich, potępiane i oceniane przez swoją społeczność. Ich matkom nie mieściło się w głowie, że można oddać własne dziecko. Babcie pamiętały I wojnę światową. Nikt wtedy nie mordował dzieci, nikt nie musiał ich ukrywać. Matki nie mogły zrozumieć tego rozdzierającego oblicza miłości swoich córek.

Gdy do Warszawy przyjechały amerykańskie dziewczyny, autorki sztuki o niej *Życie w słoiku*, Irena nie wiedziała, co im powiedzieć. W mitologizowaniu jej osoby jest tyle fałszu. Tylu ludzi się na tym wspięło. Irena czuła, że jej mit jest sztucznie podtrzymywany, by zdjąć odpowiedzialność z Polaków, a ona przecież zawsze miała świadomość, że to rodaków należało się bać najbardziej. Bardzo się tym martwiła. I tym, że ludzie się kręcili przy niej i drapali na swoje drabiny. Irena nie chciała książki o sobie, tylko o tych matkach.

Powinna pani opisać tę historię w przedmowie…

Fanni i Aleksander
(o cioci Wandzie z placu Unii Lubelskiej)

Boję się starych wind. Tych z drewnianymi drzwiami, których jak się nie domknie, to może się zdarzyć coś strasznego. U mnie w bloku nie ma takiej windy. Jest mała, śmierdząca, ze stłuczonym lustrem i „dupą" wyskrobaną w ścianie ze sklejki. Stoimy cicho z siostrą. Mama i babcia o czymś rozmawiają. Podświadomie wiemy, że o czymś z gatunku „historia nie dla dzieci". Dlatego natychmiast nastawiamy uszu. Instynktownie.

Szarpnięcie. Mama rozchyla drzwi. Siostry i moim oczom ukazuje się czarno-biała, popękana terakota. Mama i babcia na pewno widzą to inaczej. Ich wzrok jest na innym poziomie, rozglądają się za numerem mieszkania, szukają dzwonka. My obserwujemy pęknięcia, które tworzą abstrakcyjne wzory. Jak każda staroć, kamienica przy placu Unii Lubelskiej, gdzie na ostatnim piętrze mieszka ciocia Wanda, ma swoje rysy, skrzypnięcia, uszczerbki, artefakty, które są niczym jej odcisk palca – własne, niepowtarzalne, jedyne w swoim rodzaju. Wymieniamy z siostrą spojrzenia, w myślach rysujemy poprzednie, już zatarte kształty kamienicy, ożywają ślady jej dawnych mieszkańców, bezwiednie przywracamy młodość pomarszczonym, zgarbionym staruszkom, szkicujemy przeszłe obecności. W końcu jesteśmy pod drzwiami. Szuranie, zgrzyt zamka, jasne światło. W mieszkaniu bibeloty, różne eksponaty z życia sprzed. Jakby ciocia Wanda dbała o zapomniane sanktuarium, prastarą, opuszczoną świątynię, w której boginię nikt już nie wierzy. A jednak obecność strażniczki daje spokój i pewność, że duchy zostaną na swoich miejscach. Dopiero dziś wiem, że jest taki rodzaj pamięci, przejawiający się w codziennych rytuałach, oderwanych od tego, co je zapoczątkowało, jak podlewanie kwiatów w pozostałym po kimś pustym mieszkaniu albo pucowanie grobów.

Trochę się boimy starej kobiety, podświadomie czując jej głęboką wewnętrzną samotność, przykrytą uśmiechem, gęstą siateczką zmarszczek, kosmykami kruczoczarnych włosów wypadających z koka i delikatnością chudych palców, głaszczących nas czule po buziach. Jaką tajemnicę, jaki ciężar niesie kobieta, która przeszła to samo piekło co nasza babcia? Z tamtego dnia zostanie mi tylko owo mgliste uczucie obcowania z jej potwornie ciężką pustką, przykrytą czułością i wdzięcznością. Dopiero gdy wiele lat później urodzę syna, wróci do mnie wspomnienie czarnowłosej kobiety, której historii mogę się tylko domyślać.

„Mamo, nie płacz, będę ci wysyłać pocztówki".

Może dziesięcioletnia córka Wandy żegnała ją tymi słowami ze wspomnienia Estery Roszkiewicz, zanim policjanci zapakowali dziewczynkę na wóz do Chełmna nad Nerem. A może matka i córka splotły się w mocnym uścisku jak na jednym ze zdjęć Henryka Rossa dokumentujących wielką szperę w łódzkim getcie, i nic już nie istniało po tamtej chwili – ten moment trwa nadal na fotografii i w pamięci. To obraz, po który Wanda nigdy nie sięgnie. A może jej córki wcale wtedy nie zabrali, może umarła już wcześniej w getcie z głodu i choroby jak synek wujka Lusika? Iś – to imię odnalazłam rok temu (dopiero!) na cmentarzu żydowskim w Łodzi. Ciocia Wanda straciła córkę podczas wojny – tak by to zapisano w jej biografii. Sama zmarła w połowie lat osiemdziesiątych, nie zostawiwszy po sobie nikogo, a ja dziś wycieram z kurzu jej jedyną fotografię. Bibeloty, których nie zdążyła porozdawać przyjaciołom, sąsiedzi rozdzielili między siebie. Reszta trafiła na śmietnik: skorupy filiżanek i pożółkłe świstki nic już nikomu nie powiedzą. A to wszystko i tak znacznie więcej, niż zostało po Fanni, jej szwagierce, uwierającym kawałku naszej rodzinnej historii o dzielnych i urodzonych pod szczęśliwą gwiazdą dziewczynach.

Fanni i Aleksander (właśnie tak się nazywali, prawie tak samo jak bohaterowie dramatu Ingmara Bergmana) przyjechali do Warszawy zaraz po tym, gdy w Łodzi wszystko wskazywało na to, że będzie już tylko gorzej. Oboje wcześniej tu studiowali. W stolicy wiadomo – musiało być bezpieczniej. W warszawskim getcie Fanni była dentystką. Wspominają o niej Henryk Makower w *Pamiętniku z getta warszawskiego* i wiele lat po wojnie moja babcia Donia swojemu synowi, a on potem mnie. Wtedy gdy Doni już nie było, a ja desperacko szukałam jej śladów. Fanni i Aleksander mieli synka Jurka. Mówiło się o nim: słodki, uroczy, ufny. Makower dodaje: z czupryną marchewkowych włosów. Fanni kochała go obłędnie. I z dnia na dzień, z opowieści na opowieść coraz rozpaczliwiej. Bo do jej gabinetu przychodziły matki, których dzieci nie udało się zawrócić z transportu, i takie, które oddały dzieci na aryjską stronę. Fanni słuchała. O lęku, nadziei i niewyobrażalnym bólu. Im więcej słuchała, tym bardziej nie mogła wyobrazić sobie rozdzielenia. Tej totalnej pustki, gdy matka zostaje sama w przestrzeni getta. Gdy musi zatrzeć za sobą wszystkie ślady swojego macierzyństwa, wszystkie tropy mogące zaprowadzić ich od niej do jej dziecka. Dokonać całkowitego odcięcia, wyskrobania pamięci do szpiku kości. Nic nie może jej zdradzić, bo jej dziecko musi ocaleć. Musi żyć. A ona? Dołączy do niego, jak obiecała? Czyżby? Jej pewnie nie czeka już nic. Tylko śmierć. Zresztą wszystko, co najważniejsze, już od siebie odcięła. Nic już nie jest ważne. Porzuciła siebie, by jej dziecko przetrwało. A po latach to dorosłe dziecko być może nie będzie mogło żyć, nie zadręczając się wciąż i wciąż pytaniem, dlaczego matka je zostawiła, dlaczego zabrała mu siebie. Bo przecież cokolwiek zrobiłaby matka, będzie się czuła winna. Wina jest wpisana w macierzyństwo. Są jak syjamskie bliźnięta zrośnięte wnętrznościami. W zasadzie nie do oddzielenia. Więc matka jest winna. Winna porzucenia dziecka, oddzielenia go od matki, zabrania mu matki, zabrania mu poczucia bezpieczeństwa. Będzie więc myśleć tylko o tym, czy jej dziecku na pewno jest tam ciepło, czy aby się nie przeziębi, czy ci ludzie, którym całkowicie ufa, choć nigdy ich nie spotka (nigdy nie oddałaby dziecka ludziom, którym nie ufa), na pewno dobrze o nie dbają. Czy je kochają. Czy będą umieli kochać je tak, by niczego mu nie brakowało. Tego Fanni nie mogła sobie wyobrazić. W rodzinie zawsze słynęła z wielkiego opanowania. Postępowała ostrożnie i metodycznie. Tak też zadziałała ten ostatni raz. Jako dentystka miała dostęp do trucizn. Któregoś dnia wyniosła tyle, by starczyło dla niej i jej najukochańszych. Najpierw podała cyjanek małemu Jurkowi, potem ona i Aleksander zażyli go razem. Nie dostali tej rodziny. I tu kończy się ich historia, która się wydarzyła i się nie odstanie. A ja mam w tym miejscu otwartą ranę. Rozdrapuję ją wciąż na nowo każdą kolejną historią stamtąd. O dzieciach wyrywanych matkom, o dzieciach stojących pod murem getta i patrzących za odchodzącymi rodzicami. Pytających tymi swoimi oczami: dlaczego? mnie? zostawiają? Nie wypowiedzą tego potem do końca życia. Wraca do mnie ten obraz – myślę o oczach moich dzieci, o tych wielkich oczach patrzących na mnie, gdy wychodzę i zostawiam je w łóżeczkach. Te oczy pytają: czy na zawsze?

A ja mam szczęście, że mogę odpowiedzieć: „Wrócę, gdy będziesz spać".

„Ja nie zasnę. Zaczekam na ciebie, aż wrócisz" – odpowiadają chórem.

Odkąd zostałam matką, każdego dnia, czasem kilka razy dziennie, ta myśl wraca do mnie, wwierca się we mnie. Po prostu przewierca mi głowę na wylot. Próbuję ją zamykać w kolejnych pudełkach, a te pudełka w jeszcze innych pudełkach, by nie mieć do niej dostępu. By tak cholernie nie bolał ten lęk, który podchodzi do gardła, a potem nie ma jak go wyrzucić, więc brakuje tchu.

Nie mam na to więcej słów.

Trudno znaleźć słowa na opisanie, jak bohatersko podać dzieciom wodę zamiast lekarstw, by myślały, że jeszcze mają szansę. A gdy nadejdzie ten moment – morfinę w za dużej dawce, by oszczędzić im cierpienia. Albo na opisanie dzielnego głodowania, by starczyło dla wszystkich. Co zostaje matce, która musiała przez to przejść? Ślad na udzie, w którym tkwiły pazurki jej synka, gdy próbowała go od siebie oddzielić? Ślad na dłoni, z której zdejmowała po kolei jego wpijające się w nią palce? Brzmiące w uszach: „Mamo, chodź ze mną"?

A może raczej:

ubieraj się ciepło,

nie oglądaj się za mną,

bądź dzielna,

wszystko będzie dobrze,

idź już,

kocham cię.

Imię
(rozmowa z Zosią i Bietą, Warszawa)

Zosia: Te historie zawsze kończą się źle. Bardziej lub mniej źle.

Bieta: No właśnie moja się jeszcze nie skończyła. Mój wnuk mówi teraz, że czuje się Żydem. Pytam go, co przez to rozumie, ale jeszcze mi nie wytłumaczył. Tak się czuje i już. A jego starszy brat był kiedyś na obozie żydowskim. Kiedy zadzwonił do niego ojciec, powiedział mu: „Tato, nie mogę z tobą rozmawiać, bo jest piątek po zmroku". Coś się takiego robi w tych kolejnych pokoleniach. Ja na szczęście nigdy nie byłam dociekliwym dzieckiem. Chodziłam z mamą na grób tatusia na 1 listopada. I dopiero gdy miałam piętnaście lat, zauważyłam, że tata umarł dwa lata przed moim urodzeniem. Zapytałam o to mamę, a ona bez mrugnięcia powiedziała, że kamieniarze się pomylili. Nie dociekałam. Teraz już wiem. Mam metrykę, w której jest napisane, że jestem córką swojej mamy (tej drugiej) i jej męża, który umarł dwa lata przed moim urodzeniem.

Zosia: A ja nie mam o czym opowiadać, bo na moje wielkie szczęście prawie całą wojnę byłam z mamą. Ona nie złożyła broni. Jak nas zamknęli w getcie, uciekłyśmy. Jak nas zamknęli w obozie, też uciekłyśmy. Przed kolejnymi szmalcownikami również uciekałyśmy.

Bieta: Mama przeżyła, bo miała ciebie, a ty, bo miałaś mamę. Dlatego jesteś normalna. Czy Zosia opowiadała ci historię swojego imienia?

Nie...

Bieta: Raz na zjeździe Dzieci Holocaustu* Zosia zemdlała. Wezwałyśmy pogotowie. Przyjechał lekarz i zapytał ją, jak się nazywa. Ona się ocknęła i powiedziała: „Szulamitka".

Zosia: Pierwszy raz wtedy tak się przedstawiłam. Zawsze byłam Zosią. Nigdy o sobie nie myślałam tym żydowskim imieniem. Czasem dziadek tak do mnie mówił. A mama to nawet długo nie wiedziała, że mam na imię Szulamit. Jeszcze kiedy była w ciąży, mówiła do brzucha „Zosia". Rodziłam się przez cesarskie cięcie. Mama leżała ze mną w szpitalu, a tata miał iść do rabina mnie zameldować. Wtedy nie rejestrowało się noworodków w urzędzie stanu cywilnego, jak w PRL-u czy dzisiaj, tylko szło się do księdza lub rabina. Ojciec wyjął więc z kasetki domowej odpowiednią kwotę i poszedł. To nie było daleko, ale po drodze spotykał licznych przyjaciół, którzy gratulowali mu świeżo narodzonej córki. W drodze topniały pieniądze. Kiedy doszedł do rabina, została mu w kieszeni skromna część pierwotnej kwoty. Gdy rabin usłyszał: „Zofia", powiedział, że w porządku, ale gojskie imię jest droższe. Ojciec pomacał się po kieszeni – tyle już nie miał. Negocjacje nic nie dały i z Zosi została Szulamit. Schował dokument i do wybuchu wojny nie przyznał się mamie. Dopiero jak Niemcy zażądali dokumentów, mama się zorientowała i oczywiście wściekła, tyle że już nie miała na kogo. Nigdy nieużywane imię Szulamit przetrwało w szufladzie, tymczasem ojciec poszedł bronić Warszawy. Więcej go nie widziałyśmy.

* Stowarzyszenie Dzieci Holocaustu w Polsce – organizacja zrzeszająca osoby żydowskiego pochodzenia ocalałe z Zagłady, które w dniu rozpoczęcia II wojny światowej miały nie więcej niż trzynaście lat lub urodziły się w czasie wojny.

Byłyśmy i w getcie, i w obozie, i na aryjskich papierach. Musiałyśmy je zmieniać często, bo mama przed wojną była towarzyska i mnóstwo osób ją znało. Ciągle się jacyś szmalcownicy przyczepiali. Każdy dzień zaczynałyśmy od tego, że mama pytała mnie: „Jak się nazywasz? Kiedy i gdzie się urodziłaś?". Musiałam zapamiętać i wyrecytować. Wiele razy. Miałam różne nazwiska, różny wiek, ale zawsze byłam Zosią.

Czego zabraknie

…Brzęku filiżanek, zapachu kawy, smaku ciasteczek i naleś-
ników, widoku bibelotów – pomieszanych tropów żydowskich
i polskich, długiego milczenia, na które nie ma znaków, bo
wielokropki to za mało. Żaru na tarasie w Holonie i deszczu
uderzającego o parapet w Łodzi, śniegu strzepywanego z palta
w Bielsku-Białej, skrzypienia schodów w Śródborowie, przecią-
gu w paryskim metrze, szumu wentylatorów w Nowym Jorku,
ulicznego zgiełku w Jerozolimie. Patrzenia sobie w oczy i moc-
nego uścisku dłoni.

Jak wygrałam wojnę z Hitlerem
(kolejna rozmowa z Zosią, Warszawa)

Warszawska kawiarnia. Prosimy, by przyciszyli muzykę. Czasem łatwiej jest się schować, a czasem, gdy już się podjęło decyzję, usiąść w samym środku miasta i rozmawiać jakby nigdy nic.

Przecież mówiłam pani, że nie mam co opowiadać. Moja mama przeżyła i ja przeżyłam – taka historia.

Pani powiedziała, że była szczęśliwa, a ja muszę mieć historię, która się dobrze kończy, żeby potem ktoś, kto to będzie czytał, miał siłę na te pozostałe...

Nie powiedziałam, że byłam szczęśliwa, tylko że miałam szczęście. To wielka różnica. W naszym stowarzyszeniu* są dzieci, które nic nie wiedzą o swoich rodzicach ani swoim pochodzeniu, tyle tylko, że zostały przygarnięte, że miały zbyt ciemne włosy. Ja uratowałam się razem z mamą. Dziecko odbiera świat zastany jako oczywistość. Dlatego mu jednocześnie i łatwiej, i trudniej. Łatwiej, bo nie wie, co jest normą, a co odstępstwem od niej. Niech pani pyta!

Co dla pani było normą?

Mama powtarzała mi: „Musimy wygrać tę wojnę. Mamy przeżyć Hitlera – to jest nasze główne zadanie. Musimy temu

---

* Stowarzyszenie Dzieci Holocaustu w Polsce.

wszystko podporządkować, żeby na koniec zwyciężyć". Przeżycie traktowałam więc w kategoriach osobistej walki ze strasznym panem Hitlerem i jego przedstawicielami. A mama była moją ostoją, bezpieczeństwem, przy niej nic złego nie mogło mi się stać. Ludzie wkoło, nasi bliscy ginęli, lecz ja miałam poczucie nieśmiertelności. Oczywiście były okresy, kiedy mama musiała się oddalić. Wtedy było gorzej. Lecz wówczas tym bardziej sobie uświadamiałam, że przy niej jestem strzeżona całkowicie. Że ani jej, ani mnie nic nie ruszy! I kiedy wojna się skończyła, mama powiedziała: „No widzisz, udało się". Pomyślałam: właśnie wygrałyśmy wojnę.

Przyniosłam ze sobą zdjęcie mamy, żeby pani wiedziała, o kim mowa. Tak, śliczna młoda kobieta. Maleństwo takie, blond drobiażdżek, metr pięćdziesiąt w kapeluszu z piórkiem. Ależ nie, zupełnie niepodobna do mnie! Ona miała piękną cerę, a ja cała piegowata. Wątła, w przeciwieństwie do mnie. Wyglądała, jakby byle podmuch wiatru mógł ją przewrócić, a tymczasem była najdzielniejszą osobą, jaką w życiu znałam. Przemyślną, mądrą i cwaną. Dzięki niej żyjemy. Dostałam od niej życie nie raz, lecz wiele razy. Ale kiedyś to ja ją uratowałam. Na Majdanie Tatarskim. Wyselekcjonowali zdrowe kobiety i one w każdy poniedziałek o świcie musiały być przy bramie. Wywożono je do fabryki muchołapek gdzieś pod Lublin. Pracowały tam do soboty wieczór, a na niedzielę przywożono je do getta.

Słusznie pani zauważyła! Dopiero po szabasie je przywozili. Byłam bardzo spokojnym dzieckiem. Starałam się nie sprawiać kłopotów. Zawsze towarzyszyłam mamie do bramy i się z nią żegnałam, a ona solennie mi obiecywała, że wróci i że będzie dobrze. W tamtym czasie jednak nagle zniknęła babcia. Do tej pory była w Lublinie razem z nami. I moja ciotka, młodsza siostra mamy, siedemnastoletnia Gienia, też zniknęła. W czasie kolejnego pożegnania z mamą ni stąd, ni zowąd dostałam regularnego ataku histerii, jak się potem dowiedziałam. Według podręczników to się nazywa łuk histeryczny. Krzyczałam:

„Mamusiu, nie odchodź, bo umrę!". Zupełnie nad sobą nie panowałam. „Nie puszczę cię, nie puszczę!" Mama powiedziała: „Trudno, niech mnie zabiją, ale dziecka w takim stanie nie zostawię". Jakoś się jej nie doliczyli. I proszę sobie wyobrazić, że następnego dnia wszystkie te kobiety zostały wywiezione i zagazowane w ciężarówkach. Żadna z nich nie wróciła. Mama jedyna ocalała.

Pani pierwsze wspomnienie?

Wrzesień 1939 roku. Miałam niecałe cztery lata. Ogłosili alarm dla miasta Warszawy. Jesteśmy w piwnicy, gdzieś tam leżą resztki węgla i trochę zgniłych kartofli. Są też ludzie, którzy wynieśli stołki z mieszkań i na nich siedzą. Charakterystyczny, kwaśny zapach: węgla, zgniłych kartofli, lampki karbidowej, którą ktoś przyniósł z mieszkania. Świst w powietrzu, hałasy. I w pewnym momencie na nasz dom spada bomba. Dzieci płaczą, starsi się modlą, a ja z tego wszystkiego nagle dostaję zeza. Nie wiem, jak się stamtąd wydostaliśmy. Mama zdecydowała, że pojedziemy do jej wuja do Lublina. Mój dziadek stamtąd pochodził, tam nikt nas nie znał.

Na miejscu od razu zapędzili nas do getta… Majdanek zrobili dopiero później. Bardzo liczna rodzina mojej mamy, która tam trafiła, zaczęła się gwałtownie kurczyć. Pewnego dnia ogłoszono przez megafony, że wszyscy mają się stawić na placu. Większość została zastrzelona na miejscu, resztę wywieźli. Z mamą tkwiłyśmy w skrytce, którą zrobił wujek. Za drewnianym przepierzeniem: z przodu półki, na nich resztki alkoholu, jakieś słoiki. Jedzenia było już bardzo niewiele. Pamiętam potężny głód. Gdy wspominam czas wojny, to pamiętam przede wszystkim głód. I strach. Ale głód stale. Tam byłyśmy w czasie wielkiej czystki. Potem usłyszałyśmy z głośników, że kto się schował i przetrwał, niech wyjdzie, bo jest ocalony. Opuściłyśmy kryjówkę za przepierzeniem.

Człowiek w ogóle nie zdaje sobie sprawy, ile jest w stanie wytrzymać. Na ziemi leżały zwały trupów. Pytałam mamę, jak iść, skoro one tu leżą. A mama mówiła: „Idź, tylko nie po głowach". Wsadzili nas do baraku z kilkunastoma innymi osobami. Była tam pani z niemowlęciem. Wyrzucałam mamie, że nie jestem jak ta dzidzia, która nic nie rozumie. Wiedziałam, że możemy umrzeć, a chciałam żyć. Płakałam i mówiłam: „Mamo, zrób coś!". Uciekłyśmy. Mama była już wtedy trochę zrezygnowana, ale moja histeria dała jej ostróg. Nasz barak znajdował się bardzo blisko drutów. Akurat była jakaś hitlerowska rocznica. Wśród strażników zostali głównie Ukraińcy. Mama wcześniej zrobiła rekonesans. Zauważyła, że w jednym miejscu druty są dość szeroko rozstawione. Zaopatrzyła się w czarną płachtę, która nas zakrywała. Padał deszcz, było ciemno, szaro, ponuro. Mama rozsunęła druty i kazała mi przeskoczyć, a potem sama skoczyła. Pokrwawiłyśmy się. Przed nami było ogromne, świeżo zaorane pole. Wydawało się nie mieć końca. Orali je codziennie, żeby można było na nim dostrzec ślady stóp potencjalnych uciekinierów… Reflektory z wieżyczek rzucały smugi światła na ziemię. Padał deszcz. Mama kazała mi się położyć w błocie i pełznąć. Gdy światło się zbliżało, przypadałyśmy do ziemi i przykrywałyśmy się płachtą. Błoto właziło nam do oczu i ust. W pewnym momencie powiedziałam, że już dalej nie mogę, nie dam rady. Wtedy jeszcze strasznie marudziłam, potem zhardziałam. Mama jedną ręką złapała mnie za włosy, a drugą rozgarniała ziemię i odpychała się nogami. Tak czołgałyśmy się dalej, aż wbiłyśmy się w twardy grunt, gdzie rosły krzaki. Dotknęłam głowy i poczułam, że coś jest nie tak – nie miałam już gęstego kłębu włosów. Mama mi je wydarła, ciągnąc mnie za sobą. Ale przeżyłam.

Dotarłyśmy do domku kolejarza. Powiedział, że nie możemy u niego zostać, bo ciągle ma kontrole, ale że wyglądamy nie jak ludzie, więc pozwoli nam się umyć i wyczyścić z wierzchu ubrania. Dał nam też jeść. Przed świtem włożył mundur kolejarski, wziął latarkę i zaprowadził nas torami do miejsca, gdzie pociągi zwalniają przed stacją Lublin. Jeden nadjechał, nie wiedziałyśmy, dokąd zmierza. Wskoczyłyśmy do środka i przesiedziałyśmy w ubikacji do jakiejś stacji pod Warszawą. Stamtąd ruszyłyśmy pieszo. W Warszawie nie było już nikogo, ani z rodziny, ani ze znajomych. I oczywiście nie miałyśmy grosza przy duszy.

Miały panie „dobry" wygląd?

Oczywiście! Inaczej nie miałybyśmy szans. Mama była jasną, szarooką blondynką. Ja byłam ruda, więc mama myła mi włosy w ziołach, żeby je rozjaśnić, bo się uważało, że ruda to „Ryfka" albo „Rachela". Na dworcach, na ulicach czy w pociągach jeśli ktoś wyglądał jak Żyd, długo nie pożył. Grozili nam i Niemcy, i nasi rodacy. Byli ludzie, zwykłe rzezimieszki, którzy zarabiali na wojnie i na Żydach, nakładali kontrybucję, kazali się co dwa dni meldować z pieniędzmi albo szli do Niemców. Ci dawali kilo cukru za wydanie Żyda. Lub ćwiartkę wódki. Byli też młodzi chłopcy, którzy dla hecy łapali Żydów i prowadzili do Gestapo. Byli szmalcownicy, którzy zabierali mamie torebkę, kazali się prowadzić pod nasz dom i płacić.

Mama miała papiery?

Papierów nikt na piękne oczy nie dawał. Początkowo spałyśmy przeważnie w kapliczkach z Matką Boską. I na klatkach schodowych. Ale mama była zaradna i to nie trwało długo. Znalazła pracę. Coś tam ściemniła, że doniesie papiery. I doniosła. Miałam łącznie jedenaście nazwisk. Codziennie rano mama odpytywała mnie: „Jak się nazywasz? Skąd jesteś? Kiedy się urodziłaś?". Na ogół miałam bardzo ładne, polskie nazwiska, ale imię zawsze to samo: Zosia.

Mój wiek w papierach mniej więcej zgadzał się z tym prawdziwym, plus minus rok. Mama natomiast miała fantazyjne papiery. Wojnę zakończyła jako osoba o dziesięć lat młodsza, niż była w rzeczywistości. I przy tym trwała do śmierci. Kiedy ją chowałam, miałam problem, jaką datę umieścić na grobie. Prawdziwą? Czy tę dziesięć lat późniejszą? W końcu doszłam do wniosku, że skoro postanowiła trwać w tym, że jest dziesięć lat młodsza, to nie powinnam jej po śmierci niczego dorzucać. Tym bardziej że nawet mój ojczym na łożu śmierci powiedział: „Wiesz, mama chyba myśli, że jestem głupi. Kiedy by zdążyła to wszystko zrobić w życiu, gdyby miała te dziesięć lat mniej? Ale mnie to zupełnie nie przeszkadzało i nie chciałem jej zasmucać, że się intryga nie udała. Nie mów jej, że wiedziałem".

Wracając do okupacji: mama przyjęła strategię (ludzie stosowali wówczas różne strategie przeżycia), że zawsze wynajmowała pokój przy porządnej, katolickiej rodzinie, od lat mieszkającej w danym domu. To nas nie uchroniło od wpadek, nieraz trzeba było opuszczać mieszkania. Raz na przykład przyszedł nagle, ni stąd, ni zowąd nasz kuzyn. Dowiedział się od kogoś, że widziano moją mamę po aryjskiej stronie. Poszedł za nami do naszego mieszkania. Miał wybitnie semicką urodę. Od razu było jasne, że jest Żydem. A to był młody chłopak, nie pomyślał i zapytał: „Tu podobno mieszka moja ciocia z kuzynką?". Nasi gospodarze powiedzieli potem mamie: „Nic nie mamy do pani, nie jesteśmy ostatni… ale mamy dzieci, nie możemy ich narażać". Mama to rozumiała. Tylko że zbliżała się godzina policyjna. Więc znowu ukrywanie, znowu szmalcownicy. Ona już nie miała sił. Uznała, że w getcie będzie bezpieczniej. Z niego też potem uciekłyśmy.

Jak tym razem?

Mama zapisała się do brygady wykonującej roboty ziemne, pracującej poza gettem. Wyprowadzali ich pod eskortą. Deszcz znów nam sprzyjał. Mama zdobyła pelerynę. Brezentową, grubą i długą do samej ziemi. Pod nią przywiązała mnie do siebie sznurami i poszła do pracy w brygadzie. Byłam z nią umówiona, że gdy tylko ona zwolni sznur, mam biec prosto przed siebie i się nie oglądać, dopóki nie opadnę z sił. Miałyśmy się spotkać w określonym miejscu. Pani sobie wyobraża? Byłam małą dziewczynką, ale jakoś tam dotarłam. Instynktownie. Czekałam, nawet ktoś mnie zaczepiał, chciał odprowadzić, ale ja się uparłam i doczekałam się mamy. Ona podobno znalazła dobry moment i się schowała. W każdym razie się udało. Z getta wyszła z jakimiś pieniędzmi, za które mogła kupić kenkartę, a dla mnie metrykę urodzenia na kolejne nazwisko. Ukrywałyśmy się. I wtedy mamę zawiadomiono, że jej ukochany siostrzeniec umiera w getcie, cały we wrzodach. Tamtejszy lekarz stwierdził, że jeśli nie zostanie porządnie odżywiony, umrze. Jego rodzice się rozdzielili. Ojciec wziął Jerry'ego, a drugiego syna, Bronka (Bronisława Geremka), wzięła matka, siostra mojej mamy. Wyjechała z Warszawy i ukrywała się z nim między innymi w wykopanej w lesie ziemiance. Jej mąż w przeciwieństwie do niej i szwagierki, czyli mojej mamy, był niezaradny. Mama poszła do getta i przyprowadziła czternastoletniego Jerry'ego, nie wiem, w jakich okolicznościach, bo nigdy o tym nie mówiła.

Z nim związana jest śmieszna historia. Był pięknym chłopcem, uosobieniem nordyckiej urody. Jego mama zresztą też. W rodzinie się mówiło, że Bronek zebrał inteligencję, a Jerry urodę nas wszystkich. Moja mama kupiła mu buty oficerskie i bryczesy. Gdy szła z nim ulicą, zatrzymał ich idący z naprzeciwka młody niemiecki oficer. Zapytał, czy chłopak jest Niemcem. Mama odpowiedziała, że nie, że Polakiem. A on na to, że jego rodzice muszą być z rasy nordyckiej. Wyjął kartkę i zapisał na niej swoje namiary, mówiąc, że jak Jerry będzie miał ochotę wstąpić do Hitlerjugend, to niech przyjdzie i powoła się na niego – będzie ich ozdobą.

Jerry zaprzyjaźnił się z dwoma chłopcami z rodziny, u której mieszkaliśmy. Niestety, kolejny szmalcownik uznał, że mama za mało mu daje, i powiedział naszym gospodarzom, że jesteśmy Żydami. Znów trzeba było uciekać.

Niebawem wydarzyła się historia z Hotelem Polskim*. Tata Jerry'ego uciekł z getta i spotkał przyjaciela, który namówił go,

---

* Chodzi o do dziś dyskutowaną sprawę Hotelu Polskiego w Warszawie, w którym według najbardziej rozpowszechnionej wersji Niemcy zastawili pułapkę na ukrywających się w mieście Żydów. W maju 1943 roku

żeby razem z synem zgłosił się do hotelu. Moja mama uważała, że to podejrzana sprawa, że to do Niemców niepodobne, by tak nagle puszczali ludzi wolno. Była przeciwna, mówiła, że nie po to wyprowadziła Jerry'ego z getta, żeby teraz tak ryzykować. Schowała mu nawet buty, żeby nie mógł wyjść. Ale Jerry z ojcem się dogadali. Gdy mama poszła do pracy, Jerry po prześcieradłach spuścił się z okna. Wywieźli ich do Oświęcimia. Ojciec przy pierwszej selekcji od razu poszedł do gazu. A Jerry dotrwał do końca. Ledwo, bo był ciężko chory. Chyba ta nordycka uroda go ratowała. Najstarszy brat mojej mamy Rudolf też się skusił na Hotel Polski. A to był niezwykle łebski facet, wszystko, czego się dotknął, zamieniało się w złoto. Miał kilka fabryk, piękną żonę, trójkę udanych dzieci. Przed pójściem do Hotelu Polskiego zamienił majątek na brylanty i umieścił je w kiszce stolcowej. Mama zaczęła mieć wątpliwości: może nie jest mądrzejsza od innych i też powinna spróbować z hotelem? I poszła do brata prosić go o pomoc. Powiedział, że nic nie może zrobić, bo musi mieć pieniądze na utrzymanie żony i dzieci w nowym kraju. O ironio, przed wyjazdem było dużo stresujących sytuacji, biegał po mieście i coś załatwiał, spieszył się, poszedł do toalety i całe bogactwo przepadło. Nie było już czasu na nic. Zresztą nie pojechali za granicę, tylko do gazu… Z całej rodziny zostały tylko dwie siostry (później dowiedziałyśmy się, że najmłodszą, Gienię, zastrzelono, gdy próbowała ratować narzeczonego) i babcia. Babcia zamieszkała z nami u pewnej prostytutki, która wiedziała, że jesteśmy Żydówkami. Dostawała od nas

---

Warszawę obiegła informacja, że międzynarodowe paszporty będą gwarancją deportacji z Generalnego Gubernatorstwa do Europy Zachodniej, a stamtąd między innymi do krajów Ameryki Południowej. Żydzi mieli się zgłaszać do Hotelu Polskiego przy ulicy Długiej. Ceny wydania paszportów wahały się od trzydziestu do trzystu złotych. Mieszkańców hotelu internowano i stopniowo wywożono do obozów zagłady. Ostatnich kilkuset z nich rozstrzelano 13 lipca 1943 roku na Pawiaku. Spośród około trzech tysięcy osób, które przeszły przez Hotel Polski, przeżyło niespełna dziesięć procent.

pieniądze za przechowanie. Gdy przychodzili do niej klienci, wpychałyśmy babcię do szafy. Z wojny wyszła z garbem, ale żywa. A po naszą gospodynię przyszli chłopcy z AK, by ogolić jej głowę. Mama spytała ich, czy nie rozumieją, że ona tylko dla niepoznaki zadawała się z tymi Niemcami, bo tak naprawdę to ratowała nam życie? Zresztą akurat jej klienci Austriacy bardzo psioczyli na Hitlera. Również po wojnie mama zeznawała na jej korzyść. A jednego z chłopaków, którzy na nas donieśli Gestapo, spotkałyśmy z mamą w latach pięćdziesiątych w tramwaju na Woli. Był już dorosłym mężczyzną, mnie nie poznał, ale mamę tak. Przestraszył się. Chciałam od razu biec do motorniczego, żeby zatrzymał tramwaj i wezwał milicję, mama jednak mnie powstrzymała. „On był strasznym gówniarzem – mówiła – może zmądrzał. Narażałyśmy życie jego rodziców, naszych gospodarzy, oni nie znali prawdy o nas. Nie mamy prawa go oceniać". Ja krzyczałam: „Jak to nie mamy? Doniósł na nas, cudem żyjemy!". Długo nie mogłam mamie wybaczyć, że mi nie pozwoliła.

Na koniec znalazłyśmy się na Pradze. Tam mama poznała Zygmusia Bielskiego. Zygmuś zastrzelił szmalcownika, który nas sadystycznie gnębił. Na kilometr zresztą było widać, że Bielski walczy z Niemcami. Miał wojskowy sznyt i sposób bycia. Wcielił mamę do oddziału. Potrzebowali sanitariuszek. To były jej najlepsze wojenne chwile. Brała udział w powstaniu warszawskim, poznała wtedy mojego przyszłego ojczyma, ratując go przed rozstrzelaniem. Mnie dla bezpieczeństwa oddali do klasztoru sióstr szarytek w Warszawie. Zygmuś powiedział, że jestem jego kuzynką, że mój ojciec był kiedyś jego dowódcą. Kłamał jak z nut, bo nie był pewien, czy zakonnice zechcą przyjąć żydowskie dziecko. Wtedy nie wiedziałam, że oprócz mnie całkiem świadomie przechowywały dwie inne żydowskie dziewczynki. Poznałam jedną z nich po latach w naszym stowarzyszeniu.

Tam też miałam szczęście. Bomba zapalająca trafiła w dach klasztoru. Ogłoszono alarm, zakonnice z dziećmi zbiegły do piwnicy, a ja miałam taki twardy sen, że nie zbiegłam. Zbudziłam się w południe, raziło mnie słońce, otwarłam oczy, a nade mną niebo. Sypialnie były na piętrze – dach urwało, a ja spałam. Tymczasem okazało się, że wejście do piwnic zasypało. Moje koleżanki i zakonnice trzeba było stamtąd wydobywać, a mnie robotnicy ulokowali w kubełku, którym zwożono cegły, i pierwsza znalazłam się na bezpiecznym gruncie.

Mogłyśmy stracić życie ze dwadzieścia razy. Lecz ja po prostu wierzyłam, że moja mama ma moc. Ona mi to zresztą powtarzała, żeby podbudować moją pewność siebie.

Całą wojnę kłamałyśmy, udawałyśmy kogoś innego. Ukrywanie tożsamości opanowałam do perfekcji. Wiele lat się tego oduczałam. Właściwie do nastego roku życia oszukiwałam jak najęta. Zmieniałam tożsamość, opowiadałam nieprawdziwe historie, wymyślałam sobie życiorysy. Mama skończyła wojnę jako Branicka, a ja aż do zamążpójścia byłam Wróblewska. Ostatnio w szpitalu spytali mnie o nazwisko panieńskie matki. Przypomniałam sobie wtedy, że w ostatniej metryce mama rzekomo była z domu Maliniak. Po co w szpitalu pytać osiemdziesięciojednoletnią kobietę o nazwisko panieńskie matki? To po prostu idiotyzm. Może dla celów identyfikacyjnych? Nie wiem. Moja identyfikacja jest ciągle wątpliwa.

Strzępki
(z opowieści Szlomy, Arlington, Wirginia)

Gdy uciekaliśmy z getta, mama zawinęła mnie w koc i niosła na plecach. Kiedy przedzierała się przez rzekę, zacząłem płakać. To mogło nas zdradzić, więc żeby mnie czymś zająć, dała mi do zabawy jedyną rzecz, którą wzięła ze sobą z getta – plik rodzinnych zdjęć. Przestałem płakać. Podarłem te zdjęcia na bardzo, bardzo malutkie kawałeczki. I później już nigdy nie mieliśmy rodzinnych zdjęć. Ale przeżyliśmy…

Ta druga
(rozmowa z Bronisławą, Tychy)

Przecież przeżyła pani z mamą. Byłyście razem cały czas. Dlaczego pani mówi, że miała dwie mamy?

Bo dwóm kobietom zawdzięczam życie, we dwie się mną opiekowały, tuliły mnie i wychowywały. Nawet razem gospodarzyły przy jednej kuchni. Z mojego miasteczka przeżyły tylko dwie Żydówki: moja mama i ja. Ukryła nas rodzina Kulików. To nie moja mama przyszła do Kulikowej, to Kulikowa zaproponowała jej wspólne mieszkanie – że bezpieczniej. Kulikowa bardzo mnie kochała, jej córka Helenka była starsza ode mnie, miała jakieś czternaście lat. Kulikowa stawiała mnie przy piecu i śpiewała: „Kręci dupką za chałupką, raduje się gościom, suchej zupki ugotuje, omaści ją kością". Do dziś pamiętam. Płakałam, a ona podrygiwała przede mną. Chodziła ze mną do kościoła, uczyła mnie pacierza. I to z nią spędzałam noce na wypadek, gdyby przyszli po moją mamę, żebym chociaż ja przeżyła. Helenka wspominała, że wieczorami w naszym wspólnym domu dawało się odczuć gęstniejącą atmosferę niepokoju, podenerwowania. Bo gdy przychodziła pora kładzenia mnie – a więc pora mojego rozstania z mamą – zaczynał się codzienny wieczorny dramat. Obie płakałyśmy, wczepione w siebie, ja nie chciałam jej puścić. Pani Kulikowa musiała mnie niemal wyrywać z objęć mamy. Żegnałyśmy się, jakbyśmy się miały już nigdy nie zobaczyć. W końcu wszystko się uspokajało. Łkając, usypiałam wtulona w opiekunkę, a mama po cichu płakała w swoim pokoju.

Mama czasem nie dawała rady. W nocy czekała, aż przyjdą. Nie wierzyła, że to może nas ominąć. Mówiła, że Niemcy są systematyczni. (Już do końca życia nie siadała tyłem do drzwi i okien). Chciała być przygotowana, obmyślała możliwe kryjówki. Raz, gdy słyszała walenie do drzwi, ukryła się pod pierzyną i znieruchomiała. A oni walili i walili. I nagle się zorientowała, że żandarmi by tak nie walili, tylko już dawno weszliby do środka. Wstała i uchyliła drzwi, a tam sąsiedzi: „Co za ulga. Myśleliśmy, że cię nie dobudzimy. Alarm przeciwlotniczy – trzeba uciekać do schronu!".

Helenka zapytała, czy pamiętam – nie, nie pamiętam – dzień, w którym nasze mamy wygoniły nas na podwórko, gdy przyjechali jacyś ludzie. Po chwili usłyszałyśmy wycie mojej mamy. Właśnie się dowiedziała, jak zginęła moja babcia – jej matka. Gdy uciekali wozem, zatrzymał ich niemiecki patrol i kazał im się przesiąść do ciężarówki. Popychali babcię, upadła, zabili ją jednym strzałem w głowę, a zaraz po niej wujka, który rzucił się w jej stronę. Po tej wieści mama wiele tygodni leżała w milczeniu, ze wzrokiem utkwionym w sufit. Nie wiem, co bym wtedy zrobiła, jak opuszczona bym się czuła, gdyby nie Kulikowa.

Przyjaźniły się potem wiele lat, aż do tragicznej śmierci Kulikowej – wracała zimą od koleżanki i przewróciła się w śniegu. Znaleźli ją dopiero rano. Nasze rodziny nadal są w dobrych relacjach. Gdy moja młodsza, urodzona po wojnie siostra wychodziła za mąż, Helenka zaproponowała, że zawiezie młodych do ślubu białym samochodem. To wtedy było coś – mąż Helenki pracował na wysokim stanowisku w kopalni, więc nieźle im się powodziło i mieli takie auto.

Gdy wojna się skończyła, tata wrócił z obozu. W sąsiedniej wsi powiedzieli mu, gdzie nas szukać. Przyjechał po nas rowerem, który mu pożyczyli. Z rodziny mamy nikt nie przeżył.

Było ich czworo rodzeństwa. Mama dużo o nich opowiadała. O wojnie nigdy ani słowa – a o nich wciąż. Piękne historie,
które nie miały złego zakończenia, bo w ogóle ich nie kończyła. Mama czuła się i Polką, i Żydówką. Była niezwykłą osobą,
szalenie tolerancyjną, miała w sobie wewnętrzną mądrość, nigdy się z nikim nie kłóciła ani nie miała wrogów, aż do sześć-
dziesiątego ósmego. Gdy jej dano do zrozumienia, że powinna
zrezygnować z funkcji sekretarza, bardzo to przeżyła. Ale nie
chciała wyjeżdżać. Po wojnie wierzyła w komunizm. Wierzyła
też w ludzi, w uczciwość. Pamiętam, że gdy miałam siedem lat,
szłam opłotkami do ciotki, leżał zalegający śnieg, pośliznęłam
się i wpadłam do przydrożnego rowu. Leżała tam drewniana
figura Matki Boskiej. Przytachałam ją do domu. Ojciec powiedział: „Świetnie, będzie na podpałkę", ale mama na to nie pozwoliła, kazała mi ją zanieść do kościoła.

Mama była w rodzinie katalizatorem emocji. Mój bal ma-
turalny to już czasy rock'n'rolla. Tata był jego przeciwnikiem,
a moja nowoczesna mama przypominała mu, jak to oni za młodu tańczyli shimmy i co o tym mówili dorośli.

Jako młoda dziewczyna rzadko dzieliłam się z mamą swoimi problemami. W takich wypadkach mama zawsze czuła się
winna, że wszystko przez to, że w czasie wojny nie miała mnie
czym karmić, że za bardzo mnie zaniedbywała…

Podróże z obrazem mamy
(rozmowa z Alą, Nowy Jork)

Telefon pierwszy (dzwonię do Ali).

Ala: To jest część mojego życia, którą już schowałam do szuflady, a tę szufladę zamknęłam. Nie chcę o tym mówić, bo wtedy zaczynam płakać. A w dzieciństwie wytresowano mnie, że nie wolno płakać. Płacz grozi śmiercią. Żadne z nas – dzieci w kryjówkach – nie płakało. Rozmawiam o tym tylko z psychologiem z Dzieci Holocaustu. Jedyny wywiad, jakiego kiedykolwiek udzieliłam, był dla Stevena Spielberga. Jest w kolekcji Muzeum Holocaustu w Waszyngtonie. Możesz go znaleźć w zbiorze Sulamita Simenauer Konar.

Telefon drugi (Ala dzwoni do mnie).

Ala: Trzeba było od razu powiedzieć, że mieszkasz u Olka. Znam go od dawna. Rozmawiałam z Majką i już wszystko wiem. Że jutro się spotykacie, też. Moja mama była bohaterką. Uratowała mnie, uratowała swoją mamę i jeszcze jednego człowieka, którego ukrywała za piecem. To ona mnie oduczyła rozmawiania. Mówiła, że jeśli będziemy wciąż do tego wracać, to jakby Hitler zwyciężył. Wiem, że uważasz, że trzeba mówić. Mój mąż czytał na głos twoje *Widoczki**. Bardzo nas poruszyły.

* Blog Patrycji Dołowy widoczki.patrycjadolowy.pl.

Umówmy się. Pokażę ci wtedy „kącik mamy" – moje małe prywatne muzeum.

Spotkanie w Nowym Jorku (Ala, Włodek i ja).

Ala: Gdy w Sosnowcu wysiedlali nas do getta, mama ukryła mnie pod stołem, przykryła obrusem i tak zostawiła. Pomyślała, że sama pewnie nie przeżyje, ale niech chociaż dziecko ocaleje. Tylko jak już szła, to myśl o tym, że będę sierotą, że nie wiadomo, co mnie spotka, a jej przy mnie nie będzie, była tak nieznośna, że wróciła po mnie. Opowiedziała mi o tym raz. Mnie nie wolno było pytać. Jeśli czasem to robiłam, odpowiadała: „Jeśli nie pamiętasz, to znaczy, że nie powinnaś pamiętać". Śniło mi się, że byłam na drabinie i ktoś mnie spychał w siano, widziałam cholewkę wysokiego buta. Pytałam ją, skąd te złe sny, dlaczego tak wielu rzeczy się boję. Odpowiadała: „Ta wiedza jest ci w życiu niepotrzebna".

Cały czas rozmawiamy o kobiecie, której portret wisi u mnie w domu, w Nowym Jorku, w pokoju, który nazywam jej pokojem. Ten portret ma zresztą swoją bardzo ciekawą historię.

Opowiesz?

Ala: Mama była osobą bardzo praktyczną. Ojca szybko zabrali, ona została sama, w ciąży, nie miała na życie. Zapisała się na kurs krawiectwa w Sosnowcu. Prowadziła go niejaka Stypułkowska. Kiedy wysiedlili nas do getta, Stypułkowska poszła do naszego mieszkania i zabrała wszystko to, co myślała, że nam się kiedyś przyda. Między innymi portret mamy, który mój mąż uważa za bohomaz i być może nie miał on wcześniej żadnej wartości, ale w chwili, gdy Stypułkowska zwinęła go w rulon, wyniosła i dla nas przechowała przez całą okupację, stał się niezwykle cenny. Wisiał potem u nas w Warszawie na ścianie i kiedy w 1968 roku wyrzucili mnie z Polski, tym razem to ja wyjęłam go z ramy, zwinęłam w rulon i zabrałam ze sobą. Jest różnica pomiędzy moim mężem a mną. On zabrał z Polski całą encyklopedię, kilkanaście tomów, które stoją gdzieś u nas w piwnicy (bo po co nam w Stanach polska encyklopedia z lat sześćdziesiątych minionego wieku?), a ja zwinęłam w rurkę portret mamy i jej suknię ślubną, też wcześniej uratowaną przez Stypułkowską. Mama była wtedy u brata w Sztokholmie. Zadzwoniłam do niej: „Nie masz po co wracać, my wyjeżdżamy".

Włodek: To był jedyny raz, gdy słyszałem teściową zupełnie załamaną. My w 1968 jechaliśmy do Wiednia przez Berlin. Przez Pragę nie mogliśmy, bo była właśnie atakowana przez nasze wojsko w ramach bratniej pomocy. Mieliśmy ze sobą po pięć dolarów, tylko tyle było wolno, i cały ten majątek przepuściliśmy na telefon do Szwecji, do mamy. Obie panie przez całą rozmowę płakały w słuchawki.

Ala: Prosto z dworca pobiegliśmy szukać budki telefonicznej. Wiedziałam, że muszę zadzwonić do mamy, żeby wiedziała, gdzie jestem, że jestem po drugiej stronie żelaznej kurtyny.

Włodek: Poza tą jedną sytuacją moja teściowa Halina nie okazywała smutku, niepewności czy strachu. Była silną kobietą, o mocnym charakterze. Potrafiła przyjechać do nas znienacka ze Szwecji, a następnego dnia wyruszyć w podróż po Stanach. Uwielbiałem ją! Kiedyś powiedziała mi, że w czasie wojny najboleśniejsze były dla niej chwile, kiedy musiała dokądś pójść, a Ala zostawała sama. Miała stać w oknie, machać mamie ręką, mimo że robiła w portki ze strachu. Wyuczyła ją tego. Charakter nie z tej ziemi.

Czy można przygotować dziecko do strachu?

Ala: Mam trochę widoczków, filmów zachowanych w pamięci. Dziecko się boi, że mama odejdzie. Ja wciąż czułam strach. Kiedy mama wychodziła z domu, chciałam z nią iść. Ona nie mogła mi powiedzieć, dokąd ani po co idzie. Raz zaczęłam ją łapać za płaszcz, strasznie płakałam. Zbiła mnie. W dzisiejszych czasach to by się nazywało przemoc wobec dzieci, ale to była sprawa życia i śmierci. Miałam jakieś cztery lata. Nauczyła mnie, że jak ona wychodzi z domu, mogę stać w oknie, mogę nawet płakać, mogą mi lecieć łzy, byle po cichu. Musiałam machać ręką, by pokazać, że jest w porządku, że to normalne, że mama wychodzi.

Ukrywałyście się?

Ala: We wsi Jeleśnia. Wczoraj sprawdziliśmy z mężem, to jest Beskid Żywiecki. Mama uratowała mnie i babcię. W czasie wojny nieważne było, czy miało się pieniądze, byleby tylko znaleźć się, jak to się mówi po angielsku, *in the right place at the right time* – w odpowiednim miejscu we właściwym czasie. Ginęli też bogaci ludzie – na nic im się zdały pieniądze. Myślę, że mama uratowała mnie, bo byłam jedynym, co jej pozostało po ukochanym mężu. Nie wiem, nie chcę tego rozdrapywać, nie ma po co. Wszyscy uważali ją za wariatkę, bo inne kobiety w getcie skakały, żeby się pozbyć ciąży, a ona nie.

Jak się poznali?

Ala: Nie pytałam jej, bo to były dla niej sprawy zbyt bolesne. Wiem tylko, że pobrali się tuż przed 1 września 1939 roku. Ślub odbył się w Krynicy w hotelu Patria, który należał do Jana Kiepury. Ojciec był niemieckim Żydem. Nie znał polskiego ani żydowskiego. Mama dobrze mówiła po polsku, po żydowsku i po niemiecku.

Urodziłam się 19 listopada 1940 roku w mieszkaniu mojej babci na stole. Mężczyzn już wtedy nie było. Bracia mamy się ukrywali. Babcia nad ranem poszła po najstarszego syna, by mnie zobaczył, bo byłam jej pierwszą wnuczką. Dzięki moim narodzinom wuj wyszedł z kryjówki i się uratował, bo akurat tej nocy była obława na ich bunkier, wszystkich wywieźli na śmierć. Nie wiedziałyśmy, gdzie jest tata. Mama nigdy się nie dowiedziała, co się z nim stało. Szukała jakiegoś śladu po nim, gdy się otworzyły archiwa w Niemczech. Oni wszystkich, których wpuszczali do pieca, mieli dokładnie zapisanych. Niestety, nie miałyśmy pojęcia, gdzie ojciec zmarł. Wiele lat później napisałam do Czerwonego Krzyża. Odpisano mi, że Heinz Heinrich Simenauer mieszka na Queensie w Nowym Jorku. Pojechałam tam, ale to nie był mój ojciec.

Urodziłam się jako Sulamita Simenauer. Ala to spadek po wojnie. Gdy się ukrywałyśmy, zmieniałyśmy papiery, raz byłam na przykład Kristin Kołodziejczyk. Mama nie wiedziała, jak mi – dwu-, trzy-, czterolatce – wytłumaczyć, że dziś jest Marysią, a jutro Basią, więc zawsze zwracała się do mnie „Lala". Potem „L" zniknęło i została „Ala".

Momentu wysiedlenia do getta nie pamiętam. W domu, w którym się urodziłam, mieszkała jeszcze druga rodzina. Dziewczynka z tej rodziny była ode mnie dwa lata starsza. Jej matka po prostu wyskoczyła przez okno i zostawiła troje dzieci. Mam to w pamięci, ale nigdy o tym z mamą nie rozmawiałyśmy.

Mama miała aryjski wygląd, wyszła z getta jak gdyby nigdy nic, a mnie ktoś wyniósł w koszu z brudną bielizną. Nie wiem kto. Ani kto znalazł nam kryjówkę, ani jak się dostałyśmy do Jeleśni. Ktoś to zaplanował. Potem pojawił się u nas mężczyzna. Skądś miał przecież adres. Mama go nie znała. Może to był przyjaciel młodszego brata mamy? On miał „zły" wygląd i był obrzezany. Spędził okupację za piecem. Gospodyni nic o nim nie wiedziała.

Najmłodsza siostra mamy była w żydowskim ruchu oporu. Zginęła w pociągu. Dużo się mówi o powstaniu w getcie warszawskim, a w sosnowieckim też był ruch oporu. Raz ta siostra zapytała mamę, czy może ukryć i przewieźć broń w moim wózku, razem ze mną. Mama się nie zgodziła i doszło między nimi do scysji. Ciotka uważała mamę za egoistkę, która myśli tylko o własnym dziecku.

Wynajęłyśmy pokój u gospodyni. Uwierzyła, że mama choruje na suchoty i mąż wysłał ją w góry, by zmieniła klimat. Potem dołączyła do nas babcia, a jeszcze później wspomniany mężczyzna.

Jak twoja mama was wszystkich wykarmiła?

Ala: Umiała robić na drutach. We wsi wszystkie góralki miały owce. Jak mama zrobiła góralce sweter, dostawała kartofla albo cokolwiek innego. Mój mąż uratował się w Związku Radzieckim. Przeżył głód. Ja nie odczuwałam głodu, tylko permanentny strach. Dlatego nie lubię o tym mówić, ale spojrzałam na to, co robisz, twoje zaangażowanie i bardzo mi się to podoba.

Często słyszę od ludzi, którzy byli wtedy dziećmi, że nic nie pamiętają. Albo pytają mnie z troską: „Po co ty to chcesz wiedzieć, dziecko?".

Ala: Bardzo szanuję matkę za to, co dla mnie zrobiła. Urodziłam się pod szczęśliwą gwiazdą i teraz możesz ze mną rozmawiać. Wiele pamiętam. Na przykład to, jak mama złamała sobie nadgarstek i nie mogła pracować, co oznaczało, że mogłyśmy pomrzeć z głodu. Poszłam razem z nią do kobiety ze wsi, felczerki. Związała mamę, a dwóch mężczyzn nastawiało jej rękę. Krzyczała. Gdy wróciłyśmy do domu, babcia zapytała mnie, czy mama krzyczała po polsku, czy przypadkiem nie wykrzyczała czegoś po żydowsku. Mama chyba dlatego mnie ze sobą zabrała – jako świadka. Wiedziała, że gdyby poszła sama, mogłaby z powodu bólu i szoku niechcący nas zdradzić.

Raz było w Jeleśni bombardowanie. Wszyscy biegliśmy się gdzieś schować. Mnie i drugą dziewczynkę wsadzili pod wannę, żeby nas ochronić w razie pożaru. Gdy wróciłyśmy do naszej chałupy, była nietknięta ogniem, ale okazało się, że wszystkie święte obrazy pospadały ze ścian. Gospodyni załamywała ręce, że to wróży niechybne nieszczęście.

I w nocy rozległo się pukanie do drzwi. Niemcy zwykle przychodzili nad ranem. Ktoś pewnie naopowiadał im, że u góralki mieszkają dwie kobiety i dziecko. Mama kazała mi zostać w łóżku, a sama stanęła w drzwiach. Dwóch Niemców. Zapytali ją, czemu tak zbladła, mama wyszeptała tylko: „Gruźlica". To nas uratowało. Niemcy niczego nie bali się bardziej niż choroby.

Zaraz potem przyszedł ksiądz. Mama nie czuła się przy nim bezpiecznie, ani przy nim, ani przy rodzinie Nowotarskich, bo to była inteligencja – jako jedyni mogli się zorientować, że jesteśmy Żydami. Nasza wieś była zabita dechami. Gdy ten młody ksiądz szedł, stare góralki padały przed nim na kolana i całowały go po rękach. Zapytał mnie o coś, chyba o nic złego, ale ja odpowiedziałam: „Gówno!". Mama natychmiast przeprosiła i dodała, że ja się tego nauczyłam od miejscowych dzieci. Ani babcia, ani mama nie chodziły do kościoła. W niedzielę szły do lasu. Nauczyły mnie, że jak gospodyni zapyta, dlaczego nie idziemy do kościoła, to mam odpowiadać, że mama i babcia chodzą do kościoła w innej wsi, bo tam ksiądz ma lepsze kazania. Nie wiedziałam, że jestem Żydówką. Dowiedziałam się tego dopiero po wojnie. Przylatywałam czasem do chałupy i krzyczałam: „Żyd idzie! Żyd idzie!". Pewnie powtarzałam to po miejscowych dzieciakach, gdy szedł ktoś obcy.

A tymczasem w chałupie trzy Żydówki na aryjskich papierach i jeden Żyd ukryty za piecem.

Ala: Dla mnie ten człowiek za piecem to było normalne. Wiedziałam, że o tym się nie mówi, ale się nie dziwiłam. Czy wspominałam, że nasze ostatnie papiery były na folksdojczki? Kiedy Rosjanie w końcu przyszli do Jeleśni, musiałyśmy natychmiast uciekać. Nie wiem, co się stało z tym mężczyzną, czy zdecydował się zostać. My zapakowałyśmy się na furę do Bielska-Białej. Chciałyśmy wrócić do swojego nazwiska. Mama zarejestrowała nas w Komitecie Żydowskim w Bielsku, ale to nic nam nie pomogło. Dokument, który miała w ręku, był na Marię Kołodziejczyk. Chciałyśmy jechać do Palestyny, lecz nas, o ironio, wtedy z Polski nie wypuścili... Musiałyśmy wracać do Sosnowca. Trzeba było pójść do sądu, przynieść papiery. Mama miała udowodnić, że nie jest Marią Kołodziejczyk, tylko Chaną Frymetą Simenauer. Sędzia nie wiedział, o czym mama mówi. Myślał, że zwariowała. Przychodzi kobieta z kawałkiem papieru, bardzo polskim, bardzo porządnym, a nie dość, że chce być Żydówką z niemieckim nazwiskiem, to jeszcze się postarzyć o dwa lata!

W Sosnowcu spotkałyśmy panią Stypułkowską. Powiedziała do mamy: „Halinka, mam coś dla ciebie". I oddała jej dobytek, który dla niej przechowywała. Mama płakała i pytała: „Dlaczego to dla mnie zrobiłaś?". A ona na to: „Bo wiedziałam, że jeśli uratuję twoje rzeczy, to ty przeżyjesz".

Z papierami i rzeczami pojechałyśmy do Warszawy, by już nigdy więcej nie wrócić do Sosnowca. To było dla mamy miasto umarłe. Gdy później odwiedzałyśmy Katowice, prosiłam: „Chodź, pojedziemy do Sosnowca, pokażesz mi dom, w którym się urodziłam". Odpowiadała: „Nie mogę, tam cienie umarłych chodzą po ulicach".

Jak to się stało, że tyle mi opowiedziałaś?

Ala: Moja przyjaciółka Marysia była pierwszą osobą, która zmusiła mnie do mówienia o tych sprawach. Przez nią zaczęłam jeździć na zjazdy Dzieci Holocaustu. Byłam bardzo zła na myśl, że ludzie mogą na mnie patrzeć, jakbym była eksponatem do muzeum POLIN, dzieckiem, które wyniesiono z getta. Drugi mąż mojej mamy chciał mnie zaadoptować. Mama na to nie pozwoliła. Powiedziała, że miałam własnego ojca, nazywam się Sulamita Simenauer, i tak zostanie. Z drugim mężem mama była bardzo szczęśliwa. Ojca wspominałyśmy raz do roku w Jom Kippur. Zwykle tego nikomu nie opowiadam, bo nie ma po co. Ludzie nie chcą słuchać. Zaczęłam jeździć na zjazdy stowarzyszenia, żeby sama sobie udowodnić, że nie jestem wariatką. Moja mama mówiła, że nie można mieć wszystkiego. Jeśli się raz wygrało życie, to jest najważniejsze. Ja też mam takie podejście. Chodzę do synagogi w każdy Jom Kippur nie dlatego, że mam jakieś grzechy na sumieniu. U mnie to forma medytacji, pozbycia się tego, co mi siedzi na duszy. Chcę też w pewien sposób uczcić rodziców, ale to nie ma nic wspólnego z religią.

Z dala od Polski jest łatwiej?

Ala: W 1968 roku uważałam, że musimy uciekać, mój mąż natomiast sądził, że wyjeżdżamy z powodu mojej „opinii" na temat polskiego antysemityzmu. On go nie odczuwał, pracował na Uniwersytecie Warszawskim. A ja byłam po farmacji i pracowałam w Polfie przy ulicy Karolkowej. Słyszałam tam różne rzeczy. Mąż jest Polakiem żydowskiego pochodzenia, a ja Żydówką urodzoną w Polsce. Jesteśmy razem pięćdziesiąt dwa lata. Zamykają się jedne drzwi, następne się przed nami otwierają, nie ma co do tego wracać.

Kryjówka
(rozmowa z Ireną, Wrocław)

Mama Róży miała sfałszowane aryjskie papiery, a Różę udało jej się umieścić w kryjówce u gospodarzy, którym za to płaciła. Skrupulatnie uczyli Różę pisania i rachunków, ale prawie w ogóle nie dawali jej jeść. I gdy mama przyszła po nią, Róża była tak chuda, że nawet nie można jej było baniek na plecach postawić, bo się nie trzymały skóry. Mama zapytała: „Róża, chcesz iść ze mną?". A ona odpowiedziała: „Tak, mamo, wszędzie tylko z tobą". Ale to wcale nie było takie proste, bo trzeba jej było wyrobić aryjskie papiery na inne nazwisko niż mamy, żeby było bezpieczniej. Bo jak będą papiery na inne nazwisko i coś się stanie, to może chociaż jednej z nich uda się uratować. I Róża wyszła. Ale nie mogła mówić do swojej mamy: „mamo". A taka mała, sześcioletnia dziewczynka najbardziej na świecie potrzebuje mówić do swojej mamy: „mamo". Na szczęście tam, gdzie się zatrzymały, mieszkały w jednym pokoju, w którym było bardzo zimno i mogły spać w jednym łóżku, pod jedną pierzyną. I w nocy, gdy było już zupełnie ciemno i zupełnie cicho, Róża pod tą pierzyną prosto do ucha mamy szeptała: „Mamo, mamo, mamo...". I mogła tak szeptać całą noc. Bo to był ten jedyny moment, kiedy Róża mogła mówić do swojej mamy: „mamo"...*

* Fragment scenariusza spektaklu *Hideout/Kryjówka* powstałego w нет-театrze, którego premiera odbyła się we wrześniu 2014 roku w Centrum Kultury w Lublinie; reżyseria Paweł Passini, scenariusz Patrycja Dołowy,

Ta opowieść ze spektaklu *Hideout/Kryjówka* jest o pani...

Tęsknota za mamą została ze mną już na zawsze. Cały czas za nią tęskniłam. Myślę, że w pewnym sensie skrzywdziłam tym swojego ojca. Z mamą byłam wręcz obsesyjnie związana. Chciałam z nią być cały czas. Taty nie pamiętałam. Miałam dwa i pół roku, gdy wyjechał. Pojechał do Lwowa szukać dla nas bezpiecznego miejsca. Aresztowało go tam NKWD. Wylądował na Syberii. Zobaczyłam go dopiero w 1946 roku, gdy wrócił z armią Andersa. Nie byłam w stanie powiedzieć do niego: „tato". Przez dłuższy czas mówiłam: „proszę pana", chociaż wiedziałam, że to mój ojciec, powiedzieli mi przecież. Pytał: „Dlaczego nie mówisz do mnie»tato«?". Pamiętam, jak kiedyś zwrócił się do mnie: „Poproś mamę, żeby zrobiła mi herbatę". Przyszłam do mamy i oznajmiłam: „Mamo, ten pan chce herbatę". Byłam zazdrosna, że on odbiera mi mamę. Za mało miałam mamy, gdy jej potrzebowałam jako mała dziewczynka w kryjówkach. Dlatego potem tak ją uwielbiałam. Gdy między rodzicami zdarzały się konflikty, stawałam po stronie mamy. Dziś wiem, że nie zawsze słusznie. Ale to było bardzo silne uczucie.

Razem przeżyłyście...

Na początku wojny, jeszcze w Krakowie, byłam ukrywana u przyjaciółki mamy. Zresztą mojej matki chrzestnej, bo dla bezpieczeństwa zostałam przez nią ochrzczona. Niestety, rozchorowałam się i kaszlałam. Sąsiedzi zaczęli coś podejrzewać, bo to była samotna kobieta. Przeniesiono mnie do innej kryjówki. Nie jestem w stanie powiedzieć, co się później ze mną działo, czy to była jedna kryjówka, czy kilka, wiem tylko, że przez chwilę byłam u zakonnic. Gdy się zorientowały, że jestem żydowskim dzieckiem, powiedziały matce, żeby mnie zabrała.

---

scenografia Zuzanna Srebrna, projekcje Maria Porzyc, światło Damian Bakalarz, kostiumy El Bruzda, muzyka Daniel Moński, Paweł Passini, obsada Patrycja Dołowy, Joanna Kaczmarek, Daniel Moński, Beata Passini / Klaudia Cygoń, Paweł Passini, Maria Porzyc, Katarzyna Tadeusz / Anna Zachciał, Judy Turan.

Potem mama ukrywała się gdzieś w Warszawie na aryjskich papierach, pracowała, a mnie oddała na przechowanie do jednych państwa. Doskonale pamiętam ich nazwisko, ale to nieważne. Bardzo źle mnie traktowali, bardzo źle ich wspominam. Prawie w ogóle nie dawali mi jeść. Jak w tej historii ze spektaklu: gdy mieli mi stawiać bańki na plecach, byłam tak chuda, że się nie dało, bo odpadały od mojego kościstego ciała.

We wspomnieniach* pisze pani, że mama dawała im pieniądze na pani utrzymanie. Nie karmili pani, ale sami kupowali sobie na przykład kiełbasę. Raz skubnęła pani kawałek, gdy ich nie było, a winę zrzuciła na myszkę. Uwierzyli, bo to był jedyny raz, gdy pani ich oszukała…

Ale przynajmniej nauczyli mnie wszystkich katolickich modlitw. Szczerze mówiąc, nie pamiętam, czy w ogóle wówczas wiedziałam, o co w tym wszystkim chodzi. Byłam poinstruowana, co robić, bałam się, ale nie wiedziałam, dlaczego mam się bać. Co nam właściwie grozi. Wiedziałam, że mam się bać żołnierzy i psów. Zachowałam takie wspomnienie: już po wojnie szłam do szkoły albo ze szkoły, a za mną żołnierz. Może nawet bez psa, ale strasznie się bałam, kawał drogi biegłam do domu ile tchu. Gestapowcy śnili mi się jeszcze wiele lat po wojnie. Że mnie gonią. A jak słyszałam za sobą ciężkie buty, wracało wspomnienie strachu. Wiedziałam, że nie można mówić, że trzeba być cicho, że trzeba wejść pod kołdrę. Najlepiej pamiętam jednak uczucie tęsknoty za mamą. W końcu mama zabrała mnie na chwilę od tych ludzi. Do Wesołej. Szłyśmy tam ulicą i podszedł do nas szmalcownik. Mama miała za mało pieniędzy, więc zaprowadził nas do Gestapo. Siedząc tam, zaczęłam zupełnie szczerze i żarliwie modlić się do katolickiego Boga o wstawiennictwo. Gdy gestapowiec nas zobaczył, powiedział: „Co mi tu pan, przecież to są Polki". I nas puścił. Szmalcownik

---

* *Ja byłam tą myszką* [w:] *Dzieci Holocaustu mówią…*, t. 5, red. A. Kołacińska--Gałązka, Warszawa 2014, s. 108.

wyszedł za nami i ostrzegł mamę: „Jeszcze cię znajdę". Wtedy mama zdecydowała się wyjechać do Niemiec. Niemcy nie byli tak sprawni w odróżnianiu Żydów od Polaków jak szmalcownicy tutaj. Mnie jednak chciała zostawić w kryjówce, uważała, że tak będzie lepiej. Poprosiłam: „Mamo, ja mogę suchy chleb, byle z tobą. Zabierz mnie". Zgodziła się. Załatwiła dla mnie aryjskie papiery na inne nazwisko niż swoje. Gdyby coś się stało, ktoś by wydał, to wciąż istniała szansa, że ta druga będzie bezpieczna. Nikomu nie mogła powiedzieć, że jestem jej córką. Nie mogłam mówić do niej: „mamo". Zwracałam się do niej: „*Frau* Katarina". Ona mówiła ludziom, że jestem córką jej przyjaciółki, która zmarła i której obiecała, że się mną zajmie. Ci gospodarze, u których mama pracowała, mnie też czasem dawali coś do roboty. Miałam pięć, może sześć lat i pomagałam w kuchni, w ogrodzie. I trochę się bawiłam z ich dziećmi, które gospodyni biła tak samo jak mnie. I tylko wieczorem po pracy, gdy moja mama była zmęczona – mieszkałyśmy w nieogrzewanym pokoju, była zima, mróz i miałyśmy jedną pierzynę, więc spałyśmy pod nią w jednym łóżku – masowałam mamie plecy, a potem się do niej przytulałam i szeptałam jej do ucha: „Mamo, mamo, mamo". I mogłam tak szeptać całą noc. W dzień marzyłam.

O końcu wojny?

I żeby mieć dwie ciocie, z których jedna pracowałaby w bibliotece albo księgarni i dawała mi książki, a druga w cukierni i przynosiła ciastka z różowym kremem. Byłam strasznie niedożywiona. Mama dokarmiała mnie kakao. Zawsze gdy przygotowywała coś dla dzieci gospodarzy, trochę odkładała dla mnie. Kradła. Ale to przecież jedzenie. Miała nie dać swojemu wygłodzonemu dziecku? Zresztą nasz gospodarz, Niemiec, był dobrym człowiekiem. Nie był faszystą. Portret Hitlera trzymał odwrócony twarzą do ściany, by go przewiesić tylko w razie jakiejś niespodziewanej wizyty. Zabierał mamę do piwnicy, gdzie miał ukryte radio, żeby posłuchała i uwierzyła, że zbliża się front. Innym razem stanął w mojej obronie, gdy jego żona zaczęła mnie bić. Zginął z rąk straży granicznej w ostatnich dniach wojny. Gdy tylko wkroczyli Francuzi, nasza gospodyni zaczęła z nimi sypiać. Za jednego z nich wyszła za mąż i wyjechali razem do Australii. Pod koniec lat osiemdziesiątych na konferencji poznaliśmy Niemców, bardzo się zaprzyjaźniliśmy. Oni przyjeżdżali do nas, my do nich. Zabrali nas na wycieczkę po Niemczech i na moją prośbę zboczyliśmy z drogi, by zobaczyć miejsce, w którym przeżyłam wojnę. Byłam wtedy tuż przed habilitacją, chciałam pokazać tej gospodyni, kim jest dziś dziewczynka, którą kiedyś tak biła. Na miejscu od sąsiadów usłyszeliśmy o jej losach.

Gdy wojna się skończyła, mamie zaproponowano, by przeszła przez granicę do Szwajcarii i tam przez Czerwony Krzyż poszukała męża. Mama chciała wracać do Polski, przyjaciółki przechowały dla niej rzeczy. Przed wojną była urzędniczką w banku i nieźle zarabiała jak na tamte czasy, ale nie była majętna. Pomagała rodzinie i oszczędzała. Z odłożonych pieniędzy kupowała czasem obrazy. Lubiła sztukę. Koleżanki w czasie okupacji przechowywały je dla niej, potem oddały jej wszystkie co do jednego, dopiero mama je namówiła, by część zostawiły sobie, kilka wzięła ona. To te same, które pani widziała u mnie w domu na ścianach.

Dobre przyjaciółki.

Przed wojną pracowała z nimi społecznie. Chodziły po domach, zbierały pieniądze na biedne dzieci. Organizowały kolonie dla najuboższych i inną pomoc. Szkoda, że dobrze nie znam tej historii. Gdy byłam młoda, nie miałam czasu ich słuchać, a mama nie za bardzo się zwierzała. Miała swoje tajemnice. Do dziś nie wiem, co zrobiła z naszymi papierami z okresu wojny. Właściwie nic mi w domu nie zostało z tamtych czasów. Dopiero w latach dziewięćdziesiątych znalazłam w Żydowskim Instytucie Historycznym dokument pisany jej ręką. Popłakałam się – opisała dokładnie, gdzie byłyśmy. W króciutkich zdaniach. Do dziś go przechowuję. Mama miała na mnie ogromny wpływ.

Wystarczyło, że coś powiedziała, o coś poprosiła, zawsze robiłam wszystko tak, jak chciała, nawet jeśli nie do końca miałam na to ochotę. Słuchałam jej.

Zwykle się z tego wyrasta.

Ja nie. Długo mieszkałam z rodzicami. Dopiero gdy wyszłam za mąż, przenieśliśmy się na Górny Śląsk. Nie podobało nam się tam. Dobrze zarabialiśmy, ale tęskniliśmy do zielonego Wrocławia. Pomyśleliśmy: rodzice starzy, schorowani, sami w takim wielkim mieszkaniu. Wróciliśmy do nich.

Póki moja mama była sprawna, pomagała mi w opiece nad dziećmi. Potem zajmowałam się nią do jej śmierci. W nocy wiele razy wstawałam, by sprawdzić, czy się nie odkryła, czy wszystko w porządku. Zawsze bardzo się o nią bałam. Opowiem pani o tym strachu... Żeby pani rozumiała. Na studiach byłam bardzo pilną studentką. Pracowitą, ambitną, obowiązkową. Raz mama upadła. Myślałam, że coś sobie złamała. Nie byłam w stanie się uczyć, póki nie poczuła się lepiej. Musiałam pójść do profesora. Powiedziałam mu, że nie mogłam się przygotować, bo się martwiłam o mamę. Brzmi jak szkolna wymówka, a tak to właśnie było. A jednak do dziś mam wyrzuty sumienia. Takie, że czasem w nocy się budzę i nie mogę zasnąć, wciąż rozważam, co mogłam wtedy zrobić inaczej.

Jak mówiłam, opiekowałam się mamą pod koniec jej życia. Gdy dostała trzeciego wylewu, zabrali ją do szpitala, a ja następnego dnia miałam od dawna zaplanowaną delegację. Pojechałam na nią, zakładając, że skoro z mamą jest tak niedobrze, to gdy ją wypiszą do domu, będę z nią musiała być przez cały czas i już nie dam rady pojechać. To jedyny moment – pomyślałam. – Pojadę i zaraz będę z powrotem. Wróciłam nazajutrz i dowiedziałam się, że mama właśnie zmarła. Nie było mnie przy niej. Umarła sama w szpitalu. Do dzisiaj to we mnie tkwi.

Nie mogła pani wiedzieć.

Praca była dla mnie ważna. Lubiłam ją i byłam niezwykle obowiązkowa. Chciałam się z niej dobrze wywiązać. Dziś jest inaczej, można być przy łóżku chorego, jest bardziej intymnie. Kiedyś w szpitalach były ogromne, wieloosobowe sale. Nie siedziało się z pacjentem cały czas. A ja miałam dwoje małych dzieci. To były ciężkie czasy, nie da się ich porównać z dzisiejszymi. Wystawało się bez przerwy w kolejkach. Dzieci w ogóle nie można było odwiedzać w szpitalu. Uważano, że dziecko będzie tęsknić i płakać, gdy zobaczy rodzica, więc lepiej, żeby wcale go nie oglądało! Ja swojego chorego dziecka dwa tygodnie nie widziałam! Na szczęście mąż był pracownikiem Akademii Medycznej i miał pozwolenie, by wejść na teren szpitala. On je odwiedzał. W takich czasach żyliśmy. Tego się nie zmieni. Może bym dzisiaj, z dzisiejszym doświadczeniem inaczej w pewnych sprawach postępowała, ale wtedy…

Człowiek potrzebuje wierzyć, że tak było lepiej, że dla niej tak było lepiej. Modliłam się przecież, że jeśli mamie miałoby się pogorszyć, to niech lepiej Bóg da jej dobrą śmierć. Nie byłam w stanie znieść myśli o jej cierpieniu. Sama też nie chciałabym dożyć momentu, gdy będę niedołężna. Wolałabym umrzeć od razu.

Wciąż musieliście dokonywać trudnych wyborów… Myślę, że dla pani mamy decyzja zabrania córki z kryjówki była niezwykle trudna. Wybrała bycie razem, udało się. Musiała być bardzo dzielną osobą.

Była. Do tego energiczną i pewną siebie. Może dlatego ja jako młoda dziewczyna byłam nieśmiała i wstydliwa. Mama zawsze chciała decydować o wszystkim. Sama zrobiłam się odważna i energiczna, dopiero gdy ona zachorowała. Teraz to ja wszystko organizuję w domu. Mąż mi pomaga, ale ja zarządzam.

Matka była najważniejszą osobą w moim życiu. Choć oczywiście jestem bardzo związana ze swoimi dziećmi. Z wnukami też. Żałuję, że tak mało wiem o własnych przodkach. Jako mała dziewczynka leżałam kiedyś w szpitalu, w jednej z tych wieloosobowych sal. Ludzie opowiadali antysemickie dowcipy i nagle jedna z kobiet podniosła się na łóżku: „Proszę do mnie takich dowcipów nie mówić. Jestem czysta Żydówka". Ja wtedy milczałam. Mama miała żydowskie rysy. Mój tata z kolei wyglądał jak typowy Aryjczyk. Mógłby służyć Hitlerowi za przykład. Był zresztą bardzo przystojny. Za młodu nazywali go piotrkowskim Rudolfem Valentino (uczył w gimnazjum w Piotrkowie, by zarobić na studia). Ojciec nigdy nie miał problemu z tym, że jest Żydem, nie ukrywał tego. A mama tak. I mnie to przekazała. Całe lata po wojnie nadal uważałam, że należy się z tym kryć. Uwolniłam się od tej myśli, gdy w latach osiemdziesiątych znalazłam się w Izraelu. Wtedy jakbym się urodziła na nowo. Po powstaniu Stowarzyszenia Dzieci Holocaustu w Polsce dostałam telefon od przewodniczącej jego wrocławskiego oddziału. Przedstawiła się: Krystyna Nowak. Tak się nazywała, jak ja w aryjskich papierach.

Odezwała się przeszłość...

O mało nie usiadłam z wrażenia. Zapisałam się do tej organizacji. To było pytanie o tożsamość: kim jesteś?

Żal do mamy
(rozmowa z Tusią, Miedzeszyn)

W Miedzeszynie na dorocznym zjeździe Stowarzyszenia Dzieci Holocaustu, po wykładach wszyscy gorączkowo podążają w stronę stołówki, ale nie Tusia. Ona spokojnie odpala papierosa od papierosa.

A może spóźnimy się na kolację? Zapraszam panią na chwilę do mojego pokoju.

Na stole obok pełnej popielniczki – stosik książek i zdjęć. Tusia milczy, zapalając kolejnego papierosa. Więc ja zaczynam:

Pani pierwsza mama...

Nigdy jej nie widziałam... to znaczy widziałam... ale nie pamiętam... Umarła w 1977 roku w mieście Naharijja, w Izraelu. Nie doczekała dnia, w którym jej cudem odnaleziona córka przybyła do Kraju, by poznać swoich przyrodnich braci. Nie dane nam było się spotkać...

Pani druga mama...

Była oschła. Nie miałam szczęścia do tych matek. Ona nie miała swoich dzieci. Nie wiedziała, co to jest ciepło i miłość macierzyńska. Nie okazała mi tego. Jako dziecko dość długo moczyłam się w nocy. Matkę to strasznie denerwowało.

Dostawałam lanie. Ale ja też chyba nie byłam bez winy. Zachowywałam się nieznośnie. Wiedziałam, że nie jestem jej córką. W złości wyzywała mnie od Żydówek. Pamiętałam ten moment, gdy mnie do nich przywieźli. Ale o tym, że nie jestem ich dzieckiem, nigdy nie rozmawialiśmy. Ja nic nie mówiłam ani oni nie mówili. Może myśleli, że o tym nie pamiętałam? Pamiętałam.

Rozumiała pani coś z tego?

Do domu Polki i Ukraińca w Równem na Wołyniu przyprowadził mnie mężczyzna. Pamiętam go, bo potem czasem podchodził pod nasz płot. Rodzice nie pozwalali mi się do tego pana zbliżać. Gdy do nich trafiłam, byłam cała zawszona. Na ubraniu, włosach, skórze miałam pełno wszy i robactwa, całe moje ciało pokrywały wrzody. Wielkanoc 1943 roku. Po odwszeniu i kąpieli posadzili mnie do stołu, ale musieli trzymać za ręce, żebym za dużo nie zjadła, bo byłam wygłodzona i to by się mogło źle skończyć. Adoptowali mnie poprzez chrzest. Dali nowe imię, datę urodzenia, swoje nazwisko. Nie wiem, co powiedzieli księdzu.

Czuje pani do nich wdzięczność?

Żadnej wdzięczności!

Do rodziców nie czuje się wdzięczności?

Nie. W 1945 roku wywieźli mnie pierwszym pociągiem na Ziemie Odzyskane. Nie szukali, nie pytali, czy ktoś z mojej biologicznej rodziny przeżył. Uratowali mnie, własnych dzieci nie mieli. Chcieli mnie mieć. To jest zrozumiałe.

Myślę, że tak…

Ale moja mama żyła. Wyszła z bunkra. Szukała mnie, swojej córki. Szukała rozpaczliwie przez półtora roku po całym Wołyniu. Byłam już wtedy w Wałbrzychu. Mężczyzna, który mnie wtedy przyniósł do rodziców, został zamordowany. Tylko on wiedział, dokąd trafiłam.

Ma pani żal do przybranych rodziców, że nie szukali pani mamy?

Tak… Rozumiem ich. Mała dziewczynka, którą na swój sposób pokochali… A mama się tam błąkała po Wołyniu przez półtora roku… I żadnego śladu nie znalazła, bo jak? Szukała dziewczynki o imieniu Estusia. Ester Goldynsztajn, nie Romualda Titerenko. Biedna mama. Oddała mnie na aryjską stronę, by mnie ocalić. A potem umarła ze świadomością, że nie była w stanie, że pewnie zginęłam. Nigdy już mnie nie zobaczyła.

Ile pani miała lat, gdy panią oddała?

Pięć.

Nie ma pani żadnych wspomnień z nią?

Wspomnień nie. Tylko tę świadomość, że jestem jej córką, nie swoich rodziców. I bluzeczkę. Tę, w której mama mnie oddała temu mężczyźnie, a on – mojej przybranej mamie.

Czyli pani druga mama ją zachowała?

Tak, ale nigdy nic nie powiedziała. Nigdy! Dopiero przed śmiercią. W ostatnich latach życia była bardzo chora. Przekazała mi poczucie obowiązku, że należy pomagać innym choćby nie wiem co. To nie była zła osoba, tylko bardzo nieczuła. Nie lubiłam do niej przychodzić, źle się u niej czułam. Ale przychodziłam. Zajmowałam się nią do końca. I wtedy powiedziała mi to, co zawsze przeczuwałam. Wiedziałam, że coś ukrywa i że to ma związek z moją pierwszą mamą. Niebieska bluzeczka. Jedyne, co mnie łączy z poprzednim życiem. Trzymam ją w szufladzie w kopercie. Gdybym ją uprała, toby się rozpadła. Moja jedyna pamiątka.

Kiedy pani myśli „mama", to o której?

Nie pamiętam tej pierwszej mamy. Zawsze sobie wyobrażałam, że była ciepłą osobą. I na zdjęciach, które potem znalazłam, na taką właśnie wygląda. Później od żony mojego przyrodniego brata dowiedziałam się, że była nieprzystępna, nigdy nie nauczyła się hebrajskiego, paliła papierosy. Tak jak ja. Taka była. Druga matka też nie umiała być czuła. Chociaż trudno mi powiedzieć, nie miałam skali porównawczej… Mama później owdowiała, a ja wyszłam za mąż i urodziłam córkę. Ściągnęłam mamę do Torunia. Mieszkałyśmy naprzeciwko siebie. Nie miałam dla niej ciepłych uczuć, ale odwiedzałam ją codziennie.

Kiedy zaczęła pani szukać pierwszej mamy?

Miałam przyjaciela, który studiował polonistykę w Toruniu. Wyjechał do rodzinnego Przasnysza pielęgnować ciężko chorą matkę. Tam było duże skupisko Żydów. Zaczął się tym zajmować. Nawiązał kontakt z ziomkostwem w Izraelu. Znalazła się pani, w której domu on mieszkał po wojnie. Zaprosił ją do siebie do Przasnysza, a potem przyjechali do mnie do Torunia. I wie pani, jak to jest, opowiedziałam jej całe swoje życie. Wróciła do Izraela, napisała o mnie tekst do polskiej gazety w Izraelu „Nowiny. Kurier", a potem drugi do bardzo poczytnego dziennika „Maariw". Tak zaczęła się moja historia. Do autorki tego artykułu dzwonili ludzie z całego Izraela, każdy mówił, że jestem jego córką. Więc ona ściągnęła mnie do siebie. I w końcu, po długich poszukiwaniach, znalazła drugiego męża mojej matki i dwóch moich przyrodnich braci – synów z jej drugiego małżeństwa.

Rozpoznali panią na zdjęciu?

Podobno wykrzyknęli, że jestem skóra zdarta z Leny (mojej mamy). Pojechałam do nich i to był dla mnie duży wstrząs. Na lotnisku czekało dwóch mężczyzn, znacznie ode mnie młodszych. Z kwiatami. To mnie bardzo poruszyło. Ich cała rodzina. Między mną a starszym z braci było ogromne podobieństwo. Ale i tak zrobiliśmy w szpitalu Hadassa badania genetyczne. Pobrali od nas wszystkich krew, także od mojej córki, od dzieci moich braci, od kuzynów z Nowego Jorku i Tel Awiwu. Potwierdziło się, że jesteśmy rodziną. W ten sposób odnalazłam swoje korzenie.

I braci!

Pani musi zrozumieć, że ja nie wiem nawet, co to znaczy miłość do brata czy siostry. To uczucie zupełnie mi z dzieciństwa nieznane. Ale fajnie jest mieć rodzinę. Odwiedzamy się przynajmniej raz w roku. Oni mają dzieci, ja mam córkę. Utrzymujemy bardzo bliskie kontakty. Często rozmawiamy. I wielu rzeczy się dowiedziałam o sobie.

Urodziłam się w Brodach. Moja córka pojechała tam na cmentarz żydowski. Odnalazła rodzinną macewę. Może dziadka? Nikt z nas nie wie. Mama była ze Lwowa z domu Booth. Po zdaniu matury wyjechała do Brodów, poznała Józefa Goldynsztajna i tak pojawiłam się na świecie. To było w 1939 roku. Gdy wybuchła wojna i utworzyli getto, mama poszła do bunkra, a mnie oddała na przechowanie. W bunkrze urodziła drugie dziecko. Udusili je, bo płakało. Ojciec zginął na samym początku. Ona przeżyła. Szukała mnie i nie znalazła. Pojechała do Wiednia, gdzie poznała drugiego męża. Pobrali się w Innsbrucku, do Izraela dotarli już razem. Mieli rodzinę – tę właśnie, którą poznałam. Zmarła dziesięć lat przed moim odnalezieniem się. Byłam na jej grobie. Bardzo chciałam ją sobie przypomnieć. Mam jej zdjęcie. I mojego taty też. Cudem odnaleziona rodzina. Czysty przypadek.

To musi być bardzo dziwne, prawda?

Bardzo! Niezrozumiałe dla ludzi, którzy tego nie przeszli... To jest niezrozumiałe nawet dla mojej córki. Jej babcią zawsze była moja przybrana matka. Nie pyta wiele o tę pierwszą mamę.

Czuje się pani Żydówką?

Trudno powiedzieć... Polką? Polską Żydówką? Bardziej Polką. Tak zostałam wychowana. To są dla mnie bardzo trudne sprawy.

Idziemy jeść?

Córka, którą trzeba uratować
(rozmowa z Joanną, Warszawa)

Właściwie całe życie byłam z mamą. Od mojego urodzenia aż do jej śmierci. Z krótkim okresem rozdzielenia. Miałam bardzo dzielną mamę i bardzo ją kochałam. Gdy byłam młoda, często się sprzeczałyśmy. Dziś wiem, że zawsze się o mnie bała. Umarła, gdy miała dziewięćdziesiąt dziewięć lat i pięć miesięcy. Skończyła psychologię na Uniwersytecie Warszawskim. Już na uczelni została asystentką profesora Stefana Baleya. Przed wojną pracowała po parę godzin w kilku różnych szkołach i poradniach. Oboje jej rodzice pochodzili z zasymilowanych żydowskich rodzin. Mój ojciec skończył politechnikę. Był niezwykle zdolny, studia chemiczne ukończył zaledwie w cztery lata. Niestety, zaraz wzięli go do wojska. Gdy wrócił, mimo że był uzdolniony w różnych dziedzinach, miał kłopot z dostaniem pracy i zatrudnił go jego ojciec, mój dziadek, w komorze celnej. Zresztą wszyscy w tej rodzinie sobie pomagali. A ja byłam taka kochana, jedyna wnuczka. I tak nam życie płynęło aż do wybuchu wojny. Miałam trzy lata, gdy się zaczęło, trochę ponad cztery, gdy trafiliśmy do getta. Babcia prowadziła pośrednictwo mieszkaniowe. Już na początku wojny, gdy zaczęły chodzić słuchy, że będą nas wysiedlać, zamieniła nasze trzy mieszkania na jedno większe – własne na terenie późniejszego getta. Takie pocieszenie! Wcześniej mieszkaliśmy przy ulicy Bagatela.

Miałam też nianię. Kiedyś wracałam z nią z parku Ujazdowskiego, a że byłam blondyneczką i całą głowę miałam w lokach, gdy dwóch Niemców nas mijało, jeden rzucił: *„O Eine Puppe"* (O, jaka laleczka). Ja w ryk. Niania się przestraszyła, wprowadziła mnie do mieszkania na czwarte piętro, była bardzo podenerwowana. Wszyscy wybiegli i pytali, co się stało. A ja przez łzy powiedziałam, że ten Niemiec nazwał mnie: „pupa". Z nianią spędzałam dużo czasu. Mama była bardzo niegospodarna. Zawodowo – niezwykle poukładana, ale w domu… To babcia go prowadziła. Po jej śmierci było nam naprawdę ciężko. Obiady musiałam jadać w stołówkach szkolnych. Ale to już się działo po wojnie. Po wojnie w ogóle nam było trudno. Zostałyśmy same. Psychologia była bardzo źle traktowana. Według oficjalnej narracji Związku Radzieckiego testy psychologiczne były szkodliwe. Mama nie mogła dostać dobrej pracy. Gdy chciała kogoś zbadać, nosiła testy psychologiczne ukryte pod fartuchem. Pierwszy sekretarz partii w szpitalu był szatniarzem*. Gdy spotykał mamę, mówił: „Oj, pani Dobrowolska, coś pani ukrywa, niedobrze, nieładnie". Mama się musiała bardzo kryć.

A pracowała w getcie?

Oczywiście! Do 1942 roku w CENTOS-ie**. Ojciec z kolei był w domu, prowadził tajne komplety. Matka go do tego nakłoniła i okazał się świetnym pedagogiem. Już na terenie getta wstąpił do PPS-u. Mamę ostrzegła koleżanka, która miała męża policjanta, że wkrótce przyjdą po tatę. Tego dnia mama chciała, żeby tata się schował, ale on w ogóle się tym nie przejął. Został zabity w nocy z 16 na 17 kwietnia 1942 roku. Ja spałam. Obudził mnie głośny płacz babci. Siedziała przy moim łóżku i powtarzała: „Tata wyjechał, wyjechał bardzo daleko, nie wróci już do nas",

---

* Chodzi o sekretarza Podstawowej Organizacji Partyjnej (POP). W latach 1949–1989 POP-y istniały w zakładach pracy, uczelniach i instytucjach kulturalnych.

** Centrala Towarzystw Opieki nad Sierotami (CENTOS) – żydowska organizacja działająca w Polsce w okresie międzywojennym.

i tak w kółko. Płakała, więc ja też. Mama poprosiła jakichś mężczyzn, żeby jej pomogli przynieść ciało. Ubrali tatę i położyli na stole w drugim pokoju. Ja tam zajrzałam i powiedziałam, że przecież mi mówili, że tatuś wyjechał, a on tam leży. Chciałam podbiec do niego, ale mama mi nie pozwoliła. Nie puścili mnie. Potem odbył się pogrzeb, na którym nie byłam. Stypę zorganizowano u naszych kuzynów. Tak się skończyła historia z ojcem. Robił piękne mapy, zaznaczał wojska polskie i niemieckie małymi chorągiewkami. Wisiały w mieszkaniu w getcie. Dzięki temu mieliśmy tę całą wojnę jakby pod kontrolą. A potem mama przestała pracować. Sama zaczęła uczyć dzieci. Była tak zmęczona, że zadawała im coś do czytania i zasypiała. Później dzieci przestały przychodzić. Zostałyśmy same. Już dawno mogliśmy wyjść z getta, mieliśmy przygotowane wszystkie papiery, ale po śmierci ojca mama wszystko zniszczyła, całą bibułę. Z obawy, że przyjdą znowu, wszystko zabiorą i będą kolejne kłopoty.

Dziadkowie zmarli w getcie?

Najpierw dziadek, potem babcia. A ojciec ojca w 1940 roku, jeszcze po aryjskiej stronie, dostał wylewu na wieść, że Francja skapitulowała. Zmarł po trzech tygodniach. W gettowym mieszkaniu przy Białej została mama ze swoją teściową, ze mną i z młodszą siostrą. Mama miała dokument umożliwiający wyjście z getta trzem osobom. Ostatecznie zdecydowała się zabrać tylko mnie, mając nadzieję, że jej siostra z teściową razem lepiej sobie poradzą. Niestety, siostrę mamy w czasie jednej z akcji aresztowano i wywieziono. Mama nigdy jej nie odnalazła, ale babci udało się wyjść z szabrowniczkami i do nas dołączyć.

Jak was znalazła?

Była z mamą w kontakcie telefonicznym. Ja przez pewien czas mieszkałam w domu dziecka w Zagórzu pod Warszawą. Tam przechowywano wiele żydowskich dzieci, dorosłych zresztą też. Oficjalnie było to sanatorium dla dzieci z wrodzoną kiłą, co było niezwykle pomocne, bo Niemcy bali się chorób. Miałam „swoją" Sprawiedliwą, Irenę Chmieleńską. Ona mnie tam zawiozła i została jako wolontariuszka, żeby mieć mnie na oku. Bała się, żebym czegoś nie chlapnęła. Gdy wiozła mnie pierwszy raz do Anina, pytałam ją po cichutku w tramwaju: „Irenko (udawałyśmy kuzynki, więc kazała mi mówić na ty), a czy Jurek to jest żydowskie imię?". Albo gdy już dojechałyśmy do Anina, zobaczyłam figurę Matki Boskiej i powiedziałam: „Ojejku! Dlaczego ona tak dziwnie stoi?". Irena mnie wtedy ścisnęła mocno za rękę, żebym wiedziała, że nie wolno. Najgorsze było, że ja wiedziałam, że jeżeli powiem coś niewłaściwego, to nie tylko mnie może stać się krzywda, ale też mamie i babci. Straszne! A po wojnie Irenka otwarcie powiedziała, że jest antysemitką. Jej brat był w ONR-ze. Ten to dopiero był antysemitą. A ich rodzice byli dentystami. U nich też się ukrywałam. Nie brali od nas pieniędzy. Ani grosza. Takie losy pokręcone…

Po wojnie miałyście dobre relacje?

Bardzo często się spotykałyśmy. Irena żyła w biedzie, pomagałyśmy jej załatwić ogrzewanie w mieszkaniu. Zanim to się udało, zimą mieszkała u mnie. Kiedyś wszystkie trzy udzielałyśmy wywiadu Zofii Zaks z ŻIH-u. Zofia była bardzo zdziwiona: „Jak to, pani jest antysemitką? Ratowała pani przecież żydowskie dzieci!". A Irena na to, że ratować życie to zupełnie co innego, niż kogoś lubić. Mojej mamy otwarcie nie lubiła za niegospodarność i miała do niej o to pretensje. Rzeczywiście mama miała nawet kłopot z czajnikiem, by go nie spalić przy gotowaniu wody. Ale za to przez całą okupację i później utrzymywała mnie i babcię. Dzięki niej przeżyłyśmy. Gdy wróciłam z Zagórza, wszystkie trzy znalazłyśmy się w konspiracyjnym mieszkaniu z folksdojczem. Przy Narbutta 38. Mama dogadała się z panią, która piekła ponoć najlepsze ciastka w Warszawie, i zaproponowała jej, że będzie te ciastka sprzedawać. Zaczęła jeździć po Warszawie z walizeczką pełną ciastek. Początkowo z jedną. Chodziła do kawiarni, restauracji i wszyscy chwalili, że takie dobre. Dwa razy ją zatrzymali. Raz Austriak w kawiarni zażądał, żeby powiedziała, skąd je ma. Jej się jakoś udało zadzwonić do pani, która je piekła, i tamta powiedziała, żeby Austriaka przysłać do niej. Gdy weszli do jej domu, mama cała drżała ze strachu o gospodynię i o siebie, tymczasem on tylko jadł ciastka i słuchał, jak ta pani gra na fortepianie. Nie było żadnych konsekwencji. Dobrze się zachował. Kolejnym razem była łapanka w tramwaju. Niemcy bali się, że w tej walizeczce mama wiezie bombę. Krzyczała: *„Kuchen!"* (ciastka!). Otworzyła walizkę, a oni wszystko zjedli i się rozsmakowali. Potem się rozkręciła z tymi ciastkami. Do sześciu walizek miała pomocników. Przed samym powstaniem warszawskim za zarobione pieniądze kupiła mi piękny materiał na sukienkę. Byłam z niej bardzo dumna, w niej wyszłam z Warszawy. Mama wciąż pracowała. Ona właściwie miała dwie pasje – mnie i pracę. Prawie jej wtedy nie widywałam. Cały czas byłam z babcią. Biedna babcia ciągle się denerwowała. W końcu w 1948 dostała zawału i umarła.

Mama się panią zajęła?

Musiała. Została redaktor naczelną pisma pedagogicznego, żeby móc pracować w domu. Ale wkrótce zaczęła też chodzić do poradni, więc znów się mijałyśmy. Gdy ona redagowała w domu, ja byłam w szkole, gdy ja wracałam, ona wychodziła do poradni. Nie umiała z tego zrezygnować.

Zaczęłam mieć kłopoty w szkole, głównie z matematyką. Nauczycielka poskarżyła się mamie, że nic nie umiem, że inne dzieci mają mniejsze możliwości intelektualne, a i tak dostają lepsze stopnie ode mnie, a że przecież jestem inteligenckie dziecko, to trzeba mi stawiać wymagania. Mama jej w końcu przerwała i powiedziała: „Proszę pani, ale my się prawie w ogóle nie widujemy. Tylko w niedziele". Całe życie tak pracowała. Nawet w obozie, gdzie znalazłyśmy się po powstaniu warszawskim. Spaliśmy tam w barakach na słomie. Byłam cała owrzodzona. Kiedy składali z dykty baraki dla nas, my, dzieci, biegałyśmy wokoło. W końcu zebrała się nas pod drzewem cała grupka i opowiadaliśmy sobie bajki. Przechodził obozowy Niemiec i powiedział: *„O, Kindergarten"* (O, przedszkole). Wyznaczył moją mamę do

prowadzenia go. Dali jej nawet jeden barak na to „przedszkole".
Dzieci było bardzo dużo. Nic tam nie było ani do zabawy, ani
do pisania czy rysowania. Starsze dzieci siedziały z tyłu, a my,
młodsze, z przodu, więc gdy ktoś przychodził, wyglądało na to,
że są tam same małe dzieci. Ludność polska z Grudziądza bardzo nam pomagała. Przywozili różne rzeczy, głównie dla dzieci. Mama je rozdawała, wszyscy się po nie pchali, że im też się
należy, i mama miała z tego dużo przykrości. I tak do lutego.

A potem zaczęli nas przeganiać, uciekając przed nadciąga-
jącymi wojskami. Jak nas wzięli do obozu, ja byłam w pantofelkach i getrach. I tak zostałam. A śnieg sięgał mi po kolana.
Ledwie szłyśmy. Uciekłyśmy z tego marszu. Gdzieś się zatrzy-
małyśmy. Nie było co jeść, zabili konia. Gdy doszłyśmy do Grudziądza, akurat spotkały się dwa fronty. Z jednej strony Rosjanie,
z drugiej Niemcy. Do końca życia tego nie zapomnę. Wszyscy
bardzo się baliśmy. Mama miała sanki i jakąś pierzynę, którą ktoś nam dał, bo przecież w sierpniu wyszliśmy w letnich
rzeczach. W końcu weszłyśmy na górę, bramą do miasta, ja
na sankach. Tu bombardowali, a nas nikt nie chciał do siebie
przyjąć. Był tam chirurg, który miał dwóch synków bliźniaków
i w dodatku wszyscy nazywali się Kaczyńscy. Niemcy na szpi-
tal pozakładali bomby i już go mieli wysadzić, ale nie zdążyli,
bo Rosjanie weszli. Po wyzwoleniu z bochenkiem chleba dojechałyśmy do Warszawy, na piechotę z dworca. Szłyśmy aleją
Niepodległości, patrzymy, a tam nasze domy stoją niezburzone.
Rakowiecka ocalała. Byłyśmy bardzo zdziwione, bo słyszałyśmy,
że nic się nie ostało. A naprzeciwko sgpis* stała oszklona bud-
ka, zamknięta, bo było rano, ale stała. Nietknięta! Zdziwiona
zapytałam mamę, czy to prawdziwe.

Było inaczej niż za okupacji. Wtedy siedziałyśmy głównie po
ciemku. Babcia opowiadała mi historie, uczyła geografii, recy-
towała wiersze. Na podwórko bała się mnie puszczać, żebym

* sgpis – Szkoła Główna Planowania i Statystyki.

czegoś nie chlapnęła. Bo raz mnie puściła i chlapnęłam. Pani, która wynajmowała nam mieszkanie, miała siostrę, która mieszkała z córką, ta córka miała synka, a ich mężowie byli w wojsku w Anglii. Sąsiadka raz wzięła mnie z innymi dziećmi do parku Ujazdowskiego. Gdy przechodziłyśmy przez plac Unii Lubelskiej, zobaczyłam Bagatelę i powiedziałam: „O, tu przed wojną żeśmy mieszkali". Zawsze wiedziałam, że trzeba uważać, co można mówić, a czego nie. Ale to mi się nie wydawało niestosowne. Tymczasem nasza kamienica to był dom Banku Polskiego, którego ta kobieta była pracownicą i wiedziała, że to Żydów wyrzucili z tych mieszkań. Zrobiło się bardzo nieprzyjemnie, ale nic nie powiedziała mojej mamie. Dopiero po wojnie.

Po 1956 roku ojca odznaczyli orderem – Złotym Krzyżem Zasługi. Zapytali mamę, czego najbardziej by chciała. Powiedziała, że mieszkania. Dwa lata jeszcze trwało, zanim się wyprowadziłyśmy. Dali nam duży pokój i małą kuchnię. Pokój miałyśmy przedzielony na pół kotarą. W jednej części mama spała, a w drugiej był salon. A ja miałam pokój w kuchni. Skończyłam liceum bibliotekarskie, pracowałam jako bibliotekarka. Niestety, potem wyszłam za mąż. Związałam się ze złym człowiekiem, obrzydliwym antysemitą.

Ciężko pani z nim miała...

Rozwiodłam się po tym, jak on po pijanemu, po kolejnej kłótni otworzył na oścież balkon i darł się na całe osiedle, wyzywając moją matkę. Wiele przetrzymałam, ale tego już nie! Bił mnie przez lata, kilka razy wylądowałam w szpitalu. Ale dopiero gdy obraził mamę, przebrała się miarka. Już następnego dnia byłam w sądzie! Nikt nie będzie mojej matce ubliżał w ten sposób!

Była dla pani najważniejszą osobą?

A ja dla niej. Zawsze bardzo się o mnie bała. Miałam różnych chłopaków, których ona nie akceptowała. W końcu się od niej wyprowadziłam. I źle wybrałam. Ale szkołę skończyłam, studia zrobiłam i zawsze połowę pensji oddawałam mamie. Najpierw zarabiałam siedemset złotych, z czego mama dostawała trzysta pięćdziesiąt. Swoją część miałam na własne wydatki. A gdy kupowałam płaszcz, większy wydatek, mama mi pożyczała, a ja musiałam jej co do grosza oddać. Miesiącami to trwało, ale oddawałam. Jak zrobiłam maturę, mama powiedziała, że szkoła kosztuje i że muszę iść do pracy. Że nie może mi już pomagać i muszę zacząć pracować. A ja chciałam iść na studia. Myślę, że ona się bała, że sobie nie poradzę i będę cierpiała. Ale poszłam na studia wieczorowe i dobrze sobie poradziłam. Gdy byłam na drugim roku, zaproponowała, że skoro tak dobrze mi idzie, to żebym zrezygnowała z pracy i poszła na dzienne, ona ma odłożone pieniądze. Odparłam: „Nie, mamusiu, ja chcę mieć swoje pieniądze".

Robiła ze mnie zawsze takie biedne, nieszczęśliwe dziecko. Gdy ludzie bliżej mnie poznawali, byli zdziwieni, że jestem taka, jaka jestem. Po tym, co ona mówiła na mój temat, mieli o mnie zupełnie inne wyobrażenie. Potrafiła do mnie powiedzieć ze zdziwieniem: „Joasiu, spotkałam wczoraj małżeństwo Kowalskich i oni tak dobrze o tobie mówili, wyobrażasz sobie?". Uważała, że jestem nieudolna, ale nie miała chyba nic złego na myśli – traktowała mnie po prostu jak małą, biedną córeczkę. Przed śmiercią błagała naszą znajomą Małgosię, żeby się mną zajęła po jej śmierci. I się zajęła. Bardzo się mną opiekuje!

Ciekawa relacja...

Prawda? Ten ogromny strach o mnie przełożył się na całą naszą relację. Zawsze byłam dla niej córką, którą trzeba za wszelką cenę uratować... Na kolonie pierwszy raz pojechałam, gdy miałam osiemnaście lat. A gdy byłam młodsza, jeździłyśmy z mamą do wujka nad morze. Był wojskowym, porucznikiem. Mama pozwalała mi brodzić w wodzie tylko do kostek. Gdy raz weszłam głębiej, bo chciałam robić to po swojemu, mama zrobiła taką aferę, że wujek powiedział: „Przepraszam cię, Janeczko, ale więcej tu nie przyjeżdżajcie, bo będę miał duże nieprzyjemności". Latałam na zabawy studenckie. Tańczyłam. A mama mi zawsze mówiła, że nie umiem.

Pani mama mówiła dużo dołujących rzeczy...

Kiedyś kupiłyśmy wielkie fotele. Nie miał kto ich złożyć, więc ja się do nich zabrałam. A ona mi cały czas powtarzała: „Joasiu, po co ty się do tego zabierasz, przecież i tak ci się nie uda, przecież nie umiesz robić takich rzeczy. To się rozpadnie. To nie jest robota dla dziewczyny, zostaw". A im częściej to powtarzała, tym bardziej ja je składałam. Gdy skończyłam oba, powiedziałam jej: „Zobacz". A ona: „No wiesz, ja zawsze wiedziałam, że masz zdolności techniczne".

Pani też ją chroniła?

Oczywiście! Na przykład nie wtajemniczałam jej w swoje kłopoty w szkole. Wyzywali mnie od Żydowic. Raz taka sprawa wyszła nawet poza szkołę i doszła do władz. Przyszedł taki jeden z Komitetu Centralnego, wypytywał, szukał winnych. Nic nie chciałam powiedzieć. To oni, że przecież nie zrobią mu krzywdy, a ja, że skoro nie, to nie ma potrzeby go wskazywać. Nic do końca nie powiedziałam.

Ostatnie cztery lata życia mama mieszkała ze mną. Co ja musiałam nawymyślać, żeby się na to zgodziła. I nie było łatwo. Każde wyjście musiałam opisywać. Pisałam jej na kartce, dajmy na to, że będę o szesnastej, chociaż wiedziałam, że będę o piętnastej, ale każde ewentualne spóźnienie to byłby dla niej strach i męka. Kiedyś pojechałyśmy razem do Anina, do tej mojej Ireny. Skończyły mi się papierosy, więc poszłam do sklepu. Zeszło mi z tym dłuższą chwilę. A ona tak tam szalała, że aż Irena spytała mnie, jak z nią wytrzymuję.

Denerwowała się o panią...

Ja zawsze dużo paliłam, mama nie. Mogło dwadzieścia osób palić i to jej nie przeszkadzało, ale gdy tylko ja wzięłam do ręki papierosa, było nieszczęście. Jak to jej szkodziło! Dusiła się. Gdy już chorowała, zatrudniłyśmy opiekunki, ale kiedy najbardziej niedomagała? Oczywiście gdy mnie nie było w domu. Mimo to dla mnie zawsze była bohaterką.

Miałam czterech kuzynów. Ich mama pracowała w szpitalu na Czystem. Przeniosła dzieci na aryjską stronę, a sama poszła z chorymi na śmierć. Do Treblinki. Zginęła. Oni mają bardzo duży żal do matki. Byli w świetnym domu dziecka w Konstancinie, w tym z najlepszymi nauczycielami ze Lwowa. Wszyscy mają wyższe wykształcenie, dwóch zostało profesorami, ale...

...Dorastali bez mamy...

Ich ojciec był w Rosji. Chcieli nawet mu ich przerzucić, ale on kategorycznie się nie zgodził. Mają zostać w Warszawie po aryjskiej stronie. Trzeba ratować dzieci – tak mówił.

Wrócił?

Nie. Tam się ponownie ożenił. Mają dwoje dzieci, dwóch chłopaków. Ale matka moich kuzynów... była wspaniałą osobą. Pracowała w szpitalu. Prawie nigdy nie było jej w domu. Oni całe dnie przesypiali. A wieczorami, gdy przychodziła, zaczynała ich uczyć. Czytała im wiersze. Też bohaterka... tylko...

Tylko?...

...Wszyscy uważają, że nie powinna była zostawiać swoich dzieci... Ona chyba sobie wyobrażała, że się uratuje... Miała numerek życia! Oddała ją komuś, a sama poszła...

Dzieciństwo. Z tym się już dalej rośnie. A nasze było takie... W czasie okupacji chodziłyśmy z babcią Kazimierzowską do Rakowieckiej na tramwaj. Bardzo rzadko z Puławskiej w Narbutta, bo tam były niemieckie koszary. I to mi zostało. Nie lubię chodzić Narbutta. Zawsze wybieram Rakowiecką.

Laurka

(z rozmowy z Bożeną, Warszawa)

Chyba nikt nie oczekuje tu od ciebie laurki. Matka to u nas niełatwy temat. Mamy raczej skomplikowane relacje z naszymi matkami.

Ostatnie słowa mamy
(rozmowa z Krystyną, Warszawa)

Koleżanka zadzwoniła i powiedziała, że myślała o mnie, bo właśnie przyjechała do Polski i chciała sprawdzić, czy jeszcze żyję. Żyję. I mam się nie najgorzej.

Przeżyłam czas powstania w getcie. Pod ziemią, bez ruchu, ale byłam tam, czułam to, co spotkało to miejsce, ten ogień, który palił się dookoła. Mówię o tym, jeżdżę po szkołach, opowiadam. Wychowano mnie w katolickim domu dziecka i stałam się bardzo wierząca. A wie pani dlaczego? Bo gdy byłam w sierocińcu, zwracałam się do Matki Boskiej „Mamo". Brakowało mi mamy i Matka Boska mi ją zastąpiła. Miałam wtedy trzynaście lat. W chwili samotności przylgnęłam do Niej i to wszystko stało mi się bardzo bliskie. Przyjęłam to nie doktrynalnie, tylko uczuciowo. Dopiero z czasem stałam się chrześcijanką. Ale nie widzę w swoim chrześcijaństwie sprzeczności z judaizmem. W Pesach chodzę na seder, w Jom Kippur do synagogi i zapalam świeczkę. Zachowuję pamięć o swoich rodzicach. Stary Testament jest uznawany i tu, i tu. To połączenie dwóch religii jest moje. Nie czuję dysonansu, nie czuję, że się czemuś sprzeniewierzam. Raz poszliśmy na cmentarz i odwiedziliśmy grób mojego dziadka. Był lewitą, bardzo pobożnym. Pewien dziennikarz zapytał mnie, co dziadek powiedziałby na to, że jestem chrześcijanką. Odparłam: „Wierzymy w tego samego Boga, a dziadek na pewno się cieszy, że żyję". Niektórzy są ciekawi, czy zostałam chrześcijanką z wdzięczności. Nie! Nie czułam wdzięczności. Opieka Matki Boskiej mnie porwała. Może to było dziecinne i niedojrzałe, ale dla mnie bardzo ważne.

Ma pani tożsamość z dwóch światów.

Mam Pana Boga w genach. A jak pytają, dlaczego nie wyszłam za mąż, mówię, że nie miałam za kogo, bo potencjalny narzeczony zginął w 1942 roku w Treblince. Trudno mi było bez oparcia w rodzinie, wychowywałam się w domu dziecka, a potem mieszkałam na strychu jako dziki lokator. Skończyłam studia, zostałam nauczycielką. Pierwsze spółdzielcze mieszkanie dostałam w wieku trzydziestu ośmiu lat. Ale jakoś przeżyłam i żyję. I niczego nie żałuję. Czułam potrzebę pracy z opuszczonymi dziećmi, chciałam pracować w domu dziecka, przyjęli mnie w sanatorium dla dzieci chorych w Otwocku. Potem pracowałam w szkole specjalnej. Miałam poczucie, że spłacam dług. Nie wiem, czy spłaciłam, ale się starałam.

Często pani myśli o mamie?

Padło na mnie, ja miałam przeżyć. Byłam dużą dziewczynką, ale wtedy w bunkrach cały czas tuliłam się do mamy. Byłam tam jedynym dzieckiem. Nie pamiętam żadnych uczuć z tamtego czasu oprócz strachu i nieprzepartej potrzeby bliskości. Więc przytulałam się tak mocno, mocno! Pamiętam, gdy miałam gorączkę i mama głaskała mnie po głowie. Czułam się, jakbym była poza sobą, poza czasem. Nie umiem tego nazwać. Jeszcze wcześniej ukrywaliśmy się w kominie izolacyjnym, gdy w mieszkaniu była rewizja. Komin był dość duży, zamaskowany, siedzieliśmy na szczebelkach, ja przytulona do mamy. Czułam jakby w sobie w środku bicie jej serca. To dzięki niej ocalałam. Nie chciałam jej opuszczać, nie chciałam wychodzić. Nie wyszłabym, gdyby mi nie kazała. Nie utraciła wiary nawet w tak trudnych czasach. Była bardzo dzielna. Tata, niestety, stał się bezwolny. Czasami człowiek już po prostu nie może. Wycofał się. Właściwie to się stało wcześniej. Był człowiekiem bardzo szanowanym i w środowisku religijnym, i na naszym podwórku. Ludzie przychodzili do niego po rady. I nagle – mieszkaliśmy jeszcze wtedy przy placu Muranowskim – dwóch żołdaków podeszło do niego i obcięło mu połowę brody. Nie całą, pół, żeby było śmiesznie. Kazali mu tańczyć. Poczuł się upokorzony. Tak go to ścięło z nóg, że stracił wolę walki, wolę życia. Przestał być głową rodziny. Nigdy nie wiadomo, dlaczego jednemu się udało, a drugiemu nie. Na przykład matka jednego z naszych kolegów wymyśliła dla niego buty podbite na obcasie, żeby wyglądał na starszego, i rzeczywiście w czasie selekcji wzięli go do pracy, a ją z jego małym braciszkiem zabrali na śmierć. Różne pomysły miały matki, żeby ratować swoje dzieci. Wcześniej myślałam, że jestem jedynym żydowskim dzieckiem, które przeżyło…

Jednym z niewielu, które pamięta, co było przedtem…

Wszystko pamiętam. Dom pamiętam, rodzinę pamiętam i różnych krewnych. Żyłam w tym świecie. Potem nastąpił krach, ale pamięć pozostała.

W ogóle jestem nietypowa. Byłam ósmym, najmłodszym dzieckiem. To był dom tradycyjny, nieortodoksyjny, ale religijny. Nie bardzo zamożny. Obchodziliśmy wszystkie święta. Tata był stolarzem. W suterenie miał warsztat, mieszkaliśmy nad nim. Miałam sześciu braci, pięciu już dorosłych, i jedną siostrę. A moja mama była królową domu.

Tata był bardzo ważny, lecz do niej zawsze się zwracał z nabożnością. Był w tym szacunek i miłość. To się czuło. Wszyscy mówiliśmy: „mama będzie łaskawa wziąć, mama będzie łaskawa mi podać", nie mówiło się: „daj". Takie były zwyczaje. Nie umiem tego zresztą dobrze przełożyć na polski, bo chyba mówiłam wtedy w jidysz. Nie do końca pamiętam. Na pewno w domu mówiło się w jidysz, ale ja mówiłam też po polsku. Chodziłam do żydowskiego przedszkola z językiem polskim. Pierwszą książeczkę – Serce Edmunda de Amicisa – dostałam na piąte urodziny. Pamiętam doskonale, bo wtedy złamałam nogę i leżałam z nią na wyciągu.

Byłam troszkę rozpieszczona – najmłodsza dziewczynka. Moja jedyna siostra była w moich oczach dziecka już prawie dorosła, musiała być o kilkanaście lat ode mnie starsza, opiekowała się mną. Pamiętam, jak w domu pojawiła się maszyna do szycia Singera. To było wydarzenie. Siostra uczęszczała do szkoły, uczyła się gorseciarstwa. Czterech braci było żonatych, w wieku trzech lat zostałam ciocią. Bracia byli stolarzami jak tata, tylko jeden z nich się wybił. Zrobił dużą maturę, miał wypożyczalnię książek Parnas. Józef Hen pisze o niej w zbiorze *Nowolipie*. Wspomina, że wypożyczał tam książki, wspomina mojego brata, młodego człowieka. Kiedy się o tym dowiedziałam, zaraz poleciałam do Hena: „Pan pamięta mojego brata?". Bardzo przeżyłam to, że jest na świecie ktoś, kto widział go żywego. Jako dziecko stolarza miałam piękne mebelki dla lalek robione przez tatę, a siostra uszyła mi szmacianą lalkę z główką z celuloidu i ślicznymi ubrankami. Bardzo kochałam tę lalkę.

Były jeszcze rodzinne wyjazdy na letniska na linii otwockiej. Bracia z tatą przyjeżdżali na sobotę. Sielskie, anielskie wspomnienia. O domu mogłabym mówić nieustannie… No, ale później zaczęła się wojna…

Pamięta pani te dni?

Bardzo dobrze! Nawet to, jak schodziło się do piwnicy, kiedy były bombardowania. I przygotowanie do wojny. Moja mama, która pamiętała kozackie pogromy Żydów, powiedziała: „Nie może być tak źle. Niemcy to taki kulturalny naród. Kozacy to co innego, ale Niemcy?". A przecież Żydzi niemieccy przyjeżdżali już wtedy do Polski, byli wysiedlani w 1938 roku, mówili, że jest źle. Ale nikt nie wyobrażał sobie, że może dojść do tego, co nastąpiło. Tata był w ochronie przeciwpożarowej, szykowali jakąś akcję. Nasz dom stał przy placu Muranowskim 10. Jehuda, najmłodszy z moich braci, był niewiele ode mnie starszy, tyle że ja trzymałam się fartucha mamy, a on się trzymał z braćmi zaangażowanymi w ruch oporu. To się później okazało bardzo istotne, bo to Jehuda mnie ostatecznie uratował.

Gdy w 1942 roku getto zostało jeszcze bardziej ograniczone, nasz dom znalazł się poza murami i musieliśmy się przeprowadzić. Zawód taty i braci okazał się bardzo przydatny. Niemcy konfiskowali cenne przedmioty: radioodbiorniki, aparaty fotograficzne, ubrania, kosztowności. Trzeba je było gdzieś chować. Moi bracia wyspecjalizowali się w wymyślaniu skrytek. Potem konstruowali też kryjówki dla ludzi – zapadnie, zabudowane kąty. U mnie w domu w ogóle nie myślano o przedostaniu się na stronę aryjską.

Dlaczego?

Nie mieliśmy żadnych znajomych nie-Żydów. Nie pamiętam, żeby w naszym domu bywał jakiś nie-Żyd. Jedyną nie-Żydówką w całej kamienicy była dozorczyni, która jednocześnie była naszą kamieniczną szabes-gojką. Gasiła i zapalała nam światło, dopóki moi bracia nie skonstruowali wyłącznika elektrycznego, który się włączał i wyłączał o określonej godzinie.

Poza tym wszyscy mieliśmy semickie rysy. I nie byliśmy bogaci. Nikt nam nie mógł pomóc. Pieniądze z wyrobu skrytek początkowo starczały na życie. Potem już nie, bo nikt już nie miał ani środków, ani siły na to, żeby się schować. Pierwszego do Treblinki wywieziono tego brata z małymi dziećmi. Nie miał pomysłu na dalsze ukrywanie się. Później drugiego brata z żoną – też do Treblinki. Trzeci brat Rafał uciekł z transportu. Mieli wyskakiwać razem z żoną, ale okazało się, że tylko on wyskoczył, a ona została w pociągu. Nie potrafiła. Sam wrócił do getta. Został później naszym przywódcą w bunkrze. Był najbardziej operatywny i pomysłowy. Podziemie wymyśliło, że trzeba zbudować bunkier, w którym będzie mogła przeżyć jak największa liczba ludzi, nie tylko tych w sile wieku. To był niesamowity wysiłek, ale się udało. Nasza rodzina i kilkanaście innych osób weszły do bunkra, a Rafał został kapitanem tego „podziemnego okrętu". Nie umiem dokładnie powiedzieć, gdzie to było, prawdopodobnie na rogu Zamenhofa i Miłej, tam gdzie dziś jest muzeum POLIN. Mieliśmy ukryte radio.

Słyszeliśmy, że na froncie wschodnim Niemcy dostają łupnia, wydawało się (w 1943 roku!), że niedługo będzie koniec wojny. Nasz bunkier był połączony ze stroną aryjską kanałami.

Co się robiło w bunkrze?

Nic się nie robiło. Nie miałam żadnej książki. W getcie, na dole w suterenie, był księgozbiór mojego brata, więc tam całymi dniami czytałam. Ale w bunkrze nie było nic. Panował głód. Byliśmy tak słabi, że właściwie trwaliśmy w letargu. Chwilami nawet myślenie było wyłączone. Drzemało się. Marzyłam, że jem. Wyobrażałam sobie chleb albo że jestem gdzie indziej, że świeci słońce… Nie umiem znaleźć słów na ten stan. To było niebycie. Nie pamiętam, żeby coś mnie bolało, bo już nawet nie bolało. A jednak była siła, by przeżyć. Wybuchło powstanie w getcie. Bracia poszli walczyć. Dookoła się paliło, zawaliła się cała część bunkra, w której mieliśmy zapasy jedzenia. Rafał, będąc w konspiracji, nawiązał kontakt z podziemiem po stronie aryjskiej. Drogą ucieczki był kanał, o czym wiedzieli też Niemcy. Wrzucali do niego gaz. Gdy tam siedzieliśmy, co jakiś czas przepływały koło nas trupy. Coraz więcej było tragicznych sytuacji. Powstanie upadało. Dookoła nie było już nic. Wszyscy wyglądaliśmy jak cienie. Getto płonęło, a my siedzieliśmy pod ziemią. Był plan wyprowadzenia nas. Niestety, wtedy Rafał zachorował i jako cenną dla podziemia osobę wyciągnęli na górę najpierw jego, żeby go wyleczyć. Z getta już zostały ruiny, zgliszcza wygasły i zaczęły się szabry. Pojawiło się dwóch Polaków. Dwaj moi bracia wyszli, żeby sprawdzić, co się dzieje. Ci Polacy byli przyjaźnie nastawieni. Zapytali moich braci, czy się ukrywają, czy są głodni, czy są sami. Powiedzieli, że przyniosą chleba. Po jakimś czasie usłyszeliśmy strzały.

Wydali was?

Nie wiadomo, czy to Polacy zdradzili, czy Niemcy przyszli za nimi aż do nas. Tak straciłam dwóch braci. Nie mogliśmy wrócić w to samo miejsce – do naszej kryjówki. Na szczęście mój najmłodszy brat Jehuda znał kanały. Podaliśmy na aryjską stronę do podziemia kartkę, że potrzebujemy pomocy. Kazali nam iść do włazu kontaktowego. Doszliśmy. Jeszcze wtedy rodzice mieli dość siły, by się tam doczłapać w tej wodzie. Niestety, właz był zalutowany. Nie umiem powiedzieć, ile siedzieliśmy bez jedzenia, bez picia, czekając na pomoc. Wtedy właśnie rozegrała się największa tragedia w moim życiu. W końcu pokierowali nas do kolejnego włazu. Mówili: „Szybko, szybko". A moi rodzice w ogóle nie mogli już stać na nogach. Była z nami jeszcze jedna kobieta spoza rodziny. Miała nogę w gipsie, była skrajnie wyczerpana. Siostra została z rodzicami. Ja też nie chciałam ich opuścić. Oni bardzo wierzyli w Rafała. Mama powiedziała: „Idź, pobiegnij, powiedz wszystko Rafałowi. On nas tu na pewno znajdzie. On nas stąd wyprowadzi". Nie chciałam iść, nie chciałam zostawiać mamy, ale posłuchałam jej. Siostra miała jakieś dwadzieścia lat. Mogła się uratować, była młoda – mogła, ale zdecydowała, że z nimi zostanie. Nic nie musiała mówić, nie było słów. Po prostu nie zostawiła rodziców. Mama do ostatniej chwili trzymała mnie za rękę, powtarzała: „Rafał nam pomoże". „Obiecujesz?" „Idź już, nie oglądaj się, szybko!" – to były jej ostatnie słowa do mnie. Rozluźniła uścisk. Wiedziałam, że na mnie patrzy. Nie sądziłam, że więcej jej nie zobaczę.

Żeby dojść do następnego włazu, trzeba było pokonać kanał burzowy o ostrym nurcie. Jehudę porwał prąd. Na szczęście zatrzymał się na śluzie. Dotarł do włazu, gdzie czekali na nas uzbrojeni działacze podziemia. Nie mieliśmy szans wyjść o własnych siłach. Zeszli i wynieśli nas na plecach. Wołaliśmy, że tam zostali nasi rodzice, że trzeba ich wyciągnąć, krzyczałam: „Idźcie tam! Oni zginą!". A ci, że nie ma szans, że jeśli po nich wrócą, to wszyscy zginiemy.

Wyglądaliśmy tak marnie, że nie można nas było przewieźć. Zapakowali nas w cztery worki do ziemniaków i wozem zawieźli na Mokotowską 1, gdzie dziś jest stacja Metro Politechnika. W tych ruinach spotkaliśmy Rafała. Ledwo trzymał się na nogach. Miał tyfus. Mama wierzyła, że jest wszechmocny. Tymczasem okazało się, że jest już niezdolny do niczego…

Ale żył…

Żył. W chorobie odwiedzał go sam Antek Cukierman*. Jeszcze przez chwilę była nas czwórka. Rafał, Jehuda, ja oraz nasza bratowa Anna – żona brata, którego zastrzelili przy włazie, gdy wyszedł na zwiady. Jehuda dwa tygodnie później zmarł na sepsę. Prawdopodobnie zakaził się wtedy w kanale. To był wrzesień 1943 – minęło pół roku od upadku powstania w getcie i dziewięć miesięcy od chwili, gdy zeszłam do bunkra. Miałam jedenaście lat. Jakiś czas temu w żih-u znalazłam taki fragment: „Był 17 września, kiedy żywej duszy już nie było w getcie. Doszła do nas wiadomość, że jest jeszcze rodzina w gruzach"**. Piszą tam o Rafale, jego bratowej i małej dziewczynce, Krysi. Wtedy ktoś mi nadał to imię, które ze mną zostało. Nigdy nie dowiedzieliśmy się, co się stało z innymi. Nikt po nich nie poszedł, chociaż mówiliśmy, żeby próbowali, że może tam jeszcze są. Co pewien czas ktoś mówił: „A ten stary to już chyba nie żyje". Próbowali im podobno podawać kostki cukru przez otwory, ale w którymś momencie ustał tam ruch i zaległa cisza. A potem zginął też Rafał. Został wydany przez młodego człowieka, syna dozorcy. Ten chłopak przy okazji zadenuncjował swojego ojca, naszego opiekuna z aryjskiej strony. Łobuz wiedział, gdzie mój brat trzyma broń, a Rafał nie dał się złapać żywcem. I tak zostałam sama z bratową. Dotrwałyśmy do powstania warszawskiego.

Po aryjskiej stronie wcale nie było bezpiecznie. Już nie byłam głodna, już mnie nic nie bolało, może tylko dusza, ale bardzo się bałam. Najbardziej sąsiadów. Nie pozwalano mi podchodzić

---

* Icchak „Antek" Cukierman (1915–1981) – działacz syjonistyczny, współzałożyciel i jeden z przywódców Żydowskiej Organizacji Bojowej w getcie warszawskim, uczestnik powstania warszawskiego.

** Fruma Bregman, Relacja, Archiwum Żydowskiego Instytutu Historycznego, sygn. 301/1984.

do okien. Przez ten rok musiałam cztery razy zmienić miejsce pobytu. Gdy mnie przewozili, to zawsze z obandażowaną głową, jakbym była potworem... Mówiono, że najbardziej zdradzały oczy przestraszonego zwierzątka. Kiedyś szłam z jedną panią, a dzieci na ulicy za mną wołały: „Popatrz, popatrz, Żydówa!". Skąd im to przychodziło do głowy? Wtedy nie byłam już wychudzona. Organizacja nam pomagała, dostawałyśmy co miesiąc pieniądze. Dokumenty podpisywałyśmy: „siostra i bratowa Rafała". Powstanie zastało nas na Powiślu. Przeżyłam dwa powstania. Dwie płonące Warszawy. Czułam i widziałam ogień. Zabrali nas na punkt zborny, selekcja i do Pruszkowa. Tam był dom dziecka, w którym mnie umieszczono. Przeżyłam. Sama. A przecież nie miałam szans!

A bratowa?

Przeżyła, ale wyjechała do Izraela i już nie wróciła do Polski. Spotkałyśmy się w 1960 roku. Nigdy się psychicznie nie pozbierała, chociaż wyszła za mąż, też za ocaleńca. Gdy przyjechałam do Izraela, myślała, że z nią zostanę, a ja nie chciałam. Dopiero wiele lat później dowiedziałam się, że bilet na mój przyjazd dał jej Sochnut*. Poręczyła, że zostanę. Wyjechałam i ona musiała te pieniądze zwracać. A nie miała. Nieświadomie ją skrzywdziłam, cierpiała przeze mnie. Chociaż przed moim przyjazdem pytała w jednym z listów, czy zostanę, a ja odpowiedziałam, że nie. Myślała jednak, że musiałam tak odpowiedzieć ze względu na cenzurę, bo inaczej nie daliby mi paszportu... Niestety, miała o to do mnie żal do końca życia. Nie odpisywała na moje listy, była głęboko zraniona. Gdy przyjechałam znów do Izraela, do kuzyna, którego odnalazłam, zadzwoniłam do niej. Powiedziała, że nie bardzo może się spotkać, bo jest zbolała. Myślałam, że z powodu męża, który umarł nie tak dawno. Byłam tam

---

* Fundacja Agencji Żydowskiej Sochnut – organizacja prowadząca działalność edukacyjną oraz pomagająca osobom żydowskiego pochodzenia w sprawach związanych z emigracją do Izraela.

miesiąc, lecz ona się nie odezwała. Złożyła relację w Muzeum Bojowników Getta w Jerozolimie*. Moja znajoma przysłała mi ksero. Proszę sobie wyobrazić – ani jednego słowa o mnie. Wygumkowała mnie. Natomiast po jej śmierci do muzeum POLIN zwrócił się jej bratanek (okazało się, że brat mojej bratowej przeżył w Związku Radzieckim, po czym wyjechał do Kanady i tam założył rodzinę, a dziś mieszka w Jerozolimie). Szukał Krystyny Budnickiej, bardzo chciał się ze mną spotkać i to się szybko udało. Opowiadała mu o mnie na tyle dużo, że chciał mnie odszukać.

Chciała mieć panią blisko…

Chciała mnie tam wydać za mąż. A ja miałam w Polsce przyjaciół. Lubię Izrael, byłam tam wiele razy, ale mój kraj jest tutaj.

Nie zastąpiła pani mamy?

Byłam już na to za duża. Opowiem pani, jak bratowa stała się moją rodziną. Kiedyś w styczniu czy lutym, jeszcze przed powstaniem w getcie, mój brat przyprowadził dziewczynę i powiedział, że straciła wszystkich, nie ma się gdzie podziać, jest sama i musi zostać z nami. A moja pobożna mama – a słowa mamy się pamięta – powiedziała: „No tak to nie będzie! Musicie wziąć ślub". Nie wiem, z czego zrobili baldachim, pewnie z jakiegoś prześcieradła, a ślubowanie złożyli na ręce mojego taty. Wszystko musiało być po bożemu, nawet w takich warunkach. W ten sposób zyskałam bratową, która została ze mną do końca.

To może zabrzmi śmiesznie, ale ja nieraz widzę, że wszystko składało się na to, żebym przeżyła. Mój mały brat Jehuda wyprowadził nas, ale umarł. Rafał uciekł z Treblinki, wrócił, zbudował nam kryjówkę i system pomocy, i zginął. Średni brat sprowadził swoją dziewczynę, która została jego żoną, a moją

---

* Muzeum Bojowników Getta – muzeum historyczne, dom pamięci i centrum dokumentacji imienia Icchaka Kacenelsona w kibucu Lochame ha-Getaot w Izraelu. Powstało w 1950 roku jako pierwsze na świecie muzeum Holocaustu.

bratową, i jego też zamordowali... Od wojny nie uroniłam ani jednej łzy. Nie przeżyłam żałoby. Nie opłakałam swoich bliskich. Może chciałam zapomnieć? Od wielu lat spotykam się z młodzieżą jako świadek historii. Mówienie o mojej mamie, o rodzinie jest dla mnie bardzo ważne. Gdy o nich opowiadam, widzę ich. Dopóki mówię, oni żyją we mnie.

Co pani by chciała najbardziej, żebym napisała o pani mamie?

Moja mama miała na imię Cyrla.

Piękne imię.

Wyryte na pomniku na Umschlagplatz.

Dalej sielanki już nie było
(kolejna rozmowa przy kawie z Zosią i Bietą, Warszawa)

Zosia: Moim zdaniem dobrą książkę trzeba zacząć jak u Hitchcocka – od trzęsienia ziemi. Takie trzęsienie nasza koleżanka przeżyła na własnej skórze. Dwa lata po wojnie nagle wróciła jej biologiczna mama. Okazało się, że przeżyła, szukała córki długo, no i ją znalazła. Przybrani rodzice musieli ją oddać. A ona nie chciała wracać do tej pierwszej mamy. Zresztą nigdy jej nie pokochała. Tak bardzo była przywiązana do przybranych rodziców.

Bieta: Jej rodzona mama się uratowała, ale dalej sielanki już nie było. Jej przybrani rodzice mieli rodzonego syna Andrzejka. Wychowywali ich razem, jak rodzeństwo. On miał wtedy mniej więcej jedenaście lat, a ona pięć. Gdy jej mama się zgłosiła, zaproponowano najpierw, żeby traktowała ją jak ciocię. I mówili na nią „ciocia". Spotykała się z nią, chodziły na spacery, żeby mała się do niej przyzwyczaiła. Dopiero potem wytłumaczyli córce, że powinna pójść z tą panią. A ona płakała i pytała: „Dlaczego nie oddacie Andrzejka tamtej mamie? Dlaczego mnie?".

Jej mama była bardzo atrakcyjną kobietą, piękną, inteligentną i z ogromnymi aspiracjami. Zabrała dziewczynkę ze sobą do Palestyny i zaczęła robić karierę w dyplomacji. Dziecko najwyraźniej jej w tym przeszkadzało. Oddała je więc do kibucu. Dzieci wychowywano tam osobno, nie z rodzicami, bo miały wyrosnąć na twardych Izraelczyków. Zasada była taka, że rodzice mogli spędzać z nimi dwie godziny dziennie.

Zosia: Tylko że matka naszej przyjaciółki jej nie odwiedzała.

Bieta: Na szczęście była tam rosyjska rodzina, która się nad nią zlitowała i kiedy inne dzieci szły do swoich rodziców, oni ją przygarniali. Zaprzyjaźniła się z inną dziewczynką, podobnie jak ona odebraną przez matkę przybranym polskim rodzicom i ulokowaną w kibucu. Ta dziewczynka w tajemnicy zabierała inne dzieci za wzgórze i tłumaczyła im, że ci Żydzi to są potworni. Odebrali nas naszym rodzicom i nie pozwalają nam do siebie pisać. I tak obie rozmawiały. Z nienawiścią i odrazą do tych wstrętnych Żydów, którzy zabrali je rodzicom...

Zosia: Dalszy ciąg tej historii jest jeszcze smutniejszy...

Bieta: Mama w trakcie robienia kariery wyszła za mąż. Przeniosła się z małżonkiem do innego miasta, zabrała córkę z kibucu i umieściła ją w szkole przy klasztorze. Jej było wszystko jedno, nie była religijna. Tam już nasza koleżanka nie mogła biegać rozebrana po wzgórzach. Wręcz przeciwnie – kazali jej zakrywać ciało i mówili, że nagość to coś wstydliwego. Zawiesili na szyi krzyżyk. Ale i stamtąd mama ją wzięła, gdy znów się przenosiła, i umieściła w domu swojej starej kuzynki. Pierwsza rzecz, jaką ta krewna zrobiła, to zerwała jej z szyi krzyżyk i wyrzuciła do klozetu. Dziewczyna uznała, że to najgorszy człowiek na świecie. A potem postanowiono coś z nią zrobić. Dosłownie tak to nazwali – „trzeba z nią coś zrobić". Wydali ją za mąż, zamieszkała w Wenezueli. Teściowie byli w stosunku do niej nadopiekuńczy. Traktowali ją jak swoje dziecko do tego stopnia, że gdy urodziła syna i poszła na studia (została profesorem chemii), zajmowali się wnukiem, a gdy wracała z uczelni, czekały na nią gotowe obiady. Tyle że nie pozwalano jej być matką dla własnego dziecka. Teściowa decydowała o wszystkim. Ubezwłasnowolniła ją małpią miłością, bo pragnęła mieć córkę. Gdy teściowie zachorowali, opiekowała się nimi najczulej, jak umiała. Zostawili jej ogromny majątek. Ma ten majątek, pomniejszony o potrzeby syna. On się tymczasem ożenił. Z synową się nie znoszą.

Zosia: Inna moja przyjaciółka pracowała po wojnie w Niemczech w amerykańskiej żandarmerii. Miała za zadanie odszukiwać dzieci wywiezione do Rzeszy i tam zniemczone. Przywoziła je z powrotem do Polski. Dawała radę do momentu, kiedy musiała zabrać dziewczynkę z bardzo kulturalnej niemieckiej rodziny i umieścić na Zamojszczyźnie, w kurnej chacie z niepiśmiennymi, klepiącymi biedę ludźmi. Dziecko było przerażone. Traktowało to jak karę za grzechy – piekło na ziemi. Przyjaciółka wiedziała, że głęboko je unieszczęśliwiła. Jednak nie miała żadnych możliwości, żadnego prawa, by je zabrać z powrotem. Odeszła z pracy. Nie mogła tego znieść.

Bieta: Z kolei dzieci, które nie znały swoich matek, tak jak ja, mogły popisać się wyobraźnią. Jak coś się nie układało, pojawiała się myśl: gdyby to byli moi prawdziwi rodzice, byłoby lepiej. Co nie znaczy, że tak by było, ale można sobie marzyć. Ja akurat miałam cudowną mamę, jednak ludzie nie zawsze brali dzieci z miłości, raczej z przyzwoitości czy poczucia obowiązku.

Zosia: Albo wręcz dla pieniędzy.

Bieta: Często nie potrafili pokochać takiego dziecka jak własnego.

Zosia: A dzieci bywają przecież nieznośne. Im większe mają poczucie bezpieczeństwa, tym bardziej. Kasia na przykład opowiadała, że zawsze była okropna dla zakonnic, które ją chowały. Kłóciła się z nimi, sprzeciwiała im, była niegrzeczna…

Bieta: Była normalnym dzieckiem…

Zosia: Ale robiła sobie z tego powodu wyrzuty. Aż któregoś dnia ją olśniło: ona się zachowywała jak normalna dziewczynka w stosunku do rodziców. Gdy sobie to uświadomiła, to jej ulżyło. Przecież co robią dzieci, gdy mają mamę? Ja ze swoją kłóciłam się przynajmniej trzy razy dziennie.

Bieta: A do mnie 19 kwietnia pod pomnikiem Bohaterów Getta podszedł człowiek z Michalina, gdzie spędziłam dzieciństwo.

Mówił, że cały Michalin wiedział, że jestem żydowskim dzieckiem. A ta moja przybrana mama, Bussoldowa, była niezwykłą osobą. Wszyscy ją podziwiali. „Dlaczego pani nigdy o tym nie mówi? Gdzie jest pani wdzięczność w stosunku do niej?” Zbaraniałam. Ostatnia rzecz, o jakiej bym pomyślała w swoich relacjach z mamą, to wdzięczność.

Zosia: No pewnie!

Bieta: Twoja cię przynajmniej urodziła. Moja mnie nie urodziła, ale była tak bardzo moją mamą, że w ogóle nie wchodziła w grę wdzięczność. Żadne dziecko nie jest wdzięczne swojej mamie za to, że je urodziła.

Zosia: A gdy jest dobra dla dziecka, uważa się, że jest nadopiekuńcza.

Bieta: Byłam wstrząśnięta tym pytaniem. Janek Jagielski odciągnął mnie, przytulił i mówi: „Chodź stąd”. A ten człowiek zaczął mi coś wciskać do rąk. Znalazł to w Michalinie, przekopując podwórko w swoim pożydowskim domu. To był amulet. Z hebrajską literą hej. Cieniutki, z przerdzewiałego metalu. Wzięłam go i nie mogłam przestać myśleć, że jakieś żydowskie dziecko dostało ten amulet na szczęście. A gdzie to szczęście? Zgubiło się...

Amputowane dzieciństwo
(rozmowa z Aliną, Wrocław)

Mam amputowane dzieciństwo. Naprawdę. Coś takiego mi się w mózgu stało.

Od kiedy ty pamiętasz swoje?

Może gdzieś od czwartego roku życia? A wspomnienia, odczucia to nawet wcześniej. Od drugiego?

Widzisz, a ja nic nie pamiętam. Byłam w getcie. Obie z mamą miałyśmy „dobry" wygląd, mama miała znajomych poza gettem, dostała aryjskie papiery na mnie i na siebie. I umieściła mnie w klasztorze w Borysławiu. Potem, nie wiem, czy przypadkiem, czy tego chciała, bo jednak wśród Niemców łatwiej było przeżyć niż wśród Polaków, dostała się do łapanki i ją wywieźli na roboty. Pracowała jako robotnica w polu. A z wykształcenia była farmaceutką. Robiła coś przy burakach, ale nie wiem, co dokładnie, bo nigdy nie chciałam jej słuchać.

Nic nie pamiętasz z klasztoru?

Pamiętam ogromne pomieszczenie, gdzie było bardzo dużo łóżek, i siebie na łóżku w pustej sypialni. Potem się dowiedziałam, że byłam bardzo chora. A, i jeden moment przerażenia, gdy latały samoloty. Była noc, stałam u boku siostry zakonnej. Trzymałam ją za rękę albo za habit. Samoloty paliły się i spadały. Był straszny huk. To był chyba 1944 rok, bombardowania Borysławia. Niemieckie i rosyjskie. Później zabrała mnie ciocia Zosia. W Borysławiu żył jeszcze brat mojej mamy, który się uratował.

Był dentystą, bardzo dobrze mówił po niemiecku, leczył wszystkich gestapowców. Podczas obławy przymknęli oko, bo chcieli mieć dobrego stomatologa pod ręką. Wujek się ukrył razem z siostrami swojej żony. Jedną z nich – właśnie ciocię Zosię – wybrałam sobie na mamę. Pamiętam bardzo długą podróż wagonami bydlęcymi na Ziemie Odzyskane. Jechałam z tym wujkiem i z ciocią Zosią. Ona nie miała dzieci. Mówiłam do niej: „mamo", bo przecież każde dziecko miało mamę. Niestety, nie powiedziała mi, że nie jest moją mamą. Bardzo ją pokochałam, wtulałam się do niej, nareszcie miałam kogoś dla siebie. Musiała być jesień, bo to z mamą Zosią po raz pierwszy w życiu zrywałam i jadłam orzechy laskowe. Nowy smak. Gdy pojawiła się moja biologiczna mama, powiedziałam do niej: „Ty nie jesteś moją mamą. Ja mam inną mamę. Nazywa się Zosia". Od tamtego momentu relacje między mną a mamą nie były najlepsze. Ona mi to zawsze miała za złe. Małemu dziecku! Coś takiego... Oczywiście to nieświadome okrucieństwo dziecka, gdy mama wreszcie widzi swoją wyczekaną córkę i słyszy: „Ty nie jesteś moją mamą".

Przecież nie mogłaś tego wiedzieć.

Pojechałyśmy do Krosna. Mama pracowała w aptece, a ja zostawałam sama w domu. Nie lubiłam być sama. Raz specjalnie wybiłam szybę ze złości. Mama powiedziała: „Ty chyba nie jesteś moją córką, moja córka nigdy nie wybiłaby szyby – nie byłaby takim złym dzieckiem...". Takie dzieciństwo... Potem jakoś się z tym uporałam.

To, że jestem Żydówką, uświadomił mi kuzyn Józek, jak miałam jakieś jedenaście lat. Pamiętam tę scenę. Szliśmy razem drogą, on się zatrzymał przy domu numer 1 na ulicy 22 Lipca w Wałbrzychu i powiedział: „Ty jesteś Żydówka i twoi rodzice zabili Chrystusa". A ja, ponieważ byłam grzeczną dziewczynką, która chodziła do kościoła...

Mama wysyłała cię do kościoła? A sama też chodziła?

Nie, ani do kościoła, ani do synagogi, ale mnie posłała nawet do komunii. Nikt mi nie powiedział, że jesteśmy Żydówkami. Poleciałam do mamy i ona to potwierdziła, ale dodała, że nikogo nie zabiłyśmy. Niemniej nie chciałam być Żydówką. Potem całe życie nie chciałam być Żydówką. Kto by chciał mieć w rodzinie morderców Chrystusa? Okropne. Późno się z tym pogodziłam. W szkole nikomu nie mówiłam, to był mój sekret. Maturę zdałam w 1956 roku. Mamie nie bardzo się układało w małżeństwie, więc postanowiła pojechać do Izraela. Sama nie wiedziała, czego chce, nie umiała znaleźć sobie miejsca. Córkę po maturze zdecydowała się zabrać ze sobą. Córka się nie buntowała. Nawet nie wiedziałam, że można się buntować, że można powiedzieć: „nie". Miałam osiemnaście lat, ale jak mi na coś nie pozwalano, to się nie sprzeciwiałam. Pojechałyśmy. Po jakimś czasie wróciłyśmy, bo mamie przestało się podobać w Izraelu.

A tobie?

Mieszkałam tam w kibucu. Byliśmy od najgorszych robót. Moja pierwsza praca to było mycie kibli. Czułam się poniżona. Potem mama wysłała mnie (w Izraelu!) do katolickiej szkoły prowadzonej przez zakonnice! Tam się świetnie nauczyłam francuskiego. Miałam przyjaciółkę, mieszkałyśmy razem w dormitorium. Nie wolno nam był wychodzić wieczorem. Ale byłyśmy młode, więc się wymykałyśmy. Fascynowały nas światła miasta i film z Elvisem Presleyem. Nie stać nas było na kino, oglądałyśmy więc plakaty, chodziłyśmy gwarnymi uliczkami. W końcu ktoś nas zobaczył i doniósł. Zrobił się skandal. Wyrzucili nas z tej szkoły. Wtedy mama z kolei znalazła mi szkołę z angielskim. Z tym że to była szkoła dla imigrantów. Głównie małe dzieci i ja osiemnastoletnia. Tamtego roku nauczyłam się jednak i francuskiego, i angielskiego. Musiałam być zdolna! Ale mama zawsze mówiła: „Udało ci się", czyli uważała, że to zasługa nie moja, tylko przypadku. Przez lata w to wierzyłam. Wróciłyśmy do Polski.

A mama nie chciała szukać szczęścia gdzieś dalej, tylko wróciła do domu?

Nigdy nie rozmawiałyśmy o tym, dlaczego tak postanowiła. Teraz dopiero stawiam jakieś pytania. Ona i tak robiła tam to samo, co tu. Była farmaceutką. Zawsze miała pracę, ale chyba była bardzo samotna. Jej brat był lekarzem w Sanoku. W czasie wojny chcieli go ratować – mógł mieć kartę życia. Miał żonę i dzieci. Powiedział, że albo z nimi, albo w ogóle. Zginęli wszyscy. Różne były wybory. Niektórzy strasznie chcieli żyć, a on powiedział: „nie"... Wróciłyśmy, ale nie miałyśmy obywatelstwa, bo przecież straciłyśmy je, wyjeżdżając z Polski. Musiałyśmy co pewien czas meldować się w Urzędzie Bezpieczeństwa. Płaciłyśmy, składałyśmy podania. Po powrocie spotykałam się ze swoimi koleżankami, z którymi nigdy nie straciłam kontaktu, bo pisałyśmy do siebie listy. Jedna z koleżanek miała brata. Studiował na politechnice i grał w koszykówkę. Miał kolegów. Pewnego dnia w UB skierowano nas do innego niż zwykle gabinetu. Weszłyśmy, a tam siedział kolega brata tej koleżanki. Popatrzył na mnie i sprawa została załatwiona. Mama nie wiedziała, o co chodzi. Nie wiem, co on tam napisał, nigdy o tym nie rozmawialiśmy. On się nie chwalił, że pracuje w UB, a ja, że nie mam obywatelstwa. Mama innej mojej koleżanki była w Lidze Kobiet i załatwiła mi legitymację, żebym mogła się starać o przyjęcie na studia, bez tego by się nie dało. Dostałam się na romanistykę we Wrocławiu. I tak wreszcie zaczęłam robić w życiu coś, co lubiłam.

Rozmawiało się u ciebie w domu o wojnie?

Ja nie chciałam. Dorośli zresztą też, a gdy zaczynali między sobą rozmawiać, to mnie wyganiali. Brałam książkę i szłam do kuchni. Nie chciałam słuchać o Zagładzie, o pogromach. O nic nie pytałam. Nawet nie wiedziałam, jak miał na imię mój biologiczny ojciec. Dopiero Józek mi powiedział. W Izraelu poznałam brata taty. Polubiliśmy się i wiele lat ze sobą korespondowaliśmy. Aż nagle on się przestał odzywać. Nie wiedziałam dlaczego. Po latach się okazało, że jak mu wysłałam zaproszenie na ślub córki, to tam było napisane, że ślub kościelny. Nie mógł mi tego wybaczyć, ale nie powiedział, że ma do mnie żal.

Nie rozumiał, o co chodzi z tą Polską...

Miałam trzy przyjaciółki. Nie rozmawiałyśmy o żydostwie, o pochodzeniu. Nic nie wiedziałyśmy o sobie nawzajem. Gdy w 1956 powiedziałam im, że jadę do Izraela, jedna z nich odpowiedziała: „Wiesz, ja też jestem Żydówką". I nas wszystkie trzy zatkało. Zdziwiłyśmy się, bo ona się wychowywała u księdza. Zapytałyśmy: „Basiu, jak to?". Okazało się, że ona urodziła się w Wilnie i jej rodzice, by ją uratować, poprosili znajomego księdza, żeby ją wziął. I on to zrobił. Nie rozumiała, dlaczego inne dzieci idą na sanki, a ona nie może. Ani dlaczego jej przybrana matka maluje jej włosy. Któremu dziecku maluje się włosy? Potem, już po wojnie, gdy ktoś przychodził, jej kazali się chować… Wyprowadzali ją z domu. Ktoś jej szukał, chciał ją zabrać, oni nie chcieli oddać… Delikatnie mówiąc, nie najlepsze relacje były w tym domu. Moja mama wiele robiła, żeby jej pomóc. W końcu Basia ze wsparciem mojej mamy uciekła od księdza tylko ze świadectwem maturalnym. Koleżanki poszły do parafii jej księdza. Na kazaniach w kółko mówił o niewdzięczności, o miłości i o złych dzieciach, że się tyle im daje, a później one uciekają. Basia wyjechała do Izraela, wyszła szczęśliwie za mąż. Jest spełnioną kobietą. Utrzymujemy dobre kontakty. To od niej moja córka dowiedziała się, że jesteśmy Żydówkami. I była zadowolona. Do tej pory jest. Nigdy nie pozwala na żadne antysemickie dowcipy w swoim towarzystwie. Ja tego nie potrafię. A ona tak. Synowi powiedziała. Wnuk się poczuwa. Proszę pić, bo kawa wystygnie.

Bałaś się jej powiedzieć wcześniej?

To mąż powiedział, żebym nie mówiła córce. Bo cierpiałam z tego powodu, że nie jestem jak wszyscy. A córka się ucieszyła, że jest inna. Kiedyś urządziła przyjęcie, goście popili. Brat męża powiedział coś złego o Żydach. I moja córka wyrzuciła go, mówiąc, że w jej domu nikt nie będzie obrażał Żydów. Zrobiła się cisza. A najgorsze, że ja z nim wyszłam, bo już mi wcześniej obiecał, że mnie odwiezie do domu… Miałam potem wyrzuty sumienia. Całe życie tego spokojnie wysłuchiwałam i nic nie mówiłam. Słyszałaś sformułowanie: „Przyznałaś się?". To pytanie o przyznanie się do żydostwa, jakby była w tym jakaś wina. Co to znaczy: „Przyznałaś się?"? Coś złego zrobiłam czy jak? Kiedyś pojechałam do koleżanki na wieś z macą. Zapytali, co to jest, powiedziałam, że to maca z krwi niemowląt. Ale zrozumieli, że żartuję.

Kuzyn Józek należał do rozpuszczonych, zdolnych jedynaków. Nigdy nie udawał, że nie jest Żydem. Został profesorem. W 1968 wyrzucić się nie dał. Był pewny siebie, więc mu się udało. Za jego namową wstąpiłam do Stowarzyszenia Dzieci Holocaustu. Były mąż miał nową narzeczoną, córka wyprowadziła się z domu, a ja poznałam świetnych ludzi.

Masz wspomnienia związane z głodem?

Nie, ale musiałam głodować, bo miałam krzywicę. Mama pracowała w aptece, więc dostawałam tran. Moja wnuczka uwielbia tran, a dla nas to było coś najgorszego na świecie. Staliśmy w przedszkolu w długiej kolejce i wszyscy tą samą łyżką – kompletny brak higieny – po kolei dostawaliśmy tran. Zmora. Miałam ogromny apetyt. Na wszystko się rzucałam. Mama ciągle zwracała mi uwagę – jak mi nie wstyd.

Wciąż się wstydziłam. Zakonnice, które mnie uratowały... Spotkałyśmy się raz i był tam też ksiądz, który mi wystawił metrykę ratującą życie. A ja byłam tak onieśmielona, że nie chciałam z nimi rozmawiać. „Niewdzięczne dziecko po prostu!" – tak skomentowała mama. I miała rację.

Ale przecież nie zdawałaś sobie z tego sprawy...

Wstydziłam się. Nie chciałam... Dziecko przyjmuje wszystko tak, jak jest, i koniec. Nie może być inaczej. Nie zna innego życia.

Pamiętasz tę sytuację czy mama ci ją opowiedziała?

Pamiętam. Nie byłam już wtedy taka mała. Chodziłam do trzeciej klasy. Ksiądz i zakonnice chcieli zobaczyć małą Alinkę, a ona wcale nie chciała z nimi rozmawiać. Dziecko się chowało, próbowało się wtulić w mamę. A mama je odpychała.

Ona się strasznie o mnie bała. Nie mogłam się zapisać do harcerstwa, jak wszystkie moje koleżanki. Ani chodzić na kółko sportowe, a bardzo chciałam się nauczyć pływać. Na wszystko miałam szlaban. Nie było telewizji. Dobrze, że były książki. Mama chciała, żebym siedziała w domu. Nie zdawała sobie sprawy, jak to na mnie wpływa. Ja sama byłam zupełnie inną matką. Pozwalałam córce na wszystko, dawałam nawet za dużo wolności. Uważałam, że muszę jej pozwolić na branie udziału w życiu. Córka tego nigdy nie nadużyła. Była bardzo dobrym dzieckiem. Bardzo.

Za mąż wyszłam wbrew mamie. Mój mąż goj się mamie nie podobał. W prezencie dostałam od niej poduszkę. Potem kazała mi ją oddać. I ja, grzeczna dziewczynka, nawet zamierzałam to zrobić. Chociaż miałam dwadzieścia pięć lat i byłam mężatką! Moja najlepsza przyjaciółka zapytała, dlaczego mam oddawać coś, co dostałam. Nie oddałam. Byłam z siebie bardzo dumna.

Czyli nie taka grzeczna dziewczynka?

Już wcześniej kilka razy chciałam uciec z domu. Ale moja karność mnie powstrzymała. Śladu buntu we mnie nie było. Moja córka z kolei ciągle się buntowała. Przeciwko mnie, przeciwko zasadom. A ja w jej wieku? W klasie maturalnej poszłam na prywatkę, daleko od domu. Zadzwoniłam do mamy i uprzedziłam ją, że się spóźnię. Kazała mi wracać. Nie miałam pieniędzy na taksówkę, więc szłam przez cały Wrocław, i to nocą! Wróciłam… Ja nigdy takich rzeczy nie zrobiłam córce.

Wtedy chciałaś uciec?

Nie, wtedy kazali wrócić, to posłuchałam. Kiedy zaczęłam się tłumaczyć, usłyszałam: „Masz być w domu!". Wstrząsające. Do tej pory, gdy o tym myślę, mam dreszcze. Żaden kolega ze mną nie poszedł. Sama znalazłam się w dalekiej dzielnicy i szłam na piechotę.

Chcesz zobaczyć jej zdjęcie?

Piękna, bardzo piękna kobieta…

Data urodzenia, nazwisko, miejsce zamieszkania – to wszystko nieprawda. Moja mama nie lubiła swojego nazwiska. Przed śmiercią poprosiła mnie, bym na jej płycie wyryła inne nazwisko – jej matki – nazwisko rodowe. Nie rozumiałam tego i dalej nie rozumiem, ale zrobiłam, jak prosiła. Nie lubiła swojego nazwiska, nie lubiła swojej rodziny, nie lubiła swojej tożsamości, nie lubiła siebie. Była bardzo nieszczęśliwa. Zamknięta, wymagająca.

Przeszła straszne rzeczy…

Miała mamę, którą bardzo kochała – umarła, gdy mama miała czternaście lat. Najstarszy brat mamy umarł na hiszpankę. Była samotną dziewczynką, która się wciąż tylko uczyła. Dobrze, że jej pozwolili. Miała ciężkie dzieciństwo bez miłości. Gdy miałam siedem, osiem lat, mieszkaliśmy w Żarach. Chodziłam tam do koleżanki do sąsiedniej rodziny. I pewnego razu zobaczyłam, że ona tuli się do mamy. Przypomniałam sobie, że dziecko się całuje, że bierze się je na kolana. Tak robiła Zosia, ale u mojej biologicznej mamy tego nie było. Dziecko nie pyta dlaczego, tylko notuje: u mnie jest inaczej. Pojawia się ukłucie. Dopiero potem myśl: dlaczego ja nie? I już potem ta myśl uporczywie wraca. Takie dzieciństwo…

Spotkałyście się jeszcze z tą Zosią?

Tak, tak, spotykałyśmy się. Ale miałam do niej trochę żalu, że mnie zostawiła. Miałyśmy taką bliskość, też fizyczną, ciągle byłam do niej przylepiona. A ona mnie oddała. Czułam się opuszczona. Ona zrezygnowała ze mnie. Dziecko nie rozumie tych wszystkich rzeczy. Okropne! Ale wtedy nikt się nie przejmował takimi drobiazgami, że dziecko coś czuje… Ona nigdy nie miała własnych dzieci. Mnie zostało wspomnienie goryczy, że chciałam mieć mamę i się pojawiła, a nagle to się skończyło. Zosia była cały czas uśmiechnięta, ciepła, trzymała mnie blisko siebie. Moja rodzona mama taka nie była. Za to z wiecznymi pretensjami, że nie jestem inna, nie jestem grzeczna, niepłacząca, nierozwalająca szyby… Ja po prostu nie chciałam zostawać sama w domu. Nie rozumiałam, że mama musi pójść do pracy. Głupie dziecko, takich prostych rzeczy nie rozumie.

Dorośli uważają, że zrobili wielką rzecz. Zrobili. Uratowali dziecko. Ale myślą, że to wystarczy.

To smutne.

Dobrze, że wszystko mija. Że my mijamy.

Już koniec!

Jakiś czas później...

Alina: Czy mogę zmienić to zakończenie? Moja córka Agnieszka przeczytała je i zaprotestowała. Według niej to brzmi, jakbym
była rozgoryczona i pełna smutku, a taka nie jestem. „Najważniejsze jest to – stwierdziła Agnieszka – że mama jest silną
i pozytywną osobą. I że wszystko, co jej się przytrafiło złego,
potrafiła przekuć na samo dobro. Obiecała sobie, że sama nigdy w życiu nie zrobi swojemu dziecku tego, co jej robiła matka. Dawała mi siłę, pewność siebie, miłość i ciepło".

Dobrze, że Agnieszka to powiedziała.

Kwiatek do kożucha

(z rozmowy z Adamem, Hajfa)

Coś pani dam. Bo pani rozmawia z ludźmi, którzy mieli dwie mamy albo żadnej. Wie pani, ilu jest ludzi, których rodzice przeżyli, wrócili do nich, ale oni nadal żywią do nich żal za tamto porzucenie? Co dziecko obchodzi, że rodzic właśnie ratuje mu życie? Dziecko obchodzi, że rodzic je porzuca. I to wspomnienie porzucenia jest czasem silniejsze niż racjonalna wdzięczność za życie. Opowiem pani o innym rodzaju poświęcenia. O innym porzuceniu, by ratować. Moja mama popełniła samobójstwo, a wychowywała mnie razem ze swoimi synami bardzo zaradna ciotka. Szkoda, że już nie żyje, ona wiedziałaby więcej o motywach kierujących moją mamą. Ładny bukiet? Dałem pani taki zwieńczający całość płatek.

Lalka ze szmatek
(rozmowa z Marylą, Wrocław)

Miałam może dwanaście lat. To było już po wojnie. Konkurs recytatorski w Górniczym Domu Kultury. Stoję na scenie. Deklamuję:

> [...]
> Rączki, nóżki, trocinowe
> Powiązane cienkim sznurkiem
> I klejony nos z tekturki.

> I w okna wtulona suteryn
> Ze smutkiem patrzy i żalem
> Jak w wózkach swych spacerowych
> Strojne i pstre jadą lale.
> [...]

> I snując marzenia rozliczne
> Olśniona ich cudnym obrazem
> Spytała raz lalki prześlicznej:
> Chcesz ze mną bawić się razem?

> Lecz tamta arystokratka
> Wytworna, strojna i smukła

Spojrzała na lalkę w szmatkach
i rzekła ze wzgardą: KUKŁA!
[...]*

I nagle czuję, że z oczu płyną mi łzy. I wiem, że wszyscy je widzą, bo sala jest ciemna, a światła są skierowane na mnie. Stoję na środku i płaczę. I myślę o tej biednej lalce, która miała tylko szmacianą sukienkę. I o swojej mamie, która szeptała mi ten wiersz w ciemnościach, w kryjówce pod podłogą, gdzie spędziłyśmy prawie dwa lata. Mama mówiła mi z pamięci wiersze Tuwima, Słowackiego, Mickiewicza. Pamiętam *Powrót taty*: „Tato nie wraca; ranki i wieczory...".

Nie pamiętam taty. W 1941 miałam niewiele ponad dwa lata, gdy przyszli po wszystkich mężczyzn w ramach powszechnego poboru do Armii Czerwonej, bo właśnie wybuchła wojna. Pamiętam, jak szli w szeregu i śpiewali. Pamiętam melodię i słowa tej piosenki. I tyle. Potem zostały już same kobiety. Nie zobaczyłam więcej taty. Wcielonych do wojska gnano na wschód. Ojciec uniknął okupacji niemieckiej z całą jej grozą, ale, o ironio, później ślad po nim zaginął. Umarł na Syberii. Po latach okazało się, że uwięziono go dlatego, że powiedział, że w Polsce było mu lepiej. Oczywiście, że było mu lepiej: miał rodzinę, był młody, był pokój. Umarł w radzieckim więzieniu. Trzydziestosześcioletni mężczyzna. Nie miałam taty. Nie znałam taty. Napisałam list: „Kochany tato, tęsknię za tobą...".

Mój sąsiad ma mi za złe, gdy mówię, że wojna wybuchła w 1941 roku. Dla mnie – Maryli i jej rodziny – wojna zaczęła się, gdy weszli Niemcy, gdy zabrano mi ojca, gdy zamknęli nas w getcie. Tego losu żydowskiego – ukrywania się, stałego lęku i zagrożenia – nie da się z niczym porównać. Nie kojarzę

* Przedwojenny wiersz niezidentyfikowanego autora. W mediach społecznościowych powstała grupa zajmująca się odnalezieniem jego imienia i nazwiska.

Rosjan z tymi, którzy zamordowali mi tatę, tylko z tymi, którzy wyciągnęli mnie z dziury pod podłogą. Dali mi mielonkę w puszce. To byli prości, dobrzy ludzie, zobaczyli wygłodzone dziecko i podzielili się z nim jedzeniem.

Skaczę z tematu na temat. Przecież to nie jest opowiedziana historia. To zlepek różnych historii.

Rozmawiałyśmy już kilkakrotnie. Mówiłam ci, co ty mi zrobiłaś? Otworzyłaś mnie. Przez całe lata żyłam cała skuta lodem i to mi odpowiadało. A ty zrobiłaś w nim przeręble. Pierwszy raz coś we mnie pękło. To było mi potrzebne. Ale wszystko, co ci mówiłam, wszystko, co mówiłam potem innym, było napompowane mną. Z pozoru opowiadałam o ludziach, o życiu, ale w tym wszystkim ja byłam główną bohaterką. Byłam w centrum wydarzeń. I gdy powiedziałaś, że piszesz o matkach, zdałam sobie sprawę, że nie myślałam wcześniej, co czuła moja mama, czym to dla niej było. To zupełnie uszło mojej uwadze. A przecież postawa mojej mamy była niezwykła. Mama była bohaterką. Mama i jej dwie siostry. Wszystkie trzy były! Wszystko, co robiły, podporządkowywały temu, żeby mnie ocalić.

Opowiedz o swoich trzech kobietach.

Kto tego nie doświadczył, nie zrozumie, co to znaczy, że każdy krok, który się robiło, mógł być ostatni. Postawienie tego właściwego zależało od wielu rzeczy. Wiesz, co one robiły, żeby przetrwać, żeby mnie uratować? Najpierw było getto, potem zaczęły się eksterminacje – akcje likwidacyjne. Już było wiadomo, że Żydzi są na celowniku. Moja mama Tyla i jej dwie siostry – Donka i Wicia – miały w Borysławiu znajomych Ukraińców i Polaków. Dobre kontakty z nimi określały możliwości ukrywania się. Na początku co parę dni zmieniałyśmy miejsce pobytu. Najpierw trafiłyśmy pod podłogę w kinie. Tam nie można było się poruszyć ani nawet obrócić. Wszyscy robili pod siebie. A gdy do kina przychodzili niemieccy oficerowie oglądać kroniki filmowe i swoje zwycięstwa na frontach, nie można też było oddychać, bo kurz z tych oficerskich butów stukających w podłogę leciał prosto w nozdrza. Kilka dni byłyśmy w bunkrze. Chyba kilka dni. Nie wiem. Ludzie tak dokładnie opowiadają: „od... do...", a ja naprawdę nie pamiętam. Może to moja głowa jest do niczego? A może oni tego nie odtwarzają, tylko sprawdzili, ułożyli taką narrację i powtarzają. Mówiłam ci, że w bunkrze było bardzo dużo ludzi, kilkadziesiąt osób. Słyszałam płacz dziecka, a potem nagle się urwał. Nie rozumiałam wtedy dlaczego, choć ten moment akurat tak dobrze zapamiętałam. To straszne, że matka musi zadusić własne dziecko. Kiedy rozpatrujesz wojnę w liczbach zabitych, widzisz to zupełnie inaczej. A teraz wyobraź sobie, że ty byś miała być tą matką.

Potem na dwa lata trafiłyście do Śmiałowskiego...

Henryk Śmiałowski uratował nam życie. I kilka lat temu naszła mnie refleksja, dlaczego go potem nie szukałam, dlaczego nie sprawdziłam, czy niczego mu nie brakuje, czy nie trzeba mu w czymś pomóc. Miałam za mało danych, nie wiedziałabym, jak się do tego zabrać, lecz przecież gdybym się postarała... Tylko że... On niewątpliwie ocalił nam życie. Ale to nie było czarno-białe. To było bardzo pokręcone i bolesne. Wszyscy byliśmy uwikłani, w pewien sposób skazani na siebie – w piwnicy byliśmy on, jego żona, córka „białego" generała, ich córka w ciąży z Ormianinem, który zdezerterował z niemieckiej armii, trzy siostry, w tym moja mama, i ja. Moja mama Tyla, która była główną organizatorką, mózgiem wszystkich operacji, inicjatorką naszych kolejnych, prawie niemożliwych ocaleń; jej siostra bliźniaczka – moja Donka, która z ukraińska mówiła do mnie „doniu", czyli „dziewczynko", a w końcu sama została Donką, z garbem, wspierała nas wszystkie, otaczała czułością i opieką; oraz najmłodsza Wicia – najdzielniejsza i najodważniejsza. Do tego mała dziewczynka, którą trzeba ocalić, czyli ja. W piwnicy, jak to w piwnicy, trzymano węgiel, ziemniaki. Nie było tam żadnego oświetlenia. Jak potrzebowaliśmy – tylko w wyjątkowych sytuacjach – bo to nie było bezpieczne, dostawaliśmy lampę naftową. Moje kobiety wykoncypowały, że na wszelki wypadek zrobią dla mnie kryjówkę w kryjówce. Tam nie dało się kopać, bo teren był skalisty. Wydłubały nożem dziurę, wyobrażasz to sobie? Owalną dziurę, do której mieściłyśmy się tylko ja i mama. W momentach zagrożenia siedziałyśmy tam we dwie w pozycji niemal embrionalnej. Ja mamie na kolanach.

Wicia była piękną blondynką o jasnych oczach, mówiła dobrze po ukraińsku i po polsku. Wszystkie zresztą mówiły poprawnie, ale Wicia nie miała strachu w oczach. Jak jeszcze było getto, zdejmowała opaskę i chodziła po Borysławiu. Z kryjówki też czasem wychodziła, zakładała chustkę na głowę, wyglądała jak Ukrainka. W czasie jednej ze swoich wędrówek, już pod koniec okupacji, w opuszczonym domu znalazła maszynę do szycia i jakieś szmatki. Usiadła i uszyła dla mnie lalkę z gałganków. Moją jedyną zabawkę.

I o tej lalce twoja mama szeptała w ciemnościach jeden z wierszy, a ty te wiersze długo po wojnie znałaś wszystkie na pamięć.

Raz Wicia uratowała także Śmiałowskiego, naszego opiekuna. To było mniej więcej po dwóch latach naszego pobytu tam, w tej piwnicy. Mógł być już 1944 rok. Teść Wici dowiedział się o naszym miejscu ukrycia i chciał do nas dołączyć. Śmiałowski się zgodził. Podczas gdy moje kobiety zawsze uważały na każdy krok i każdy gest, teść zupełnie nierozsądnie miał przy sobie odręcznie wyrysowaną mapę, z której można się było domyślić, dokąd zmierza. Złapali go w lesie, wzięli mu tę mapę i go zabili. Tak nas znaleźli. Śmiałowskiego aresztowano. Byliśmy przygotowani na tę sytuację. Wiadomo było, że przyjdą z psami. Mama wymyśliła kolejny plan. Zdobyła ochłapy mięsa i rozłożyła je w różnych miejscach w domu i wokół domu. Psy dostały kompletnego kręćka. Chodziły tam i z powrotem i węszyły za kawałkami mięsa. Że też ona na to wpadła! Psy nie złapały tropu ludzi, tylko trop mięsa. Ludzi nie znaleźli, ale Śmiałowskiego zabrano. Wtedy Wicia w przebraniu chłopki poszła na policję. Powiedziała, że jest służącą u niego Ukrainką, że on jest taki dobry pan i może ręczyć, że nikogo nie ukrywał. Wypuszczono go. Mam w pamięci tylko małe widoczki, jak te twoje, które zakopujesz*. Kiedy wrócił z Gestapo, zamiast twarzy miał zielonosiną maskę, tak go bili. Nikogo nie wydał. Tym razem się udało, ale było wiadomo, że kryjówka jest spalona.

Znów twoja mama miała plan…

Śmiałowski był kierownikiem szybów naftowych. Kilkanaście kilometrów dalej, za lasem, był nieczynny szyb Opaka. Wokół nic. Na miejscu w kanciapie mieszkał tylko stary stróż Wasyl, upośledzony umysłowo Ukrainiec. Donka i Wicia poszły przez las tak zwaną cygańską drogą. Ja bym nie doszła, bo to był środek wschodniej, kontynentalnej zimy, a my nie mieliśmy nawet odpowiednich ubrań, więc mnie i mamę postanowiono przenieść w czymś, o czym zawsze myślę jako o trumnie, choć przeznaczenie tej drewnianej skrzyni było inne. Śmiałowski powiedział robotnikom, że w środku jest bardzo delikatna porcelana i że muszą się z nią obchodzić niezwykle ostrożnie, nie może upaść, nie można trząść i tak dalej. Tylko zapomniał dodać, na czym jeszcze powinna polegać ta ostrożność – że nie można trzymać skrzyni w pionie. Niosą skrzynię z nami w środku i w pewnym momencie, jak kazano, bardzo delikatnie, przełożyli nas do pionu. Wylądowałyśmy z głowami w dole. Mama tego nie wytrzymywała. Dusiła się, a jeszcze ja całym ciężarem ciała dociskałam jej głowę. Nie wiem, czy to instynkt życia, czy matczyna troska, żeby dziecko nie skończyło w skrzyni z trupem, mama zaczęła wołać: „Panie Śmiałowski", ale ponieważ się dusiła, wychodziło jej tylko stłumione: „Pa…". Ja nie wiem jak, chyba instynktownie zatkałam jej usta ręką. Nie dokończyła tego wołania. Nikt jej nie usłyszał. I w tym momencie przełożyli nas do poziomu.

Tym razem ty uratowałaś mamę.

* Zob. E. Janicka, *Miejska partyzantka symboliczna. O „Widoczkach" Patrycji Dołowy*, „Artmix", 13.02.2013, archiwum-obieg.u-jazdowski.pl, bit.ly/2RcVtoG, dostęp: 5.12.2018; patrycjadolowy.pl/widoczki.

Tymczasem jej siostry szły same w ciemnościach i zabłądziły. Nie było ich i nie było. Pamiętam lęk mamy o nie i nagłe poruszenie, gdy się znalazły… Donka tak osłabła, że Wicia dotargała ją na miejsce jak kukłę, ciągnęła ją przez las. Jej nogi przypominały lodowe słupy. Na fildekosie – materiale ich ubrań – utworzyły się skorupy z lodu. I dobrze, inaczej przecież by jej odmarzły nogi, a tak powstała warstwa izolacyjna. Czegoś takiego nie widziałam ani wcześniej, ani potem. W ogóle nie pamiętam twarzy Donki, tylko te dwie lodowe kolumny. Jej zamarznięte nogi. Mama ją z tego wyciągnęła. Była naprawdę sprytna, taka zaradna. Innym razem mama dostała róży. To zakaźna choroba skóry wywołana przez bakterie streptokoki. Pamiętam jej opuchniętą nogę. Mama zmieszała spleśniały chleb z pajęczyną z kąta i taką papkę przykładała sobie do nogi – zrobiła antybiotyk! Poskutkowało!

Wspominałaś też kiedyś o nocniku.

Nocnik zwykle kojarzy się wstydliwie. A my w kryjówce gotowałyśmy wodę w nocniku, bo wtedy niczego innego nie miałyśmy. W ogóle nie pamiętam, jak byłam ubrana, ale dokładnie pamiętam, jak on wyglądał: biały, metalowy, w kształcie cylindra, z uszkiem, emaliowany. Kobiety robiły w nim kaszę dla mnie. Nikt nie myślał, że to obrzydliwe. To był nasz garnek, nasz przyjaciel.

Ten sam, który uratował cię w getcie?

To też pamiętasz? W getcie na początku brali ludzi do pracy. Mama kopała okopy. Była młoda, miała trzydzieści dwa lata. Chodziła do pracy, a mnie zostawiała samą w domu. Pod podłogą, pod łóżkiem. Obruszyła dwie deski i gdy musiała wyjść, wsadzała mnie pod podłogę, na mnie kładła deski, a na deskach pełny nocnik. Wiesz dlaczego? Niemcy byli schludni. Bali się zarazy. Trzymali się z daleka od brudnych nocników. A w getcie co jakiś czas były łapanki. Ludzi albo rozstrzeliwano na miejscu, albo zabierano. W czasie takiej obławy mama kryła się pod krzakiem, jak dziecko bawiące się w chowanego, twarz zasłonięta, a resztę widać. Akurat przechodziła Polka, traf chciał – jej przyjaciółka, zobaczyła wystające nogi mamy, przykryła je gałęziami. Mama została tam wiele godzin, aż się zrobiło ciemno i cicho. Leżała tam, wiedząc, że jej dziecko zostało pod podłogą, bez wody, z ograniczonym dostępem powietrza. I wtedy złożyła przysięgę Bogu. Jak uratuje jej dziecko, to będzie najlepszą na świecie żydówką. I potem już zawsze przestrzegała koszeru. Dziś można się z tego śmiać. Mama wcześniej była dosyć postępową osobą. Może mniej niż Wicia, która przed wojną była socjalistką i wymykała się przez okno na wiece i pochody. W ich domu święta obchodziło się bez większego rygoru. Wszystkie trzy siostry chodziły do polskiej szkoły. Słuchaj, to jest bardzo trudna rzecz. To ja teraz tak mogę ci o tym mówić, ale przecież w kryjówkach nie miałyśmy co jeść. Dostawałyśmy, co było, co się udało zdobyć. Mógł się zdarzyć i kawałek słoniny. I ona nigdy tego do ust nie wzięła. Pan Bóg by jej to na pewno wybaczył, ale ona przysięgła, że nie będzie tego robić.

Może wiara, że ma wsparcie, dodawała jej sił do tych niezwykłych rzeczy, które robiła i dzięki którym wszystkie przeżyłyście?

Może. Ale potem, po wojnie, mogła powiedzieć: „Dziękuję, Boże, dotrzymałeś obietnicy, ja swojej, uwolnij mnie", tymczasem ona do końca życia trzymała koszer. We Wrocławiu zaraz po wojnie było sporo Żydów, więc znalazła się i jatka, mama raz na tydzień kupowała w niej mięso, a potem, w latach pięćdziesiątych, ludzie powyjeżdżali, nadal jednak można było dostać koszerne jedzenie, przywożone spod Łodzi. Po 1968 roku zamknęli wszystkie żydowskie jatki. Tylko raz na jakiś czas przyjeżdżał szojchet ze świeżym mięsem. Mama wysyłała mnie po zakupy. Chciałam, żeby zjadła to cholerne mięso, więc wykombinowałam, że w sklepie kupię zwykłego kurczaka i powiem jej, że jest koszerny. Po drodze spotkałam przyjaciółkę mamy Lolę i ona, absolutna ateistka, powiedziała: „Nie możesz!". Ja na to, że przecież ona nie będzie wiedziała, a Lola odparła, że nie mogę jej okłamywać, bo to dla niej ważne. No i nie okłamałam jej.

Pewnie został w niej lęk o ciebie, pakt z Bogiem musiał trwać...

Tego lęku, niepewności po mnie nie widać, prawda? Przecież sama jestem wykształconą osobą, mam łatwość nawiązywania kontaktów z ludźmi, zrobiłam tak zwaną karierę. A cały czas w środku jest we mnie pogrzebany strach. Niewidoczny. Coś, co bezwiednie przekazałam też swoim dzieciom. W czasie wojny byłam dobrym dzieckiem, idealną, grzeczną dziewczynką, nie sprawiałam mamie kłopotów. Byłam cichą, niedomagającą się niczego córką. Gdy się bałam, natychmiast zasypiałam, nie krzyczałam ani nie płakałam. Potem w szkole dobrze się uczyłam. Ale nie byłam dobrą osobą. One mi tyle dawały, a gdy dorosłam, gdy wreszcie mogłam sama im coś dać, byłam egoistycznie w siebie wpatrzona. Tyle rzeczy, które mama robiła, źle interpretowałam. Po wojnie mama była w stosunku do mnie oschła, bardzo surowa, trzymała mnie krótko. Nie okazywała mi czułości. Za to doznałam jej dużo od sióstr mamy. Najwięcej od Donki, która zrobiłaby dla mnie wszystko. Kochała mnie miłością matki z *Obietnicy poranka* Romaina Gary'ego. Przez pewien czas, gdy się uczyłam, mieszkałam z nią. Donka specjalnie przyjechała z Wałbrzycha, gdzie była kierowniczką kina, do Wrocławia, by ze mną zamieszkać i się mną opiekować. Byłam wypieszczoną księżniczką, wszystko przy mnie robiła. Wstawała o świcie, grzała wodę, czesała moje długie do kolan włosy. A potem nie umiałam nawet jej obronić, gdy ktoś ją przy mnie uderzył. Dlaczego nie stanęłam wtedy w jej obronie? I dlaczego się jej wstydziłam, gdy już byłam dorosła? Pracowałam w klinice, a ona przychodziła do mnie, by przynieść mi zapomniane drugie śniadanie. Mówiłam ci, jak wyglądał dzień moich urodzin?

Przychodziły obie ciotki z prezentami.

Wicia obładowana biegła przez całe Psie Pole: pod pachą podarunek i bukiet, w rękach tort, sąsiedzi ją witali, wyglądali z okien – wszyscy wiedzieli, że Maryla ma urodziny, bo ciotka idzie. One dwie dawały mi wszystkie ekwiwalenty uczuć matczynych. Mama tego nie robiła. Dziś się uważa, że dziecko trzeba całować, głaskać, pieścić, chwalić, a ja tego od niej prawie w ogóle nie dostałam. A przecież byłam jej jedynym dzieckiem i w ogóle czymś jedynym w życiu, jedynym pozytywem, bo wojna zabrała jej rodziców, męża i bardzo liczną rodzinę. Zostałam tylko ja i jej siostry. To one okazywały mi miłość.

Mama nie pozwalała mi wychodzić po zmroku. W szkole średniej raz na jakiś czas odbywały się wieczorynki, wieczorne potańcówki. Kończyły się zawsze o dwudziestej drugiej. A w zimie o tej porze jest już zupełnie ciemno. Tylko że wtedy do domu odprowadzała mnie cała grupa przyjaciół. Nie wracałam sama. Raz, gdy zbliżaliśmy się do mojego domu, zobaczyłam ją. Biegała rozgorączkowana, szukając mnie. Spoliczkowała mnie przy wszystkich. Czułam się upokorzona, nie mogłam jej tego wybaczyć.

Rozmawiałaś z nią kiedyś o tym?

Wiele rzeczy zrozumiałam dopiero po jej śmierci. Dziś, gdy już mam swoje lata, inaczej patrzę na jej zachowanie. Wiem, że to, co mnie w niej raziło, nie wynikało z jej niechęci do mnie, tylko wręcz przeciwnie. Mama mnie kochała. Chciała mi pomóc, ułatwić wejście w życie. Do końca pozostała samotna, oddana mnie i moim dzieciom. Donka też. Tylko Wicia założyła rodzinę, wyjechała do Izraela. Mam tam dziś bliską kuzynkę, jej córkę. Mama przez pewien czas nawet chciała się z kimś związać, ale wiedziała, że ja nie za bardzo tego chcę (ja – mała dziewczynka!), i nie zrobiła tego. Na starość mieszkała sama z pięcioma kotami. Kiedyś w drzwi mamy w zimie zaczął drapać kot. Ulitowała się nad nim i go wpuściła. Okazało się, że to ciężarna kotka. Wkrótce urodziły się małe. Lola przychodziła do mamy, rozwiązywały razem krzyżówki i dopieszczały koty. Po śmierci mamy koty zostały w pustym domu. Oddałam je najpierw do schroniska, ale szybko ruszyło mnie sumienie i wróciłam po nie.

Niewiele osób widziało mnie w takim stanie jak ty teraz, płaczącą. To niesamowite, przecież byłyśmy dla siebie obce.

Przyszłaś i niespodziewanie wszystko ci opowiedziałam. Przecież nikomu innemu o tym nie opowiadałam. Wielu rzeczy w życiu nie powinnam była zrobić. Gdybym kiedyś poszła, wtedy na początku, po wojnie, do psychologa, który by mnie wybebeszył... Wiesz, co to znaczy święty spokój? Nie angażować się. Mama mi kiedyś powiedziała, że nie mam ambicji. Że na mnie plują, a ja mówię, że deszcz pada. To, co niosłam, spadło na moje dzieci. Życie jest bardziej skomplikowane, niż wygląda: „Dzień dobry, pani profesor, jak się pani miewa, jak wakacje?". Wszystko piękne i gładkie. U ciebie też jest gładkie? Zawsze coś wyłazi.

Popatrz na ludzi wokół siebie. Tylu ich się wokół ciebie gromadzi. Tylu z nich pomogłaś.

Ty lepiej napisz o mojej mamie. Mówię ci, że byłam swoim kobietom za mało wdzięczna, że za mało im z siebie dałam, że się tego wstydzę. Najgorsze jest jednak to, że to nieodwracalne. Dlatego chcę o tym teraz opowiedzieć, bo powiedziałaś, że piszesz o matkach. Chcę mówić o swojej mamie i jej siostrach. Jeśli możesz w ten sposób uchronić je od zapomnienia, to zrób to. Zostaw chociaż maluteńki ślad.

Przeżyłam
(z rozmowy z Kasią, Warszawa)

Moja mama wymyśliła scenariusz mojego ocalenia. Miałam dziewięć lat i wypełniłam go krok po kroku – przeżyłam. Dziś, po latach, myślę, że nie powinna była ratować tylko mnie. Powinna była raczej zrobić wszystko, byśmy ocalały obie. Sieroctwo naprawdę jest okrutne. Jest trudniejsze niż żydostwo.

A potem nas wyłowili...
(rozmowa z Anną, Warszawa)

„Coś chlupnęło..."
Tak, proszę czytać, jeśli pani chce się zapoznać z moją historią. To książka *Zaklęte lata* Władysława Smólskiego. Pisarza, byłego członka Żegoty*. Był dziwakiem, starym kawalerem. I moim pacjentem. Kilkanaście lat po zakończeniu wojny opisał w tej książce historie ratowania Żydów, wiele sytuacji niemożliwych, które się jednak zdarzyły.

> W tej chwili do wody wpadło coś jeszcze cięższego.
> – Jezu Chryste, przecie to człowiek.
> – [...] Nie było krzyku.
> – [...] może samobójca. [...]
> Nie minęło kilka minut, jak w łódce znalazło się dziecko – kilkuletnia dziewczynka. Była tak wystraszona, że przez zaciśnięte z zimna wargi potrafiła wymówić tylko jedno słowo: Mama – palcem wskazując na unoszącą się na falach głowę. Ruszyli tam szybko. [...] Obaj chłopcy podpłynęli do utrzymującej się na wodzie kobiety i popchnęli ją mocno w stronę łodzi. [...] kobieta odepchnęła wiosło i zanurzyła głowę w wodę. [...] Dwie pary silnych rąk chwyciły tonącą kobietę i wtaszczyły ją na dziób. Po chwili leżała już na dnie łodzi, obok małej, oddychając ciężko. [...]

---

* Żegota – polsko-żydowska organizacja powołana do pomocy Żydom.

– Po co nas ratowaliście?! My jesteśmy Żydówki [...]
– Tonącego nie pyta się o dokumenty. Po prostu się go ratuje*.

Obiecałam pani nalewkę i nie nalewam. Z pigwy z mojej działki. Na zdrowie!

To pani była tą dziewczynką, prawda?

Tylko że nic z tego nie pamiętałam. Wyparłam to całkowicie, a mama po wojnie o koszmarach tego, co przeżyła, nie opowiadała. Wiedziałam tylko, że mój tatuś zginął, ale już nie w jakich okolicznościach. W tym opowiadaniu to jest opisane. W 1943 roku pod koniec lata, kiedy szalały mniej lub bardziej zorganizowane grupy zajmujące się wykrywaniem Żydów, znajomi rodziców umieścili nas na Grochowie (lub, jak wynika z moich późniejszych dociekań, raczej na Rembertowie). Gospodarze wiedzieli o naszym pochodzeniu, choć wygląd i papiery mieliśmy „dobre", i w pewnym momencie zażądali, by płacić im wyższy czynsz. W końcu, nie wiadomo skąd, pojawili się szmalcownicy, którzy zabrali nam wszystkie pieniądze. Po kolejnym zakończonym awanturą incydencie z nimi gospodarze, obawiając się sąsiadów, kazali nam w ciągu godziny wynieść się z domu. Nie mieliśmy gdzie się podziać. Rodzice postanowili zgłosić się na komisariat miejscowej granatowej policji. Tam nie bardzo chciano z nimi rozmawiać. Tata był lekarzem, mieli sporo przyjaciół, ale wtedy wszyscy mieszkali już w getcie albo wyjechali z Warszawy. Rodzice nie mieli do kogo się zwrócić. Zbliżała się godzina policyjna. Podjęli decyzję o popełnieniu razem samobójstwa...

[*milczenie*]

Mój ojciec był bardzo dobrym pływakiem, co po nim odziedziczyłam. Mama wypchnęła mnie, a potem sama skoczyła do Wisły. Ojciec rzucił się pod pociąg. Mnie i mamę uratowali piaskarze. Chociaż mama prosiła: „Nie ratujcie nas". Ale uratowali.

* W. Smólski, *Miłosierdzie* [w:] tegoż, *Zaklęte lata*, Warszawa 1964, s. 123.

Później pomogła nam Żegota. Matka dostała papiery, które pozwoliły jej legalnie pracować. Została karmicielką wszy w Instytucie Higieny*. I tak jakoś, po licznych przejściach, przeżyła wojnę. A ja z nią. Potem już zawsze była wielką optymistką. Czy wszystko w porządku?

Jeszcze nie wszystko do mnie dociera.

Do mnie to też wciąż nie dociera. Nic z tego nie pamiętałam. Sama to odtwarzałam.

Smólski wiedział, że pani jest tą dziewczynką?

Nie. Tę książkę dostałam od niego jako lekarz od pacjenta. Pracowałam w przychodni w jego dzielnicy, pomogłam mu w jakiejś dolegliwości. Nie miał pojęcia, że jestem jedną z jego bohaterek. Przyniosłam tę książkę do domu. Była u mnie któraś przyszywana ciocia, zaczęła ją czytać i powiedziała, że przecież to jest historia o nas!

Mama jeszcze żyła?

Wtedy tak. Zmarła w 1990 roku. Miała osiemdziesiąt pięć lat. Po wojnie zaangażowała się w nowe życie, w wir naprawiania Polski, zapisała się do partii. Wierzyła, że będzie lepiej i sprawiedliwiej. Nie wracała do traumatycznych wspomnień. Gdy jednak zapytałam ją wprost, potwierdziła, że to o nas. Autor w tym czasie przestał pojawiać się w przychodni Związku Literatów, a gdy udało mi się go odnaleźć, mamy już nie było na świecie. Nie zdążył jej poznać. Powiedział mi za to, kto opowiedział mu tę historię – to pani Stanisława Bussoldowa, położna związana z Żegotą, przybrana mama Biety Ficowskiej. Sama powoli odkrywałam kolejne kawałki historii, niektóre przypadkiem. Nawet nie miałam zdjęcia ojca. Dopiero w ŻIH-u znalazłam jego dane w spisie lekarzy. Były fotografie, indeksy, listy, adresy. Dom dziadków mieścił się przy Żelaznej 70. Potem tam było getto. Mama prowadziła w getcie kursy rolnicze pod egidą Towarzystwa Szerzenia Pracy Zawodowej i Rolnej wśród

---

* Idzie o Państwowy Zakład Higieny w Warszawie.

Żydów ORT. Tata pracował po aryjskiej stronie w Szpitalu imienia Świętej Zofii, placówce dla najuboższych kobiet. Uciekłyśmy z getta. Mieliśmy wszyscy aryjskie papiery i żyliśmy w miarę normalnie, aż do wspomnianej wizyty szabrowników. Najpierw odebrali nam wszystkie środki do życia, a potem wystraszyli naszych gospodarzy. To wtedy właśnie rodzice postanowili, że zabijemy się razem. A potem wyłowili mnie i mamę. Zanim Żegota dała nam lewe aryjskie papiery, a mamie pracę w Instytucie Higieny, ukrywałyśmy się. Zmieniałyśmy miejsca, ale ja nie pamiętam tych wędrówek. Tylko jedną rzecz dobrze pamiętam. Mama robiła kołnierzyki do swetrów (mam o tym adnotację, którą mama napisała w 1947 roku do ŻIH-u). Przeszkadzałam jej w tej codziennej pracy, więc w ciągu dnia fukała na mnie. Ale w nocy przytulała mnie i mówiła, że jestem jej najdroższym słoneczkiem. Pytałam ją: „Dlaczego kochasz mnie tylko w nocy?".

Zostałyście do końca w Warszawie?

Pod koniec powstania wyjechałyśmy na wieś, w Krakowskie. Tam było strasznie. Pamiętam, że chodziłam po mleko, a żołnierze do mnie strzelali. Miałam pięć lat, gdy wróciłyśmy do Warszawy. Dostałyśmy pokój przy alei Przyjaciół. Na dole była Samopomoc Chłopska, w której mama pracowała. Przyjechałyśmy z jednym kocykiem, później służył nam do prasowania, poza nim nie miałyśmy nic. Pamiętam kupowanie żelaznego łóżka. Jaka to była wielka radość, że mamy to jedno łóżko!

Potem mama dostała pracę w Ministerstwie Rolnictwa, a od 1951 roku w Szkole Głównej Gospodarstwa Wiejskiego. Gdy zmieniała pracę, w poufnej notatce napisali o niej: „Często nie rozumie czujności rewolucyjnej. Otacza się obcymi nam elementami, często wrogami klasy robotniczej".

Ostatnie lata przed emeryturą spędziła w Zakładzie Genetyki Uniwersytetu Warszawskiego przy Alejach Ujazdowskich. Była profesorem. Fascynowała się tym, co się dzieje na świecie. Biologicznym i nie tylko. Napisała kilka książek, popularyzowała wiedzę. Dwukrotnie dostała nagrodę pisma „Problemy" za popularyzację biologii. Tłumaczyła i opracowywała *Biologię* Claude'a Villeego. Nazywała się Aniela Makarewicz.

Moje pierwsze studia to była biologia. Uczyłam się z Villeego.

Mama trafiła do bardzo dobrego środowiska. U profesora Wacława Gajewskiego nie było antysemityzmu. To był światły człowiek i otaczał się światłymi ludźmi. Mama nie musiała w pracy ukrywać swojego pochodzenia.

Co wciąż nie jest w Polsce częste...

Znalazłam dokument mamy z 1924 roku: „Nie przyjęta na medycynę z powodu *numerus clausus*". Za to skończyła SGGW. Podobno była pierwszą żydowską studentką na tej uczelni. Egzaminy zdała tak, że profesor Władysław Grabski powiedział: „Wprawdzie to Żydówka, ale musimy ją przyjąć". Ówczesna gadzinówka Falangi podobno wypuściła na jej temat komunikat. Mama miała ideę, żeby Żydzi nie skupiali się tylko na handlu i innych tradycyjnych żydowskich zawodach, ale by uprawiali ziemię. Prowadziła kursy i wykłady. Padła ofiarą swojego pochodzenia i wykształcenia. Po studiach nie dostała pracy i w 1932 roku wyjechała do Palestyny. Tata nie chciał z nią jechać. Bardzo ciężko tam pracowała. Do tego głód i upał. W dodatku koniecznie chcieli tam wydawać polskie Żydówki za niemieckich Żydów. Wróciła do Polski. Ale dalej uważała, że Żydów trzeba aktywizować rolniczo.

Uparta!

Pochodziła z ortodoksyjnej rodziny. Była najmłodsza z jedenaściorga rodzeństwa. Jej ojciec się dużo modlił. Uważał, że musi wybierać mężów dla swoich córek. Moja mama była wyjątkiem i sama wybrała mojego tatę. Z kolei w dokumentach z początku studiów było napisane: „wyznania mojżeszowego", a już w kolejnych latach: „bez wyznania". Mama była młoda, odcinała się od ortodoksji. Odeszła od tradycji panujących w rodzinnym domu, udzielała korepetycji. Nie nauczyła mnie żadnych zwyczajów religii żydowskiej. Uważała, że za pewną część antysemityzmu byli odpowiedzialni sami Żydzi: izolowali się i uważali za mądrzejszych od innych. Oczywiście w 1968 roku oddała legitymację partyjną. Była studentką Uniwersytetu Latającego. Ani ona, ani ja nie myślałyśmy o wyjeździe. Mama miała za sobą niełatwe doświadczenie emigracji z 1932 roku, a w roku 1968 już sześćdziesiąt trzy lata. Za to mój nieżydowski mąż marzył o wyemigrowaniu, ale ja nie chciałam zostawiać mamy. Byłam jej całą rodziną. Jej dwaj bracia mieszkali w Izraelu, a siostra w Rosji, dokąd wyjechała z Białegostoku w 1939 roku. W okresie żelaznej kurtyny mama nie miała z nią wiele kontaktu. Mało o nich wiedzieliśmy.

Nie mówiła o rodzinie?

Opowiadała nam trochę o domu swoich rodziców. Jej opowieści kręciły się wokół tego, że nie nadawała się do tradycyjnego życia: na targu nie wiedziała, jak wybrać świeżą rybę, a gdy kiedyś poszła do sklepu po olej, wróciła z olejem technicznym. Mój syn próbował ją kiedyś sfilmować, ale nagranie było bardzo słabej jakości. Mówiła, że najlepsze kąski dostawał jej ojciec, a ona jako najmłodsza dzieliła pokój z babcią, która przeżyła wylew. Babcia była warszawską kamieniczniczką. Ani mama, ani ja nie próbowałyśmy odzyskiwać naszego mienia na Solcu. Mama nie otaczała się luksusem i mnie tego nie nauczyła. Nie przywiązywała wagi do spraw materialnych. Ważne były dla niej wartości duchowe i intelektualne. Ja mam podobnie. Za to zawsze dbała, by wakacje były fajne – na to chętnie wydawała pieniądze.

I zapraszała nas na obiady. Zawsze raz w tygodniu. Ja niekiedy nie miałam czasu, ale dziś wiem, jakie to niesłychanie ważne, by być ze sobą, rozmawiać, słuchać. Trzeba to robić, mimo wszystko. Niestety, moi synowie są teraz daleko.

Niektóre rzeczy same przychodzą. Mój syn, gdy jeszcze był w Polsce, wynajął mieszkanie po starszym panu, którego wzięli do domu starców. Wśród pozostawionych w tym mieszkaniu rzeczy przypadkiem znalazł notatkę – zawiadomienie o ślubie moich rodziców!

Niestety, z tym starszym panem już nie dało się porozmawiać...

Szkoda.

Mama prowadziła pamiętnik. Na starość zamieszkała z nami. W trakcie przeprowadzki znalazłam paczkę z zapiskiem: „Nie czytać przed moją śmiercią". To bardzo intymne zapiski. Dotyczą czasu, gdy mojego ojca już nie było. Mama zmieniła w którymś momencie nazwisko. Ja nie, choć podobno zostałam dla bezpieczeństwa ochrzczona w kościele przy ulicy Karolkowej. Mama pod koniec życia powiedziała, że jedyna rzecz, której zazdrościła innym ludziom, to wiara. A jednocześnie sądziła, że religia sprawiała prześladowanym dodatkowe kłopoty. Te nakazy i zakazy, że w kryjówce nie wolno słoniny, bo niekoszerna, i szybciej umiera się z głodu. Każda ortodoksja jest zła.

Opowiadanie o pani rodzicach nosi tytuł *Miłosierdzie*...

Hanna Rajcher – tak się nazywałam w dzieciństwie. Mama z domu była Chaja Bromberg. Tata – Artur Rajcher. On nie ma żadnej mogiły. Mama i ja przetrwałyśmy dzięki dobrym ludziom. Oni nie tylko uratowali nam życie, zrobili o wiele więcej. To dzięki nim mama znów uwierzyła w innych i w siebie. Już potem zawsze była aktywna, pełna wiary w sens zmieniania świata. Już nigdy nie była tą młodą dziewczyną, która w desperacji wrzuciła z mostu Poniatowskiego do wody małą dziewczynkę – swoją córkę, a potem skoczyła w ślad za nią. Wychowała mnie w poczuciu ufności do ludzi. Chciała, bym była aktywna i umiała cieszyć się życiem. To jej się udało.

Wołała: „Marysiu!"
(rozmowa z Magdaleną, Radość, Warszawa)

Chciałam pani opowiedzieć o mojej mamie i jej bohaterstwie. O tym, jaka była dzielna i niesamowita. I że dzięki niej przeżyłam. Tylko że im więcej o tym myślę, tym wyraźniej widzę, jak wiele w tej historii jest rzeczy nieoczywistych. Nie mamy narzędzi, by je oceniać, trudno je nawet nazwać. Czy bohaterstwem jest porzucić dziecko pod obcą chatą? Zostawić obcym ludziom? To, co przytrafiło się jej, a więc i mnie, mama opisywała w migawkach. Sama też pamiętam tylko migawki. To bardzo trudne, kiedy trzeba wybierać, a w czasie wojny to był dylemat wielu mam.

Mama uciekała z Polski w 1940 roku, ze mną w brzuchu. Miała dwadzieścia dwa lata, należała do młodzieżówki Bundu. Poznała starszego od siebie chłopaka, Lutka Achtunga, który wydostał się z Warszawy zaraz po jej zbombardowaniu, pojechał do Białegostoku i chciał ją tam ściągnąć. Jej tata, czyli mój dziadek, nosił nazwisko Warszawer, a babcia była z domu Janower – oni nie chcieli uciekać. Młodsze rodzeństwo mamy zostało z rodzicami. Mama była lewicująca, niewierząca, zbuntowana. Wyszła z Warszawy z dwiema koleżankami, które w odróżnieniu od niej miały semicki wygląd. Niedaleko Mińska Mazowieckiego zatrzymały wóz. Mama zmyśliła, że ma narzeczonego w niewoli rosyjskiej. Furman okazał się przyzwoity, zabrał je.

Mama jechała na koźle, a koleżanki schowane pod derką. Nawet po latach wspominała, że wokół panowały wtedy spokój i cisza, był środek lata, upały, jakby wcale nie było wojny. Niestety, w końcu zatrzymał ich niemiecki patrol, jednoosobowy. Temu Niemcowi coś nie pasowało, wziął mamę na stronę, niby żeby wyjaśnić, a próbował ją zgwałcić. Zaczęła krzyczeć. Furman rzucił się jej na pomoc, Niemiec uciekł. Było wiadomo, że nie są bezpieczne. Dziedziczka, do której woźnica chciał je odwieźć na kilka nocy, nie zdecydowała się ich przechować. Mężczyzna zaprowadził je do Żyda, który trudnił się przewożeniem ludzi na drugą stronę Bugu. Łatwe to nie było, a bardzo niebezpieczne, bo przecież już była umowa między Niemcami a Rosją, ale mamie się udało. Koleżanki nie chciały płynąć, więc się rozdzieliły.

Dalej na wschód moja ciężarna mama jechała w bydlęcym wagonie, w strasznych warunkach. Była głodna, a do jedzenia miała czasem brukiew. Pociąg dojechał do Mohylewa. Tam się urodziłam. Przydzielili nam chałupę na peryferiach. Mama zaprzyjaźniła się z gospodynią, która dawała nam mleko. To ona wymyśliła, że Żydówce z niemowlęciem trzeba pomóc, i dała mamie swoje nazwisko – Sielicka. Tak już zostało. Niestety, ktoś doniósł i nawet mimo nazwiska trafiłyśmy do getta. Mama chodziła do pracy na zewnątrz. Raz nie założyła opaski z gwiazdą Dawida i Niemiec ją pobił. Wtedy postanowiła, że uciekniemy. Znowu znalazłyśmy się w wagonie zapchanym ludźmi. Mama tym razem nie była w ciąży, lecz ze mną maleńką na ręku. W którymś momencie pojawiły się samoloty, zaczęły kołować nad pociągiem. Bomba trafiła w lokomotywę. Wagony paliły się i uderzały jedne o drugie, dzieci płakały, ja pewnie też. Żywi wyskakiwali z wagonów i biegli przed siebie, a samoloty leciały nisko i strzelały do uciekających. Wiem to od mamy – nie pamiętam tych ciał rozrzuconych po całym polu, spod których wygrzebywali się żywi. My przetrwałyśmy w rowie. Gdy ucichło, ocalali zaczęli iść w stronę kołchozu. Ludzie patrzyli na nas wszystkich z lękiem, niektórzy z wyraźną niechęcią. Wiedzieli, że uciekinierzy to w większości Żydzi. Zamykano przed nami drzwi. Mama w końcu usiadła ze mną na rękach przy jakiejś chacie. Było jej wszystko jedno, zasnęła. Obudziła ją kobieta, zaprosiła do środka, gdzie pachniało mlekiem. Powtarzała tylko: „Co za czasy nastały, Boże ty, mój Boże, co za czasy!". A w końcu spytała: „Gdzież ty się, niebogo, podziejesz z tą kruszyną?". Na te słowa ponoć otworzyłam oczy. Staruszka nakarmiła nas i pozwoliła nam się umyć. Dała nam chleba na drogę. Spotkałyśmy innych Żydów z pociągu i dalej szliśmy razem. W kołchozie powitała nas gromada młodych ludzi. Zaprowadzili nas do stodoły. Pozwolili się przespać na sianie. Byli niezwykle życzliwi i uprzejmi, nie to co ludzie napotkani wcześniej. Było w tym coś dziwnie niepokojącego. Gdy zapadł zmierzch, wszyscy układali się do spania, wokół panowała ciemność i martwa cisza, ktoś z naszej grupy szepnął: „Nie podoba mi się to wszystko. Oni coś knują". Czuwali na zmianę. Mama w ogóle nie mogła zasnąć. Otuliła mnie, położyła na sianie, a sama wyszła na dwór. Nagle usłyszała szmer, potem zobaczyła światełka. Chłopiec, który pełnił właśnie wartę, domyślił się pierwszy i krzyknął: „Wstawajcie!". Ludzie się poderwali natychmiast. Zaraz dobiegły nas krzyki: „Spalić Żydów!". Uciekaliśmy we wszystkie strony. Oprawcy wrzeszczeli: „Patrzcie, jak zwiewają, tchórze! Nie uciekną daleko, Niemcy ich dopadną!". Na niewiele zdało się wpajanie i opiewanie w pieśniach przyjaźni między narodami.

Uciekając przed prześladowcami, mama niechcący oddaliła się od grupy. Natrafiła na chatkę, w której była tylko starsza pani. Ta nie chciała jej przyjąć, ale ujęło ją małe dziecko i wzięła od mamy paletko, które mama dostała jeszcze od rodziców – eleganckie, zielone, z cienkiej skórki. Za to paletko staruszka ją przygarnęła. Kazała obiecać, że nie sprowadzi innych. Ulokowała mamę i mnie we wnęce za skrzynią. Po chwili do domu wpadła jedna z mamy towarzyszek ucieczki. Wołała: „Marysiu!". Mama się nie odezwała. Była między młotem a kowadłem – na jej rękach ja, w progu koleżanka. Zacisnęła zęby, wtuliła się we mnie i milczała. Nigdy potem nie spotkała tej koleżanki. Nie wiedziała, co się z nią stało. Do końca życia miała ją na sumieniu. Większość Żydów z okolicy zagnano tej nocy do getta.

Gdy mama opuściła nad ranem kryjówkę, nie czuła już lęku, lecz rezygnację. Przyszła jej do głowy myśl, że trzeba z tym skończyć. A zaraz potem druga: co ze mną, czy ma prawo decydować o moim życiu i śmierci? Była sroga zima i mama niemal zamarzała. To wtedy postanowiła położyć mnie przed pierwszą napotkaną po drodze chatą. Ja smacznie spałam, niczego nieświadoma. Jeszcze w Mohylewie Sielicka, która się nami opiekowała, zawiesiła mi na szyi medalik z Matką Boską, mówiąc, że może mnie uratować. Kiedy mama pocałowała mnie na pożegnanie i położyła na progu, natychmiast otworzyłam oczy i zapłakałam. Nie wytrzymała. Złapała mnie i szybko opuściła wieś.

Ja to pani opowiadam, ale to jest historia mamy. Byłam na jej ręku. Byłam spokojna w jej ramionach i nieświadoma tego, co po latach ona mi opowie. Na łące mama spotkała młodą dziewczynę. Okazało się, że była zootechnikiem z sowchozu Uświat. Razem z dwiema pastuszkami pędziła bydło, żeby nie wpadło w ręce Niemcom. Bała się, że nie zdążą, a towarzysz Stalin rozkazał, żeby prędzej wszystko zniszczyć, niż oddać wrogom. Od razu zauważyła, że jesteśmy nietutejsze. Mama powiedziała, że jest Polką, że nie ma się gdzie podziać i chętnie pomoże. Ta wieś została ewakuowana do Kazachstanu.

Tam dali nam lepiankę. Miałam już dwa lata, a nie umiałam chodzić. Bardzo późno zaczęłam. Wcześniej umiałam mówić, niż chodzić. I nauczyłam się paru słów po kazachsku. W Kazachstanie mama poznała małżeństwo z Warszawy, które bardzo nas wspierało. Dzięki nim mama zaczęła uczyć w szkole francuskiego i niemieckiego. Często wówczas byłam zostawiana sama sobie. Mama musiała pracować, zgodnie z powiedzeniem: „Kto nie pracuje, ten nie je". Raz zrobiłam siusiu na środku jurty. Była z tego jakaś poważna sprawa. Mama przestała chodzić do pracy, nie chciała mnie więcej zostawiać. Miałyśmy tak małe racje żywnościowe, że o mało nie umarłyśmy z głodu. Mama oddawała mi wszystko, co miała. Była bardzo słaba, nie mogła się ruszyć, a ja ciężko się rozchorowałam. Wydawało się, że już powinno być po nas, ale zdarzył się cud, inaczej tego nie można nazwać. Przejeżdżali tamtędy rosyjscy myśliwi, usłyszeli jęki, zobaczyli, w jakim stanie jesteśmy. Wsadzili nas obie na osiołka, dowieźli do jakiegoś większego ośrodka. W szpitalach wtedy przecież nie było już czym leczyć, uratował nas niemiecki lekarz, który zarzekał się, że tańczył z moją mamą na balu w Warszawie. Prawdopodobnie mu się z kimś pomyliła. Uratował mi życie. Z kolei mamę próbowali zamordować partyzanci, doniosła na nią jakaś wieśniaczka, myśląc, że mama zdradza ich przed wrogiem. Musiałyśmy uciekać. Wtedy długi czas byłam bez mamy. Zostawiała mnie w domach dziecka. Pamiętam tylko pojedyncze obrazy. Lampa bez abażuru. Leżące dzieci. Pani, która pilnuje. W dzieciństwie zrywałam się w nocy. W jednym z polskich sierocińców byłam razem z mamą, bo tam pracowała. Pilnowała młodszych dzieci, a ja razem z nią. Ale potem straciła tę pracę, a ja trafiłam do następnego domu, który był daleko od niej. Dojeżdżała do mnie co tydzień albo rzadziej. Raz była ewakuacja, a ja akurat leżałam w izolatce i mnie tam zostawili, zapomnieli o mnie. Mama poprosiła znajomą, żeby się o mnie dowiedziała. Tylko dzięki tej pani nie umarłam śmiercią głodową.

W końcu po długiej tułaczce, kiedy organizował się ZPP* w Kyzyłordzie, mama znalazła pracę w kuchni polskiej, a po kursach, które organizowano w Moskwie, udało jej się dostać pracę w ambasadzie polskiej. Ale to już trochę później, początkowo nie było łatwo. Wtedy Polacy byli uważani za zdrajców – to był okres wyjścia Andersa z ZSRR. Wcześniej mamie udało się zatrudnić tylko jako salowa w domu dla umysłowo chorych. Jeszcze pani nie mówiłam, że mama była panienką z dobrego domu,

---

* Związek Patriotów Polskich (ZPP) – organizacja polityczna działająca w latach 1943–1946, powołana przez komunistów polskich dla Polaków w ZSRR.

nieprzyzwyczajoną do tego wszystkiego. Przed wojną nie umiała nic robić, do kuchni matka jej nie wpuszczała, mówiąc, że ma dwie lewe ręce, a poza tym od tego jest służba. Wiele mama przecierpiała, aż dotarła do względnie bezpiecznej przystani, jaką była ambasada polska w Moskwie. Wtedy wreszcie ściągnęła mnie do siebie. Od tej pory należałyśmy do grupy tych bardziej uprzywilejowanych. Mieliśmy tak zwane sklepy za żółtymi firankami*, przychodził do nas pan i przynosił cały kosz różnych produktów, bo na mieście nie było niczego. Buty można było dostać z przydziału, ale mama nie miała, bo żadne na nią nie pasowały. Dali jej w końcu za duże, musiała je wypychać gazetami.

Mama poznała mojego wspaniałego ojczyma, do którego mówiłam: „tato". Mieszkaliśmy przy ulicy Marosiejka, chodziłam do przedszkola. Pamiętam to dobrze. Wtedy dotarły do nas wieści, że wyzwalają Warszawę. My, wszystkie dzieci, poszłyśmy na dach, bo stamtąd najlepiej było widać sztuczne ognie. Po wyzwoleniu Warszawy w całej Moskwie były fajerwerki. Zresztą tak samo po wyzwoleniu każdego kolejnego miasta. W porównaniu z latami wojennej tułaczki zaczęły się dla nas luksusy, ale to nie był beztroski czas. Ludzie się bali. Kiedy ojciec wychodził i długo go nie było, pojawiał się strach, że nie wróci, jak jego przyjaciel. Miałam sześć, siedem lat, bałam się, ale nie rozumiałam dlaczego, bo jednocześnie byłam cała przesiąknięta miłością do „batiuszki Stalina". Dowiedziałam się w szkole, ile dobrego zrobił i robi dla nas, i gdy czasem podsłuchałam, że rodzice coś o nim nie najlepiej mówili, straszyłam ich, jak Pawlik Morozow, że zaraz doniosę, co oni tu gadają. Prosiłam, żeby nie mówili takich rzeczy. Byłam w szkole, kiedy dowiedziałam się, że Stalin umarł. Powiedziała mi o tym pracująca u nas pani Kława, była cała zapłakana. My, dzieci, stałyśmy na apelu. Z tych nerwów chciało mi się śmiać. Bałam się, co by to

---

* Tak zwane konsumy – sklepy obsługujące przedstawicieli aparatu władzy, w ograniczonym stopniu dostępne dla osób spoza uprzywilejowanych grup.

było dla mojej mamy, która pracuje w ambasadzie, gdybym się roześmiała. Pisaliśmy kartki z przyrzeczeniami. Obiecałam, że od teraz będę dostawała same piątki. Nie udało mi się dotrzymać postanowienia, nawet dla Stalina. Strasznie chciałam go zobaczyć na żywo. Miałam sąsiada, który dowcipkował, że zawsze na paradzie majowej jest blisko niego, gdziekolwiek pójdzie – tam Stalin. „Chodź ze mną" – mówił. Gdy już miałam iść z tym sąsiadem, Stalin wziął i umarł. A sąsiad zmarł już w Polsce. Na jego pogrzebie śpiewali *Międzynarodówkę*. Wróciliśmy do Warszawy, gdy miałam trzynaście lat. Mama wreszcie poczuła się spokojnie. Aż przyszedł 1968 rok i się skończyło.

Mama ratowała mnie wiele razy, ratując i siebie. Ja też ją ratowałam. Nieświadomie. W kolejnych chatach, kwiląc czy otwierając oczy w kluczowych momentach. Albo w jednym z pociągów, gdy obie głodowałyśmy, a mama była już u kresu sił. To był otwarty wagon bez przedziałów, z drewnianymi ławami, tak zwana plackarta. Chodziłam między rzędami, stawałam i patrzyłam głodnymi oczami. Ci prości ludzie dawali mi, co mieli. Robiłam podołek w sukience i siadałam na swoje miejsce. Wpatrzona w jedzenie powtarzałam: *„Niczego tiebie nie dam"*. Gdy zasypiałam, mama mi z tej sukienki po cichutku wyjadała.

Kiedy kolejne miasta były wyzwalane, oglądaliśmy z dachu fajerwerki. Była feta. Ludzie się cieszyli. Nikt nie myślał, że zniewolą nas na nowo. Myśleli, że będzie pokój, że nie będzie bomb, że ludzie nie będą już ginąć. Moja mama, która wyszła z domu zbuntowana, nie wiedziała jeszcze, że zostawiony przez nią świat jest nie do odbudowania, że nikt z niego nie ocalał. Nasza rodzina była potem klecona z przyjaciół. Mówiliśmy do siebie: „wujku", „ciociu", „babciu". To była i jest bardzo dobra rodzina.

Nawet nie zdążyłam o nic zapytać, a tu piękna pointa.

Koniec nie może być taki smutny, bo jednak nie udało się wszystko tym dyktatorom. Żyjemy, mamy dzieci, wnuki. Jeśli los pozwoli, doczekamy się prawnuków.

Pewność
(z rozmowy z Irit, Ramat Gan)

Myślę, że raczej nie da się przygotować małego dziecka na takie rzeczy. Tego, co się z nami działo, nie można z niczym porównać.

Bardzo tęskniłam za rodzicami i byłam pewna, że wrócą. Przecież nie wiedziałam o Treblince ani o żadnych szczegółach tej rzezi. Mnie nie porzucono, mnie dano niewielką szansę na podjęcie próby ocalenia życia.

Pierwsze wspomnienie związane z tatą to moja pewność, że mnie złapie i nie spadnę, kiedy mnie podrzuca wysoko. A z mamą? Dotyk ciał, kiedy jestem w jej ramionach.

Dostałam zdjęcie mamy z Ameryki. Pochodzi z czasów jej młodości. Była piękną kobietą, którą panowie, witając mnie w Izraelu dwadzieścia lat po jej śmierci, wspominali słowami: „A, córka Natki Hassenfeld o najładniejszych nogach w Częstochowie". Zresztą o wielu żydowskich paniach tak wtedy mówiono. Zdjęcie taty jest w mojej książce *Życie – tytuł tymczasowy* *. Gdybym dziś spotkała swoich rodziców w tłumie, pewnie bym ich rozpoznała.

Miałam osiem lat, kiedy wybuchła wojna. Przez osiem lat miałam normalne dzieciństwo. Nie idealizuję rodziców, ogólnie

* I. Amiel, *Życie – tytuł tymczasowy*, Warszawa 2014.

byli nadopiekuńczy i hipochondryczni. Nie jeździłam na rowerze, nie było nart, pływania – bo niebezpieczne. Była za to piłka – tata grał w częstochowskim klubie Makabi. Wcześnie zaczęłam czytać. O książkach mogłam dyskutować z tatą. Z mamą się kłóciłam, czy nosić skarpetki, czy rajtuzy – z nią prowadziłyśmy inne rozmowy.

Nie wiem, co myślałam, gdy tata przepchnął mnie w getcie przez dziurę na aryjską stronę. Nie było czasu myśleć o sobie, trzeba było żyć i się ratować, tak jak nakazał tatuś. Czuję wielką wdzięczność do Życia – nie do Boga, nie do człowieka, tylko do samego życia, do splotu przypadków i okoliczności, że miałam szansę dodać cegiełkę w budowaniu państwa dla Żydów, żyć bez strachu, że się usłyszy „ty Żydówo", że doczekałam się sześciu wnuków, z których czterech założyło już swoje rodziny, i pięciu prawnuków, z których jeden po wakacjach pójdzie do drugiej klasy.

Miałam jedną matkę, która zginęła podczas wojny w Polsce, w Treblince, w niemieckiej komorze gazowej.

I jednego ojca, którego zamordowano w tym samym miejscu.

Dzieci pytały o dziadków, mówiłam o Szoah mało, ale codziennie.

Dobra rada
(z rozmów w Izraelu)

Koniecznie spotkaj się z Irą. Ona opowie ci najwięcej, bo miała dwanaście lat, gdy zaczęła się wojna. Wszystko pamięta.

Do tej pory sobie dopowiadam...
(rozmowa z Irą, Tel Awiw)

Urodziłaś się jeszcze przed wojną, możesz opowiedzieć...

Ja się urodziłam 2 października 1942 roku. Tej nocy moja mama wypchnęła mnie przez dziurę w murze. „Nie oglądaj się" – powiedziała. „Mamo, nie chcę iść bez ciebie" – chyba w kółko to powtarzałam, a może tylko miałam to w głowie, bo byliśmy grzecznymi dziećmi, nie robiliśmy awantur, to mogło skończyć się śmiercią. I wiesz, jakiego argumentu użyła moja mama? „Nie dam rady was wszystkich tu wykarmić". Bo miałam młodszego brata, ale jeszcze nie chodził, był przy piersi. Chciała, żebym miała poczucie, że dzięki mnie i jej będzie lepiej, że to ja ją ratuję! „Spotkamy się. Obiecujesz?" Pamiętam, że trzymałam ją i nie chciałam jej puścić. Pocałowała mnie, ścisnęła mi rękę tak mocno, że do dziś czuję ten uścisk, i wtedy mnie popchnęła. Nie wiem, czy coś jeszcze mówiła, ale do tej pory sobie dopowiadam, co by to mogło być. Że mnie kocha, że będzie tęsknić, że jestem dzielna, że mam dobrze żyć, że mam na siebie uważać. Nie zapomnieć w zimie o czapce, a w lecie nie przejadać się lodami. Wszystko to było w jej milczeniu lub słowach, których już nie słyszałam.

Nie zapisuj reszty mojej historii, spisuję ją dla swoich wnuków, chcę, żeby dostały ją bezpośrednio ode mnie.

Nie zapisuję.

Pani Wisia w domu dziecka w Otwocku była dla mnie jak matka. Inne opiekunki też. Wiesz, jak to sobie uświadomiłam? Strasznie na nie krzyczałam. Nie byłam łatwa. Nie byłam im wdzięczna. A one to rozumiały. I gdy już byłam dorosła, pomyślałam, że przecież dzieci nigdy nie są wdzięczne rodzicom. One właśnie były jak rodzice.

Dziecko bez tożsamości

(rozmowa z Leą, Szoresz, okręg Jerozolimy)

Kilka lat temu pojechałam do rodzinnego Ostrowca Święto-krzyskiego. Weszłam na podwórko, przy którym stał nasz dom, i spytałam, kto tu pamięta czasy przedwojenne, kto pamięta Mariana Altermana. Jacyś starsi ludzie odpowiedzieli: „Jego zdjęcie było u naszego fotografa, wszystkie panienki prosiły, by ich zdjęcia stawiać obok jego podobizny, każda chciała, by ją wziął za żonę, a on przywiózł z Radomia taką piękną kobietę! To była pani matka?". Schodzili się kolejni i okrążali mnie, przekazywali sobie nowinę: „Córka Altermana, córka Alter-mana". I nagle podeszła do mnie para – państwo, którzy mieli piekarnię w czasie wojny i przerzucali ludziom przez mur chleb do getta. Kobieta powiedziała do męża: „Stefciu, to jest córka Altermana". Wzięła moją rękę i położyła sobie na piersi, a ja poczułam, jak wali jej serce. „Pani musi do nas przyjść, miesz-kamy niedaleko". Poszliśmy. Już na schodach czuć było zapach kapusty, kręciły się tam króliki, za piecem suchy chleb, niedo-pałki papierosów w resztce herbaty, na ścianie fotografia papie-ża. On powiedział: „Muszę pani coś pokazać". Otworzył drzwi pokoju, tam łóżko, a na nim pełno szmat. „Pani nie poznaje?" – spytał. Zrzucił te szmaty, a pod spodem było piękne, drewnia-ne, wiśniowe łóżko. „To jest łóżko pani rodziców. Dostałem je od pani taty za ten chleb, który wysyłałem do getta". A mnie się zrobiło słabo, czułam, że zaraz zemdleję. Szofer, z którym przyjechałam, wziął mnie pod ramię i zaczął im tłumaczyć, że musimy już wracać. Dałam tej kobiecie jeszcze dwadzieścia dolarów, a ona powiedziała, że to dla niej na rok na lekarstwo.

Urodziłam się w domu dziadków w Radomiu. Rodzice mojej mamy byli dość ubodzy i bardzo pobożni. Mieli dwóch synów i siedem córek. Wszystkie były piękne, ale na niewiele się to zdawało, bo nie miały posagu. Tata zakochał się w mamie, a ona była siódma z kolei. Musiałby czekać, aż inne wyjdą za mąż. A że był z bogatej rodziny, dał posag każdej siostrze, żeby poślubić mamę. Mama znała języki, pięknie malowała i rzeźbiła. Dziadek nie pozwolił jej jechać do Paryża na studia. Ale przy tacie miała dobre życie. Bawili się, tańczyli, jeździli do Zakopanego.

Na zdjęciach wygląda ślicznie, elegancko.

I na szczęśliwą. Nikt sobie nie wyobrażał, co będzie. Pobrali się w 1937 roku, ja się urodziłam w 1938. Zamieszkali w Ostrowcu Świętokrzyskim w pięknym domu niedaleko kościoła. W 1940 roku wsadzili nas do getta. Ojciec miał przyjaciela goja, niejakiego Głuchowskiego. Uczynił go wspólnikiem i realizatorem naszego majątku. Głuchowski dostał pod zarząd nasze magazyny. Zabrał moją mamę i sporą sumę pieniędzy do Warszawy. Ukrył ją u rodziny, o której nic nie wiem. Mnie odwiózł do klasztoru w Brwinowie. Pamiętam jazdę pociągiem. Była z nami zakonnica. Zabandażowali mi głowę i część twarzy, w tym oko, żebym nie wyglądała na żydowskie dziecko. Miałam wtedy cztery lata, ale w księgach pięć, bo od takiego wieku przyjmowali dzieci. Łóżeczka w zakonie stały ciasno jedno obok drugiego. Trzydzieścioro dzieci w sypialni. Było czysto, miło, zakonnice opiekuńcze. Przywiązałam się do siostry Heleny. Kochałam ją i chciałam zobaczyć jej włosy – wiedziałam, że je ukrywa. Raz wdrapałam się w tym celu na parawan, on się przewrócił, a ja przez chwilę je widziałam – piękne i długie.

W klasztorze panował rygor, było pełno zabobonów. Siostry opowiadały nam przerażające bajki o tym, jak zmarli przychodzą i duszą dzieci. Nie mogliśmy spać po nocach. Jednak było mi tam dobrze. Kazali mi obierać ziemniaki i wrzucać je do dużego kotła. Były tam kobiety pracujące w kuchni, niezakonnice. Przy tym obieraniu nauczyłam się od nich, że Żydzi są straszni.

Przyjęłaś to?

Nie miałam świadomości, że jestem żydowskim dzieckiem. Niemców się bałam, bo powiedzieli mi, że mam się ich bać. W naszej szkole był sztab gestapowców. Mijałam ich ze strachem, bo wiedziałam, że mnie nie lubią. Zakonnice goliły mi głowę i wkładały czapkę chłopca. Pytałam: „Dlaczego muszę mieć ogoloną głowę?", a one odpowiadały: „Bo Niemcy nie lubią czarnych włosów". Płot i brama wydawały mi się ogromne i wyobrażałam sobie, że za nimi jest inny świat. Ostatnio odwiedziłam ten klasztor i brama nie była już tak wielka, a płot tak wysoki. Zakonnice budziły nas wcześnie rano – modlitwa, skromne śniadanie, modlitwa. Nie pamiętam, byśmy się bawili. Na podwórku stała buda psa, który wabił się Alma, a ja nazywałam się wtedy Ala Herle. Gdy widziałam z daleka Niemców, wchodziłam do tej budy, a suka kładła się tak, by mnie zasłonić. Dzieci się śmiały i śpiewały: „Ala i Alma to są koleżanki". Z tyłu klasztoru był mały domek. Mieszkał tam pan, który zajmował się ogrodem i drobnymi naprawami. Gdy mnie widział, w tajemnicy wkładał mi do fartuszka cukierki, a ja wiedziałam, że nie mogę się z tym nikomu zdradzić. Ssałam je tylko w nocy, po cichu.

Myślałaś o mamie?

Zniknęła mi z oczu. Nie było mi jej brak. Kiedyś przy byle rozstaniu czułam tęsknotę, a tu raptem nic. To chyba mechanizm obronny. Odwiedziła mnie w tym klasztorze dwa razy. Pamiętam, że zwolniłam jej swoje małe łóżeczko i ona spała tak, że pół ciała miała poza nim. Sama spałam obok na podłodze. Mama przyniosła mi kromkę białego chleba. Wiedziałam, że nie mogę nikomu o tym powiedzieć. Położyłam chleb pod poduszkę i w nocy go żułam.

Jednego razu kazali mi opuścić łóżko, bo przyszła inna mama, innej dziewczynki. Ona, nie wiem dlaczego, sama nie zwolniła mamie łóżka. Ja się na to nie zgodziłam, bo chciałam swoją mamę, nie cudzą. Zaczęłam się drzeć i nie dałam się wyciągnąć z łóżka. Jedna z sióstr krzyknęła: „Diabeł w nią wstąpił!". Wyciągnęli mnie stamtąd razem z łóżkiem, które miało kółka, jak w szpitalu. Zawieźli mnie do pustej sali i wezwali księdza. Ksiądz chlapnął na mnie wodą święconą. I ta zimna woda uśpiła mnie w minutę. Po prostu zmęczona tym płaczem zapadłam w sen. Wtedy już wszyscy wiedzieli, że księdzu właśnie udało się wypędzić ze mnie diabła.

A inne dzieci pytały o rodziców?

Wcale! Rodziców nie było, i już. Jednak gdy skończyła się wojna, po dzieci zaczęły przyjeżdżać matki. Wychudzone, oszołomione. Słyszałam: „To Żydzi przychodzą po swoje dzieci". Jaka byłam szczęśliwa, że po mnie żaden Żyd nie przyszedł i mnie stamtąd nie zabrał! Aż pewnego dnia, to już był czerwiec 1945 roku, przyjechała elegancko ubrana pani. Wytworna, piękna, pachnąca perfumami. Miała blond włosy i niebieskie oczy. Zakonnice powiedziały: „To jest twoja ciocia Zosia", a ja pomyślałam: „Jakie szczęście, że żadna Żydówka mnie wcześniej nie zabrała". Chętnie poszłam z ciocią Zosią. Zakonnice kazały mi jeszcze podziękować Matce Boskiej za uratowanie życia. Wbiegłam do kaplicy, uklękłam, a ciocia Zosia stała. Zaczęłam się modlić, a ona dalej stała. Powiedziałam: „Tutaj trzeba klękać, dlaczego nie klękasz?". I ona wtedy się rozpłakała. Wciąż na mnie patrząc, powoli uklękła.

Zapytałaś ją, kim jest?

Żadnych pytań! Pojechałyśmy do Warszawy, całe miasto było w gruzach. Bałam się po nich chodzić, bo gdzieniegdzie były jeszcze gorące. Zosia zabrała mnie do sklepu i kupiła mi skarpetki i buciki. Pierwszy raz po latach miałam na nogach coś innego niż stare gazety i za duże buty. Nie potrafiłam w tym chodzić, chciałam swoje buciory, tylko że ona już je wyrzuciła. Zbuntowałam się i chodziłam boso. Znów płakała. Mieszkałyśmy na Pradze w wynajętym pokoju. W podwórku była kapliczka z Matką Boską. Codziennie do niej latałam i się modliłam, a dzieci wołały na mnie: „Żydówa, Żydówa, Żydówa!". Poszłam do cioci i powiedziałam, że mnie wyzywają, a ona mi poradziła, żebym ich wyzywała tak samo, to się odczepią. W końcu odstawiła mnie do domu dziecka w Zatrzebiu. Tam znów było mnóstwo dzieci. Nikt z nas o nic nie pytał. Dzieci Holocaustu wiedziały, że trzeba być posłusznym, bo inaczej śmierć. Dlaczego umierasz? Nie wiesz, ale wiesz, że trzeba słuchać dorosłych, że to, co oni mówią, jest święte. Niektóre dzieci płakały, uciekały do swoich przybranych rodziców na wieś – do parobków, u których się w czasie wojny przechowywały. Ktoś odwoził je z powrotem, a one znów uciekały. Ja nie. Mnie to nic nie obchodziło. Byłam wolnym ptaszkiem. Inne dzieci krzyczały po nocach, robiły w łóżka, a ja cieszyłam się, że wokół było tyle przyrody. Jednego dnia powiedzieli mi, że znaleźli mojego tatusia i że on przyjdzie mnie odwiedzić.

Ucieszyłaś się?

Po prostu zgodziłam się na wszystko. Przyszło trzech panów, jeden o kulach, wyglądał jak trup. Twarz jak u kościotrupa, wycieńczona, zapadnięte oczy. Dwaj pozostali byli przystojni i eleganccy. Podeszłam do jednego z nich i poprosiłam, żeby wziął mnie na ręce. Podniósł mnie i oddał temu potworowi z kulami. One upadły, a ja się wyślizgnęłam i uciekłam. Trup krzyczał: „Lunia, Lunia!". Nie wiedziałam, kim jest Lunia. Nazywałam się Ala. Nie chciałam tego pana więcej oglądać, a on nie wiedział, co robić. Odjechał beze mnie.

Ciocia Zosia mieszkała w Łodzi. Lubiłam ją, bo ładnie pachniała i pięknie się ubierała. Chciałam być blisko niej. Przenieśli mnie więc do Helenówka*. Moją wychowawczynią była tam

---

* Chodzi o żydowski sierociniec w Helenówku, znajdujący się przy dzisiejszej ulicy Krajowej 15 w Łodzi. Po wojnie w budynku umieszczono sieroty żydowskiego pochodzenia, które przeżyły Holocaust.

pani Lunia, o której pisałaś*. Znów było mi dobrze. Zamiast do szkoły chodziłam na jagody i maliny, a potem do Cyganek na Bałucki Rynek. Wróżyły mi, że wyjadę za morze. Któregoś dnia usłyszałam, że kierowniczka pani Falkowska jest oburzona. Krzyczała, że nie należy mi się ubranie z Jointu, bo mam bogatego ojca i on powinien mi je kupić. Wszyscy mnie z tego powodu obrażali. Bogaty ojciec to niedobrze, bo był już komunizm. Tata przyjechał na wezwanie. Nie przywiózł ubrania. Dotarł wykończony długą drogą z Ostrowca Świętokrzyskiego. Jechał całą noc. Nieogolony. Człowiek po Oświęcimiu. Wstydziłam się go.

Nie oswoiłaś się z nim?

Nie. Przyjeżdżał raz na pół roku. Nigdy nie pytałam go o matkę. Wiedziałam, że jestem sierotą. W klasztorze myślałam, że dzieci się rodzą właśnie tam – w klasztorze, a potem w ogóle nic nie myślałam. Miałam panią Lunię, która mnie bardzo lubiła, mówiła, że jestem mądrą dziewczynką, i czasem pozwalała mi czytać innym dzieciom jako swoja pomocnica. Traktowała mnie poważnie. Były tam inne dzieci, od taty dostałam piłkę, grałam z nimi. Jadłam kiszone ogórki, podlewałam kwiaty, hodowałam pomidory. Znałam polski, a nie wszyscy znali, więc jak była deklamacja wiersza, to mnie wybierali. Jednego dnia miałam dyżur przy telefonie. Odebrałam, a to mój ojciec. Powiedział: „Lusiu, mam dla ciebie spakowaną walizkę, weź jakieś podręczne rzeczy, płaszczyk, dwie sukienki, czekam na ciebie na stacji w Helenówku. Wyjeżdżamy do Palestyny". Tłumaczyłam, że nie mogę tego zrobić. Miałam dwanaście lat, byłam rozsądna, nie mogłam uciec, przecież będą mnie szukać. Kazałam mu przyjść po mnie i oficjalnie mnie odebrać. Przyszedł. Siedziałam pod drzwiami i słyszałam całą jego rozmowę z Falkowską. „Proszę pana, to moje ukochane dziecko, chcę ją adoptować.

* Zob. P. Dołowy, *Zobaczyć Lunię* [w:] *Przecież ich nie zostawię. O żydowskich opiekunkach w czasie wojny*, red. M. Kicińska, M. Sznajderman, Wołowiec 2018.

Niech pan zacznie życie od początku. Będzie miała ze mną dobrze, mogę sobie na to pozwolić, poślę ją na studia do Wiednia". A ojciec odpowiedział: „Proszę pani, ona jest wszystkim, co mi pozostało". Na to Falkowska: „W takim razie niech pan zapłaci. Pan jest bogaty!". Po latach znalazłam w żih-u papiery. Wszyscy płacili po trzysta złotych, a mój ojciec sześć tysięcy. Tak Falkowska go załatwiła.

Wyjechaliście od razu?

W Izraelu w porcie czekała na mnie moja ciotka i jej córka. Córka cały czas na mnie patrzyła i bawiła się moją ręką. Był listopad. Byłam ubrana jak na zimę. Gdy wysiedliśmy, spadł ogromny deszcz, a zaraz po nim się przejaśniło i wyszło słońce. Z chodników zaczęła unosić się para. Słońce w zimie! Do tego marynarz poczęstował mnie szklanką świeżego soku pomarańczowego. Ciotka zabrała mnie do swojego domu w Hajfie. Miała dwie córki, przyjęły mnie jak siostrę, choć starsza była zazdrosna. Poszłam do najlepszego gimnazjum, zdobyłam koleżanki. Ciotka była dobra i myślę, że bardzo mnie kochała.

A ojciec?

Ojciec mieszkał osobno. Chodziłam do niego sprzątać, pomagać mu. Miałam trzynaście lat i pamiętam, jak bardzo się wstydziłam, gdy szłam do niego ulicą ze szmatą i z wiadrem, a wokół dzieci beztrosko się bawiły. Gdy miałam siedemnaście lat, ciotka i wujek powiedzieli: „Musisz przenieść się do ojca i dbać o niego". To był trudny czas. Ojciec mieszkał w małym mieszkanku z łazienką i kuchnią dzielonymi z trzema innymi rodzinami.

Nie pracował?

Nigdy nie wyszedł z Oświęcimia. Krzyczał po nocach. Nie spotykał się z ludźmi – mówił, że nie chce litowania się nad nim: „Wszystko straciłem, ale honoru nie". Odżyłam dopiero, gdy skończyłam obowiązkową służbę wojskową i wyjechałam na studia do Jerozolimy. Poznałam swojego przyszłego męża – adwokata, człowieka światowego, pewnego siebie, dobrze ubranego, błyskotliwego i bardzo mnie doceniającego. Nagle wszystko, co robiłam, było wspaniałe. Wcześniej, gdy na przykład przynosiłam dobry stopień ze szkoły i chwaliłam się tacie, komentował: „Nie robisz tego dla mnie, tylko dla siebie". Z mężem wybudowaliśmy piękny dom, urodziły się nasze dzieci. Mąż zwariował na ich punkcie. Gdy po pierwszym porodzie leżałam w szpitalu, wykupił całą kwiaciarnię, sala szpitalna była pełna kwiatów. Mieliśmy cudowne życie. Holocaust pozostał tematem tabu. Aż w 1984 roku postanowiłam wrócić na studia, poszłam na historię. Zaproponowali mi wyjazd do Polski.

Wróciły wspomnienia?

Powoli. Odbyłam w Polsce wycieczkę po kolejnych przystankach swojego życia. Bo do wyjazdu do Palestyny miałam ich kilka. Pierwsze lata spędziłam w tradycyjnej żydowskiej rodzinie w Ostrowcu, potem do ósmego roku życia byłam oddaną katoliczką w klasztorze w Brwinowie, a jeszcze później żarliwą komunistką w domu dziecka w Helenówku. Podróż zaczęłam od Helenówka – był już w ruinie. W Brwinowie siostry najpierw mnie nie poznały, a potem, gdy wpisałam się do księgi pamiątkowej, rozpoznały mój charakter pisma i zaczęły mi dziękować za wysyłane im z Izraela paczki: „Pani Alinko kochana od pomarańczowych listów, to pani?". Oprowadziły mnie. Buda Almy wciąż stała. „A tu – powiedziała zakonnica – mieszkał nasz Żyd, stolarz. Został z nami po wojnie. U nas umarł". Wtedy zrozumiałam, czemu potajemnie dawał mi cukierki. Spotkałam się z przyjaciółką mojej mamy – w czasie wojny przebywały w kryjówkach niedaleko siebie i czasem się spotykały. Powiedziała mi, że mama zginęła, bo ktoś ją wydał.

Wiesz kto?

Ależ ty jesteś niecierpliwa, to właśnie miała być pointa. Przyjaciel mojego ojca… Głuchowski. W 1944 roku. Wojna się kończyła, więc miał obawy, że będzie musiał zwrócić ogromny majątek, który powierzył mu mój tata. Wiadomo, że niecały, ojciec na pewno sporo by mu zostawił za trud i pomoc, ale

„sporo" a „cały" robi różnicę. Założył, że ojciec zginął w Oświęcimiu, dziecko już nie wie, kim jest, wystarczy więc zlikwidować matkę. Podobno mama wyskoczyła przez okno, żeby ratować rodzinę, która ją przechowywała. I są dwie wersje: albo zginęła na miejscu, albo wzięli ją na Pawiak. Nie dowiem się już nigdy. Wyobrażasz sobie? Ojciec zaufał mu całkowicie. Co pieniądz robi z ludźmi... Pamiętałam go z klasztoru, odwiedzał mnie, jego żona była dla mnie bardzo dobra. Wróciłam do Izraela, zapytałam ojca, czy wiedział. Wtedy jedyny raz opowiedział mi tę historię. Wrócił do Ostrowca, od razu poszedł do Głuchowskiego, żeby odnaleźć mamę i mnie. Zapukał, Głuchowski uchylił drzwi i powiedział: „Zaczekaj sekundę". Gdy znów otworzył, w ręku miał siekierę i krzyczał do ojca: „Ty Żydzie, jak stąd nie wyjdziesz, rozrąbię ci głowę siekierą!" (a wcześniej zwracał się do niego: Marian). Tata zrozumiał, że my z mamą możemy już nie żyć. Dowiedział się o mamie, nie miał już sił, poprosił więc swoją bratanicę Zosię (wreszcie się dowiedziałam, kim była!) o pomoc w znalezieniu mnie.

W 1991 roku trafiłam w archiwum na papiery. W mojej karcie z domu dziecka jest napisane: „Ojciec żyje, matkę zabrało Gestapo i do dzisiejszego dnia nie wróciła". A ja to czytam i myślę: Boże, ona może jeszcze wrócić! I zaraz sobie tłumaczę, że przecież miałaby już osiemdziesiąt jeden lat, więc chyba przez te lata by mnie odnalazła i do mnie wróciła?

Dwie Zofie
(rozmowa z Ewą, Kopenhaga)

Urodziłam się w 1939 roku w Sosnowcu, dokładnie trzy miesią-ce przed wybuchem wojny. Moja mama Franka z domu Rozen-kranc pochodziła właśnie stamtąd, a tata Eliasz Sonne z Mościsk pod Lwowem. Oboje byli Żydami. Gdy zaczęła się okupacja, uznali, że na Wschodzie będzie bezpieczniej. Pojechaliśmy do dziadków, rodziców taty, do Mościsk.

Nie wiem, jak one się tam spotkały. Nigdy o to nie zapyta-łam. Wiem, że mama była obrotna, a Zosia, Polka, przyjecha-ła z Rzeszowa. Wtedy ta Zosia sobie nie radziła, był straszny głód, żyła biednie. Wojna wszystkim dała się we znaki. Mama jeździła na wieś do jakiejś pracy i przywoziła stamtąd jedzenie. Dzieliła się z Zosią tym, co miała.

„Być może będę się mogła pani kiedyś odwdzięczyć – powie-działa mamie Zosia, gdy już stanęła na nogi. – Uratowała mi pani życie". Ten moment nadszedł szybciej, niż się spodziewały. W 1941 roku urodziła się moja siostra Helenka, a Niemcy wkro-czyli do Lwowa. Prześladowania Żydów zaczęły się niemal od razu. Pod koniec roku utworzono getto w Mościskach. Znaleźli się w nim dziadkowie i tata. Mama, siostra i ja zostałyśmy po aryjskiej stronie. Mama była blondynką z niebieskimi oczami, miała tak zwany dobry wygląd, a rodzina ojca nie dość, że wyglądała semicko, to jeszcze była znana w okolicy – dziadek miał mały sklep kolonialny. Myślę, że tata dobrowolnie poszedł do getta, by dać mamie i nam większe szanse na przeżycie. Mama go tam codziennie odwiedzała, przynosiła jedzenie. Któregoś dnia, kiedy u niego była, tata chciał z nią zostać dłużej, odmówił wyjścia do pracy i zastrzelono go na jej oczach. Zostałyśmy same z dziadkami. W rodzinie rządził dziadek, który nie lubił mamy – uważał, że nie jest prawdziwą Żydówką. Babcia nie miała nic do powiedzenia. Tak jak mówiłam, mama była obrotna, mogła dostać pracę na wsi jako służąca, ale nie z dwójką małych dzieci, nie wspominając już o tym, że my z siostrą nie byłybyśmy tam bezpieczne. Potrzebowała też dokumentów.

Wtedy zwróciła się do Zosi?

Zosia dała jej własne papiery na nazwisko Zofia Pater. W urzędzie zgłosiła ich kradzież. Wyrobiła sobie nowe, miała wszystkie potrzebne dokumenty. Moja mama jako Zofia Pater zatrudniła się na wsi u folksdojczów, a Zosia zajęła się nami. Moją półroczną siostrę umieściła w domu dziecka prowadzonym przez siostry unitki, mnie, już starszą i mówiącą (nierzadko w jidysz), wolała trzymać przy sobie. Wywiozła mnie do Rzeszowa. Byłam z nią całą wojnę, mówiłam do niej: „mamo". Nauczyłam się nie używać jidysz i zapomniałam, że miałam kiedyś inną mamę. Zosia miała ukochanego, ale nie była mężatką, więc gdy zjawiła się ze mną, plotkowano o jej nieślubnym dziecku. Ale ona miała tupet. Niczego się nie bała. Raz przyszli do nas żandarmi, pytali o mnie, chcieli zobaczyć papiery. Wydarła się: „Zostawcie moje dziecko! Spadajcie!". Dali spokój.

W ciągu dnia Zosia chodziła do pracy, a ja zostawałam sama w pokoju. Wtedy myślałam, że jestem jedynym na świecie dzieckiem zamykanym na klucz. Dziś wiem, że to był los wielu ukrywanych dzieci. Dostawałam coś do jedzenia, nocnik, miałam się bawić pod stołem. Któregoś dnia Zosia przywiozła mi prezent – lalkę. Spytała, jak się będzie nazywała. Odpowiedziałam: „Helenka". Imię mojej siostry.

Wynajmowałyśmy pokój w domu z ogrodem. Raz udało mi się wymknąć na zewnątrz. A może udawało mi się to kilka razy, ale tamten jeden raz dobrze zapamiętałam. Pojawili się esesmani. W czarnych mundurach. Zbierali w ogrodzie jabłka. Mnie się to bardzo nie podobało. Zaczęłam krzyczeć po polsku: „Jabłka w naszym ogrodzie kradniecie!". Jeden z nich wziął mnie za frak. Moja wojenna mama, która już biegła w moją stronę, zdrętwiała. Powiedział do niej: „Proszę na nią uważać, niech pani jej więcej nie wypuszcza". Od tego dnia nie zostawałam już w ciągu dnia sama, prowadziła mnie do rodziny swojego narzeczonego. Oni o mnie wiedzieli – że jestem Żydówką, że się ukrywam – i bardzo nam pomogli. W domu mieszkały jego dwie siostry, matka, ojca nie pamiętam. Tuczyli mnie kozim mlekiem. Nawiasem mówiąc, do dzisiaj bardzo je lubię. Bałam się tylko w czasie nalotów.

Tak dotrwałyśmy do końca wojny. Pewnego pogodnego dnia, już po wyzwoleniu, bawiłam się w piaskownicy przed domem. Zobaczyłam, że przyszła jakaś kobieta. Stanęła, popatrzyła na mnie i się rozpłakała. Zaniepokoiło mnie to. Poleciałam szybko do swojej wojennej mamy: „Mamo, tam stoi jakaś pani i płacze!". Poznały się. Słyszałam strzępki rozmów: „Z tej pościeli, którą mi dałaś, uszyłam Ewie dwie sukienki, resztę oddaję" – mówiła Zosia. „Nic od ciebie nie wezmę, tylko ją" – odpowiedziała obca pani. „Zostaw mi ją, proszę, ty masz jeszcze jedną" – prosiła moja wojenna mama. „Jeszcze jej nie mam, poza tym nie porzucę dziecka..."

Rozumiałaś coś z tego?

Nic, i nie chciałam rozumieć. Nie chciałam się do tej obcej pani nawet zbliżać. Nie było mowy, żebym z nią dokądkolwiek pojechała. Zosia pomogła mamie w ten sposób, że zdecydowała, że razem z nami pojedzie do Katowic i zostanie dopóki, dopóty będę gotowa na rozstanie z nią. Wracałyśmy rosyjskimi transportami. Rosjanie mówili: *„Mat' s riebionkom w kabinu"* – „Matkę z dzieckiem do szoferki". Mama mnie wzięła za rękę, a ja zaczęłam ryczeć: „To nie jest mama!". Wylądowałam w szoferce z Zosią, a mama z tyłu. Dojechałyśmy, pożyłyśmy i tak powolutku, powolutku, zaczynałam przyzwyczajać się do mamy. Zosia uznała, że już czas. Wróciła do Rzeszowa. Przed wyjazdem powiedziała mamie: „Wybacz, ale nie chcę was więcej widzieć. To byłoby dla mnie zbyt bolesne patrzeć na nią i wiedzieć, że już nie jest moja". Nie wiem, czy pożegnała się ze mną. Jeśli tak, to było chyba dla mnie zbyt trudne, bo wyrzuciłam to rozstanie z pamięci.

A lalka Helenka przyjechała z tobą?

Tego nie pamiętam. Z mamą wcale nie było nam łatwo. Nie do końca jej ufałam. Robiłam jej różne numery. Kiedyś byłyśmy na spacerze, a po drugiej stronie ulicy szedł ksiądz. Wyrwałam się mamie, podbiegłam do niego i pocałowałam go w rękę.

Gdy już nasze życie w Katowicach zaczęło się stabilizować, mama znów mnie na trochę zostawiła. Pojechała do Lwowa szukać mojej siostry. W sierocińcu dowiedziała się od zakonnic, że Helenka, która miała pół roku, gdy Zosia ją oddała, została bardzo szybko zaadoptowana. Podały mamie nazwisko. Powiedziały, że została ochrzczona jako Teresa, dały nawet adres, imię i jeszcze nazwisko rodowe kobiety, która ją przysposobiła. Mama poszła pod wskazany adres, a sąsiadka przyjęła ją słowami: „Pani musi być mamą Teresy. Taka podobna!". Ta sąsiadka była w sądzie grodzkim razem z rodzicami Teresy, gdy ją adoptowali. Mama zapytała, gdzie oni są. „Uciekli na Zachód" – usłyszała. Nawet nie dopytała, gdzie dokładnie. Po prostu wydawało jej się to naturalne, że pojechali drogą wszystkich repatriantów. Założyła, że na pewno ją znajdzie. Nie udało się. Dziś już wiem dlaczego. Mama siostry pochodziła z rodziny o niemieckich korzeniach, bała się wejścia Rosjan, uciekli więc ze Lwowa bardzo szybko, zgłosili się na roboty do Niemiec. Tam zastał ich koniec wojny. Zamieszkali po polskiej stronie przy zachodniej granicy. Jak większość przybranych rodziców wojennych sierot nie chcieli, żeby krewni Teresy się znaleźli. Zatarli za sobą część śladów.

Z jedenaściorga rodzeństwa mamy przeżyły na Wschodzie dwie siostry i dwóch braci. Wszyscy zamieszkali blisko siebie. Mama wyszła za mąż za człowieka dość wysoko postawionego w partii. Skończyła studia prawnicze. Miałyśmy dobre życie. Przez kilka lat. Bo w 1949 roku mama zachorowała na raka. Wtedy przestała szukać Helenki-Teresy. W 1952 roku zmarła. Miałam wtedy dwanaście i pół roku. Nie wiedziałam, że mama jest tak bardzo chora. Codziennie po szkole starałam się biec do szpitala. Wciąż się bałam, co będzie, gdy przyjdę nazajutrz. Mama nie miała już swoich pięknych warkoczy, była wychudzona, ale była. Odwiedzałam ją i tuliłam się do niej. To się działo w Warszawie, dokąd się przenieśliśmy za ojczymem. Mamę operowano, miała najlepszych lekarzy, możliwość dalszego leczenia w Szwecji. Na nic się to zdało. Wpadłam w rozpacz. Wujek, mąż siostry mamy, stał się moją opoką. To jemu mama przekazała wszystkie informacje i to on zaczął szukać mojej siostry po śmierci mamy. Ja chodziłam do szkoły, miałam świetne stopnie. Dostałam się na politechnikę w Gliwicach. Właśnie wtedy, gdy skończyłam osiemnaście lat, wujek przekazał mi misję poszukiwania siostry: „Musisz ją odnaleźć".

Niełatwe zadanie...

Te wszystkie dokumenty były pisane odręcznie. No powiedz mi, skąd miałam wiedzieć, gdzie szukać? Napisałam do Czerwonego Krzyża. Odpowiedzieli, że nie mają takiej osoby w kartotece. Przesłali wiadomość do kościelnej organizacji poszukiwawczej w Niemczech. Ona po długim czasie odpisała, że niestety jest za mało danych! Ojciec mojej przyjaciółki ze studiów był prawnikiem. Poprosiłam go: „Niech pan im napisze, że to przez nich nie ma więcej wiadomości". Przecież znałam imię i nazwisko siostry, nazwisko panieńskie jej przybranej matki, ich adres we Lwowie. Wszyscy mnie później pytali: „Miałaś tyle danych. Jak to się stało, że jej nie znalazłaś?". To były inne czasy. Długo szukałam, czekałam, potem żyłam czymś innym i znów wracałam do szukania. Tak pół na pół.

Gdy w 1968 roku rozpętała się antysemicka nagonka, ocalali z Holocaustu członkowie mojej rodziny zaczęli opuszczać
Polskę. Ciocia i wujek zdecydowali się na wyjazd do Danii
w 1974 roku. Po dwóch latach do nich dołączyłam. W Kopenhadze zaczęłam nowe życie, poznałam męża. Piotr jest Duńczy-
kiem. Nasz syn Jakob urodził się w 1978 roku. Potem zaczęłam
pracować jako inżynier chemii w spalarni odpadów. Zostałam
tam do emerytury.

Szukałaś swojej wojennej mamy?

Wiedziałam, że zabroniła mamie się z nią kontaktować. Ale
bardzo ostrożnie próbowałam. Znałam przecież jej imię i panieńskie nazwisko. Były takie same jak mojej mamy, która zachowała je do końca życia. Studiowałam w Gliwicach razem
z przyjaciółką Ireną. Cała moja rodzina traktowała ją, jakby
była moją siostrą w zastępstwie. Tylko moi najbliżsi wiedzieli,
że jestem Żydówką, bo mama wyszła za mąż za Polaka. Któregoś dnia sekretarka z wydziału zapytała Irenę: „Czy pani przyjaciółka Ewa jest Żydówką?". Odpowiedziała, że tak. I co się
okazało? Ta sekretarka była siostrą narzeczonego mojej wojennej mamy. Oni się po wojnie rozstali. Zosia wyszła za mąż za
kogoś innego. Irena przyjechała do mnie i spytała: „Pamiętasz,
gdzie byłaś w czasie wojny?". Odpowiedziałam: „W Rzeszowie".
„Co pamiętasz?" Powiedziałam jej, jak się nazywała mama, że
miała narzeczonego imieniem Bolek. Nazwiska nie znałam.
Przyjaciółka na to: „To ty!". Opowiedziała, że Elżbieta, siostra
Bolka, pracuje jako sekretarka na Wydziale Chemicznym w jej
instytucie. Zaraz do niej pojechałam. Elżbieta wyszła za mąż
za Żyda, który dość wcześnie zmarł. Ma trzy córki. Najstarszą
nazwała Ewa. Po mnie. Dała mi telefon do Bolka. Zadzwoniłam. Przyjechałam. Zapytałam o Zosię. Przekazał mi jej adres
w Warszawie. Napisałam. Żadnej odpowiedzi. Trudno – pomyślałam – nie chce to nie. Na kopercie podałam adres, pod
którym wtedy mieszkałam – w Katowicach. Potem się wyprowadziłam. Na szczęście obok mieszkał brat mamy. Minął chyba

rok. Przyszła do nich jakaś kobieta (pokierowali ją sąsiedzi), pokazała list ode mnie. Wujek zadzwonił: „Przyjedź natychmiast, masz gościa". Myślałam, że znowu chcą mnie dokarmić, bo ciocia zawsze uważała, że jestem za chuda. Przyjechałam, a tam moja wojenna mama. Rzuciłyśmy się sobie w objęcia bez zbędnych słów. Dostała mój list akurat w momencie, gdy jej mąż, znacznie od niej starszy, wpadł pod tramwaj. Miał wstrząs mózgu, wylądował w szpitalu. Siedziała przy nim na zmianę z córką. Nie miała do niczego głowy. W końcu on doszedł do siebie, a Zosia znalazła mój list. Zamieniła się z koleżanką, która dostała delegację do Katowic. I przyjechała. Poznałam jej córkę. Też nazywa się Ewa, skończyła medycynę. Gdy byłam w Warszawie, chodziłyśmy razem z Zosią na cmentarz do mojej mamy, a gdy wyjechałam z Polski, Zosia opiekowała się grobem. Przyjechała też do mnie do Kopenhagi. To był wspaniały czas. Mój syn, który nie mówi po polsku, wspomina, jak było cudownie, gdy wracał ze szkoły, a na niego czekała babcia. Skąd od razu wiedział, że to babcia? Bo na stole stało dla niego kakao i bułeczki. Niestety, za mało ją wtedy pytałam. Człowiek ma wrażenie, że ludzie będą żyli wiecznie. To była niesamowita kobieta. Najbliższa osoba, więcej niż członek rodziny. Uratowała życie mnie, mamie i mojej siostrze.

Dowiedziałaś się czegoś więcej o siostrze?

Moja przyjaciółka ze studiów Irena wyemigrowała do Szwecji. Spotykałyśmy się tak często, jak mogłyśmy. Z wiekiem moja tęsknota za siostrą się potęgowała. Często mówiłam o zaginionej Helence. Irena w czasie wojny też się ukrywała u unitek. Gdy powstało Stowarzyszenie Dzieci Holocaustu, zaczęła jeździć na zjazdy do Polski. Wypytywała, wywieszała wszędzie kartki: „Czy ktoś wie o Teresie Dorożyńskiej?". Matka taka a taka, dom dziecka taki a taki. Nikt nie wiedział, nikt nie znał. W 1995 roku umarł mój ukochany wujek. Na krótko przed jego śmiercią przyrzekłam zrobić wszystko, co w mojej mocy, by odnaleźć siostrę. W 1997 roku wybierałam się razem z Ireną na zjazd, ale poważnie zachorowałam. Na szczęście operacja poszła bez komplikacji i już po roku wylądowałam w Polsce na spotkaniu Dzieci Holocaustu. Wzięłam ze sobą wszystko, co miałam, co zbierałam, co pisałam, dołączyłam zdjęcie mamy. Na zjeździe mieszkała z nami w jednym pokoju Wiesia Lang, która pracowała wcześniej w archiwum i wiedziała, jak szukać. Przez archiwum znalezienie siostry okazało się niemożliwe. Wiesia wymyśliła jednak inny sposób. Niecały rok później – w dniu, w którym akurat nie poszłam do pracy, miałam w domu remont, był hałas, kręcili się robotnicy – zadzwonił telefon. Jakiś mężczyzna powiedział do mnie po polsku: „Ja z polecenia pani Wiesławy Lang". A w tamtym czasie, gdy ktoś obcy dzwonił i mówił po polsku, myślałam, że jak zwykle chce, żebym coś pomogła załatwić. Powiedziałam, że bardzo chętnie przetłumaczę, ale teraz nie mam czasu. A on: „To zadzwonię wieczorem, ale powiem pani jedną rzecz. Znalazłem pani siostrę". I w tym momencie trzeba było mnie zobaczyć. Robotnicy zapytali, co się stało. Powiedziałam im, że nic, żeby pracowali dalej. A do człowieka w słuchawce: „Proszę zaczekać". Poszłam do pokoju i zaczęłam z nim rozmawiać. Okazało się, że to był Andrzej Minko z polskiej telewizji. Prowadził program *Ktokolwiek widział, ktokolwiek wie*. Zadawałam mu mnóstwo pytań, chciałam wiedzieć wszystko, ale on się bał, że pojadę do niej bez niego, a chciał zrobić z tego program. Specjalnie coś pokręcił. Siostrze zmienił zawód, szwagrowi nazwisko, ich dzieciom płcie. Zaproponował, że przyjedzie do Kopenhagi, porozmawiamy i polecimy razem do Polski. A ja na to: „Nie! Ja chcę szybciej". „Pani siostra powiedziała dokładnie to samo!" Obiecałam mu, że potem się spotkamy, że udzielę mu wywiadu. Na lotnisku w Kopenhadze była jakaś kolejka w SAS-ie. Musiało być widać, że się denerwuję, bo podeszła do mnie kobieta z obsługi i spytała, czy może pomóc. Mówię: „Tak. Otwórzcie więcej okienek". Zaczęłyśmy rozmawiać. Jako podręczny bagaż miałam walizkę, a w samolocie nie było miejsca. Za diabła nie chciałam oddać tej walizki do luku, bo miałam tam zdjęcia mamy. Obiecała, że zaopiekują się walizką i dostanę ją, jak tylko wysiądę z samolotu. Tak się stało i na dodatek wyszłam jako pierwsza. Zastanawiałam się, jak my się z siostrą poznamy. Była już w Warszawie moja siostra przyrodnia, poza tym moja przyjaciółka Irena przyleciała ze Szwecji. Teresa też już była na miejscu. Siedziały we trójkę i czekały na mnie. Wylądowałam w Warszawie. Zobaczyłam ją od razu. Rzuciłyśmy się sobie w ramiona. To było niesamowite uczucie. Nie do opisania. Ja bardzo płakałam, ona nie. Bo kim ja dla niej w tamtej chwili byłam? Nic o mnie, o moim istnieniu nie wiedziała. Za to marzyła, żeby kiedyś spotkać swoją rodzoną matkę. Mówiła, że nie myślała o ojcu, o rodzeństwie, tylko o matce. I to było jej pierwsze pytanie: o mamę. Niestety, było już za późno. Pojechałyśmy na cmentarz, chciałam jej wszystko opowiedzieć od razu w samochodzie. I dotykałam jej. Trzymałam ją za ręce – moją siostrę. Był z nią jej syn. Pomodlił się na grobie babci, mimo że to przecież była dla niego obca osoba. Wróciłyśmy do hotelu, udzieliłam Andrzejowi Mince wywiadu. Syn Teresy zawiózł nas do Szprotawy. Szwagier zrobił nam obu niespodziankę: kupił dla każdej z nas wisiorek – serduszko z kluczykiem na cieniutkim złotym łańcuszku. Powiedział: „Życzę wam, siostry, żebyście odnalazły klucze do swoich serc". To było bardzo wzruszające. Ja z kolei, ponieważ ona była dla mnie Heleną, dałam jej wisiorek z hebrajską literą hej. Pamiątkę po cioci, która też miała na imię Helena, Chaja. Wiedziałam, że jeśli kiedyś odnajdę siostrę, to on będzie dla niej. Bardzo się bałam, jak jej się życie potoczyło. Różnie mogło być. Gdy dziennikarz powiedział, że skończyła studia, kamień spadł mi z serca. Siostra nie wiedziała, że jest Żydówką. Musiała to przetrawić. Jej mąż przyjął to doskonale, a jej córka powiedziała, że wreszcie rozumie, dlaczego zawsze tak kochała żydowską kulturę. Wnuczki Teresy są dziś zaangażowane w życie żydowskie w Polsce.

Co się dalej robi z taką historią?

To wszystko było tuż przed moimi sześćdziesiątymi urodzinami, pozapraszałam już na nie wcześniej ludzi i musiałam wrócić do Danii. Przyszli koledzy i przyjaciele, ale ja byłam jakby nieobecna. Zaraz po maturze syna wsiedliśmy w samochód i na prom. Spotkaliśmy się z rodziną siostry na Wybrzeżu. Potem jesienią znów pojechałam w odwiedziny do Polski. Siostra i szwagier też byli u nas w Kopenhadze. I polecieliśmy wszyscy do Szwecji, do mojej przyjaciółki Ireny. Innym razem Teresa wybierała się do Austrii z synem, synową i wnukami. Zaproponowała, żebym dołączyła. Pojechałyśmy też na międzynarodowy kongres Stowarzyszenia Dzieci Holocaustu w Pradze. Chodziłyśmy śladami mamy, bo ona w 1948 roku była tam na Międzynarodowym Zjeździe Młodzieży. Nasi synowie: mój Jakob i jej Albert pojechali na narty na Śnieżkę. Na zdjęciu w strojach narciarskich widać im tylko oczy. Bardzo podobne! Nie byłam pewna, który jest który. Spędziliśmy z nimi święta Bożego Narodzenia. I Nowy Rok 2000. Ostatnio byłyśmy z siostrą i ze szwagrem razem w Kołobrzegu na wczasach dla seniorów. Nasi mężowie nie przepadają za chodzeniem, ale my tak! Obie to kochamy. Zaczynałyśmy dzień od marszu po plaży, potem było śniadanie. Jesteśmy pod wieloma względami podobne. Ludzie, którzy znali każdą z nas osobno w czasach studiów, a dziś znają nas obie, gdy wspólnie z nami oglądają zdjęcia, mówią: „O, twoje piękne warkocze". Obie miałyśmy warkocze i obie ścięłyśmy je po trzecim roku studiów. I nie uwierzysz, ale nasze drogi w Polsce się kilka razy przecięły, otarłyśmy się o siebie, choć się nie poznałyśmy. Obie na przykład chodziłyśmy z tym samym chłopakiem. Ja studiowałam w Gliwicach, a ona przyjeżdżała tam do rodziny. Bywałyśmy w tych samych miejscach. To jest naprawdę niesamowite. A teraz nagle jesteśmy dwie. Gdy się poznałyśmy, siostra miała jedną wnuczkę, teraz ma sześcioro wnucząt. Mój syn wtedy jeszcze nie miał żony. Teraz mam synową i dwoje wnuków. Rodzina robi się coraz większa. A my się spotykamy.

Kłócicie się?

Czasem jakiś temat wyskoczy i nie mamy tego samego zdania. Wtedy potrafi być ostro. Gdybyśmy się razem wychowywały, to pewnie bardziej byśmy szły na noże. Żyjemy jednak w dwóch różnych światach. Polska i Dania to nie jest to samo. Siostra jest znacznie aktywniejsza niż ja. Po przyjeździe do Danii zrobiłam się bardziej zrelaksowana. Ona mnie podkręca, ja ją wyciszam. Jestem już na emeryturze, a ona wciąż pracuje, choć już oczywiście nie w pełnym wymiarze godzin. Jest dentystką.

Opowiadasz jej o rodzinie?

Była jeszcze jedna ocalała siostra naszego taty. Mieszkała w kibucu w Izraelu. Wyjechała tam w 1933 roku jako pionierka. Miała tam męża i trójkę dzieci. Powiedziałam siostrze: „Pakuj kostium kąpielowy, jedziemy do cioci". Mój syn kupił mi w Danii przewodnik po Izraelu, a jej syn w Polsce przewodnik po Ziemi Świętej – niespecjalnie się różniły. Miałyśmy fantastyczną podróż. Nasz kuzyn prowadzi przy kibucu australijskie zoo, jest tam rzeka i basen. Ciocia powitała nas słowami: „Nie jestem w stanie was odróżnić. Obie ubrane na biało". Oprócz nas tylko ona ocalała z rodziny taty. Opowiadała nam o dziadkach, o tacie, o pozostałym rodzeństwie – było ich w sumie pięcioro. Najstarsza siostra umarła przed wojną na serce, obu braci wywieziono do Bełżca, tatę zastrzelono w getcie. Podała nam adres, gdzie jej rodzice, czyli nasi dziadkowie, mieszkali w Mościskach. Nie wiedziała, co się z nimi stało. Wywieźli ich czy zdążyli umrzeć w getcie? Ciocia bardzo się zżyła z Teresą. Była wzruszona, a Teresa wspaniale się nią zajmowała.

Nasza mama miała dwójkę dzieci i musiała je rozdzielić, by ocalały. Nie wyobrażam sobie tego – rozstać się z półrocznym dzieckiem i z trzyletnim dzieckiem – co mama musiała czuć? Nie wiedziała, czy przeżyłyśmy. Szczęśliwie dla mnie tak się złożyło, że jednak miałam naszą mamę przez parę lat. Siostra nie miała… Ja cały czas wiedziałam, że mam siostrę. Nie wiedziałam tylko, czy żyje i jeśli tak, to gdzie jest. Ona nie wiedziała nic.

Mój przyjaciel z Kalifornii tak skomentował wieści o odnalezieniu mojej siostry: „Myśmy się z twoim kuzynem zawsze z ciebie śmiali, gdy mówiłaś o siostrze. Myśleliśmy, że to twoja fantazja". A jednak była siostra. I jest. Dobrze nam razem. Pierwszego wieczoru, gdy siedziałyśmy we dwie, weszła jej córka i powiedziała: „Mamo, jak na was patrzę, to wyglądacie, jakbyście się nigdy nie rozstawały". Inni mówią, że taki był los, takie przeznaczenie. A ja czasem myślę, że to przecież mogłoby się nie wydarzyć albo wydarzyłoby się za późno. Znacznie młodsi od nas ludzie umierają nagle. A my już dwadzieścia lat żyjemy, wiedząc o sobie, znając się, spotykając.

Chętnie bym poznała twoją siostrę…

Nie wiem, czy będzie chciała rozmawiać. W Polsce jest jednak inaczej…

Braciszek
(rozmowa z Chaną, Holon)

W 1939 roku, gdy się zaczęło bombardowanie, tata zostawił rodzinę i pojechał bronić Warszawy. Siedzieliśmy w mieszkaniu
w Łodzi i wszyscy dorośli narzekali na mojego ojca. Jak mógł
zostawić żonę i dzieci? Mnie bardzo bolało, że tak niedobrze
mówią o moim tatusiu. Minęły dwa miesiące i nagle do Łodzi
przyjechał piętnastoletni chłopak. Przywiózł list od ojca. Pisał,
że chce przejść granicę rosyjską, idzie do Białegostoku i tam
będzie na nas czekał. Dwa razy uciekałyśmy z Łodzi. W końcu
się udało. Dotarłyśmy do granicy nad Bugiem. Nie wolno było
jej legalnie przechodzić, ale wielu strażników zdawało sobie
sprawę z tego, że to Żydzi próbują się przedostać. Kazali nam
czekać, aż Bug zamarznie, i potem przymknęli oko. My, dzieci,
wiedziałyśmy, że jak dorośli każą być cicho, to naprawdę nie
można się odezwać ani zapłakać. I milczałam. Przeszliśmy na
drugą stronę. Tam czekał na nas tata. Przejmowali nas, pako-
wali w pociągi i wysyłali w różne miejsca do pracy. Mnie i moich
rodziców wysłali na Ural. Nie wiem, czy moi rodzice zdawali
sobie sprawę z tego, dokąd nas wiozą, na jakich zasadach. Jechaliśmy wiele dni w strasznych warunkach. Aż dojechaliśmy.

Zima tam trwa dziewięć miesięcy. Śnieg pada od września i leży do końca maja. Minus trzydzieści stopni. Ubrań nie
mieliśmy. Wodę trzeba było nosić ze studni, a ona po drodze

zamarzała. Urodził się nam braciszek. Rodzice cały czas naiwnie myśleli, że wojna zaraz się skończy. Uciekaliśmy od wojny, a ona podążała za nami. Zza Uralu do Stalingradu. Ojca teoretycznie nie można było wziąć do wojska, ale mimo to go wzięli. Mama została sama z trójką dzieci. Siostra miała jedenaście lat, chodziła z mamą do pracy, a ja zostawałam z braciszkiem. Płakał. Wiedziałam, że jest chory. Zrobili mu kołyskę z chusty przewieszonej przez sufit. Śpiewałam mu, opowiadałam, kołysałam go, mówiłam do niego, a on wciąż płakał. I nagle przestał. Zajrzałam do kołyski – oczy miał otwarte, buzię otwartą, nieruchomą. Czy zdawałam sobie sprawę, co się stało? Nie umiem tego do końca powiedzieć. W każdym razie kołysałam go dalej i śpiewałam, minęło sporo czasu, mama z siostrą wróciły. Mama zajrzała do kołyski, popatrzyła na dziecko. Umarło. Spojrzałam na nią i dopiero wtedy wybuchłam płaczem. Moja biedna mama nie wiedziała, co zrobić ze mną, co zrobić z tym dzieckiem. Od tego momentu zaczęłam się okropnie jąkać. Mama pochowała synka i powiedziała, że nie można żyć w takich strasznych warunkach. Racje czarnego chleba, które dostawałyśmy, były śmieszne – dwieście gramów. Raz siostra zjadła moją porcję. Mama strasznie na nią nakrzyczała. Siostra przez lata miała o to do mnie żal. Jak leciały samoloty, chowałam się pod łóżkiem, myślałam, że to mnie uchroni. O Zagładzie dowiedzieliśmy się dopiero w Polsce. W Związku Radzieckim o tym się nie mówiło, to było tam zabronione. Były gazety, ale w nich o Holocauście ani słowa. Rodzice zaczęli szukać swojego rodzeństwa, rodziców. Nikogo nie odnaleźli. Rozpaczali. W ciągu pięciu lat zniknął cały ich świat. Do naszych mieszkań w Łodzi nie pozwolono nam wejść. Nie chcieli mnie przyjąć do pierwszej klasy, bo się jąkałam. Powiedzieli, że trzeba dać mi trochę czasu. I rzeczywiście w końcu mi przeszło. Przez całe wojenne dzieciństwo nie miałam zabawek. Dopiero gdy urodziły się moje dzieci, zrozumiałam, co straciłam.

Spotkanie

Któregoś dnia, kilka miesięcy po rozmowie z Ewą, odprowadzałam syna na wyjazd organizowany przez Centrum Społeczności Żydowskiej w Warszawie.

– Patrycja Dołowy? – zwróciła się do mnie jego opiekunka. – Myślę, że musi pani wreszcie poznać moją babcię Teresę.

Siostra
(rozmowa z Teresą, Szprotawa)

Teresa: Leciałam z Danii do Polski. Moja współpasażerka wracała z wycieczki. Zapytała mnie, skąd wracam. „Od siostry". „Pani ma siostrę?" „Tak, od kilku lat". „Jak to »od kilku«?" – zdziwiła się. Opowiedziałam jej swoją historię. Płakała. Ja nie.

Po niemalże dwudziestu latach od spotkania z siostrą moje uczucia są już złagodzone. Dziś opowiadam tę historię prawie normalnie. Lecz w momencie, kiedy się dowiedziałam o istnieniu Ewy, przeżyłam wstrząs. Miałam pięćdziesiąt osiem lat. Całe życie w katolickiej rodzinie. I raptem okazało się, że moi rodzice byli Żydami, że mam siostrę Żydówkę. Nie chodziło nawet o pochodzenie – nigdy nie miałam uprzedzeń, podobnie mój mąż, a moja córka zawsze była filosemitką, ale kiedy nagle spada na ciebie taka wiadomość, to jest szok. Na początek potrzebowałam to z siebie wyrzucić. Mówiłam od razu wszystkim, dzwoniłam do znajomych, bliższych i dalszych. Wchodziłam do sklepu i pytałam: „Czy jest koszerna?". Chciałam, żeby wszyscy w Szprotawie wiedzieli. Nie było koszernej, więc wzięłam szampana i poleciałam do mojej przyjaciółki Ewy, psycholożki. Pogadałyśmy. Powiedziała, że powinnam się cieszyć i być dumna z tego, że jestem Żydówką. To znaczy z czego? Przecież to nie moja zasługa… W pracy też wszystkim powiedziałam. Przyjaźniłam się z wieloma starszymi od siebie kobietami. Wydaje mi się, że podświadomie szukałam w nich biologicznej matki, której dotąd nigdy nie poznałam. Byłam blisko z panią Martą – bardzo się lubiłyśmy. Zostałam chrzestną jej wnuczki Magdy. Wstąpiłam później do pani Marty do domu i powiedziałam: „Muszę pani coś powiedzieć, tylko czy pani mnie będzie dalej lubiła? Jestem Żydówką", a ona mnie przytuliła i powiedziała: „Kimkolwiek pani jest, zawsze będę panią lubiła". Potem mówiła z dumą, że jej wnuczka ma chrzestną Żydówkę. Zapytałam wtedy: „A Magda jest w domu?". „Kąpie się". Nie czekałam, tylko poleciałam pod drzwi łazienki i zaczęłam krzyczeć: „Magda, muszę ci coś powiedzieć, jestem Żydówką!". Wyszła i razem się popłakałyśmy.

Od momentu, kiedy się dowiedziałam, że mam siostrę, do chwili spotkania z Ewą minęły dwa najdłuższe tygodnie w moim życiu.

Ewa mówiła, że Minko dodzwonił się do pani męża, a ten powiedział, że nie macie przed sobą żadnych tajemnic, więc to on pierwszy się dowiedział.

Teresa: A mąż przyleciał do mnie do pracy i powiedział: „Usiądź. Po pierwsze, masz siostrę. A po drugie, jesteś Żydówką". Tadek, zrób sobie kawę i chodź do nas. Tak to było? Wiem, że ciebie już to nudzi.

Tadek: Ależ bardzo dobrze, że rozmawiacie. Wygadasz się teraz i przez tydzień będziesz miała z tym spokój. Tak, to ja przekazałem wieści żonie. Po latach Minko powiedział mi, że te dwie odnalezione siostry to była jego największa przygoda dziennikarska. Ten odcinek to był wyciskacz łez.

Teresa: Spotkałyśmy się na Okęciu. Powiem pani szczerze, patrzyłam na Ewę jak na kobietę, z którą owszem, coś mnie łączy, ale bez wielkich emocji. Byłam tak zszokowana, że nie wiedziałam, co się ze mną dzieje. Dla Ewy to było ogromne przeżycie. Bardzo płakała, a ja nie. Dotykałam jej, przyglądałam się jej. Pierwsze, o co zapytałam, to czy mama żyje. Od kiedy się dowiedziałam, że nie jestem dzieckiem swoich rodziców, mama śniła mi się po nocach. Dopiero gdy Ewa odpowiedziała, że nie, zaczęłam płakać. Za utraconą mamą, której już nigdy nie zobaczę. Dziennikarz nas filmował, ale w ogóle nam to nie przeszkadzało, pogodziłyśmy się z tym, że to cena naszego spotkania, zapomniałyśmy o nim i o kamerze, zajmowałyśmy się tylko sobą nawzajem. Pojechaliśmy na grób mamy. Mój syn był z nami. Jest bardzo religijnym katolikiem. Pomodlił się tam. „A ty się pomodliłaś na grobie swojej mamy?" – zapytał, gdy odeszliśmy. „No gdzie, Albert?! Jak zobaczyłam te napisy?!" To też był szok. Ewa potem mi szepnęła: „Możecie się modlić, jak chcecie, tylko nie przynoście na żydowski cmentarz krzyży, to mogłoby zostać źle odczytane…". Oczywiście! Ona nie była religijna, a jej mąż, Polak, był wysoko postawionym aparatczykiem. Powinnam była powiedzieć: „mama" i „mąż mojej mamy", a nie: „ona" i „jej mąż" – widzi pani, tyle lat minęło, a ja wciąż nie mówię o niej: „moja mama". Ewa też zresztą nie mówi: „nasza mama", tylko: „moja mama", choć zwykle po chwili się poprawia. Przyjechaliśmy wszyscy do Szprotawy. Czekała na nas moja rodzina, mąż i córka. Mąż zrobił nam niespodziankę – przygotował drobiażdżki dla siostry i mnie – po wisiorku serduszku z kluczykiem na cieniutkim złotym łańcuszku. I powiedział: „Życzę wam, siostry, żebyście odnalazły klucz do swoich serc". Tak symbolicznie. Byłyśmy bardzo wzruszone. Wydaje mi się, że znalazłyśmy ten klucz. Mieliśmy dylemat, czy przygotować (lub gdzieś zamówić) koszerne jedzenie. Okazało się jednak, że Ewa nie jest praktykującą żydówką, więc dla niej koszer jest równie obcy jak dla mnie. Zaprosiłam do siebie przyjaciół, by ją poznali. Wszyscy ją zaakceptowali i ona też bardzo dobrze się z nami czuła.

Od razu miałyście o czym rozmawiać?

Teresa: Wypytywałam Ewę o mamę: jaka była, jak wyglądała. Powiedziała, że jestem do niej podobna, że mama też była blondynką. Obie z Ewą mniej więcej w tym samym okresie życia nosiłyśmy tę samą fryzurę – dwa grube warkocze. Każda z nas była po nich rozpoznawalna. I obie ścięłyśmy je na trzecim roku studiów. Mama też miała warkocze. Dowiedziałam się, że zrobiła maturę przed wojną, a tuż po niej studia prawnicze. Ewa opowiadała, a ja słuchałam i myślałam, jaka to zupełnie inna rodzina niż moja. Moi rodzice byli prostymi ludźmi, choć z niezwykłym głodem nauki. Dlatego było oczywiste, że ja będę lepiej wykształcona – rodzicom bardzo na tym zależało i wspierali mnie w edukacji. Mama sama miała wprawdzie ukończone cztery klasy, ale pozostali członkowie jej poniemieckiej rodziny już siedem, a wszystkie ich dzieci skończyły studia. W tej rodzinie panował kult nauki, któremu zawdzięczam wykształcenie. Moje studia medyczne to był zresztą przypadek. Zrobiłam maturę, byłam najlepszą uczennicą, miałam same piątki i zastanawiałam się, dokąd iść na studia i jaki wybrać kierunek. Każdy nauczyciel pchał mnie w swoją stronę. Łacinnik wysyłał mnie na romanistykę do Warszawy, polonista na Uniwersytet Jagielloński do Krakowa, a ja sobie pomyślałam: a właśnie że pójdę na medycynę. Zabawne, bo fizyka była moją piętą achillesową. Dobrze, że byłam dobra z chemii i matematyki. W tamtych czasach ostatni etap to był egzamin ustny, a ja zrobiłam dobre wrażenie – osoby, która będzie się chciała uczyć – mimo że trochę pokręciłam prawa Kirchhoffa. Jeszcze tego samego dnia koleżanka powiedziała mi, że na pewno się dostałam, bo widziała ptaszek przy moim nazwisku. Poza tym gdy wychodziłam z sali, usłyszałam, jak jeden człowiek z komisji powiedział do drugiego: „Dajcie dziecku akademik, bo przecież zginie w tym Szczecinie". Szczęśliwie skończyłam studia i całe życie pracuję jako dentystka. Bardzo to lubię.

Ewa musiała wracać do Kopenhagi na urodziny, na które już pozapraszała gości...

Teresa: Przed wyjazdem nalegała, żebyśmy poznały naszą żyjącą ciotkę, z pokolenia wyżej od nas. Zdążyłyśmy odwiedzić ją w Izraelu. To była siostra naszego ojca. Światła, fajna, mądra, bardzo się z nią związałam. Powiedziała mi: „Słuchaj, cieszymy się, że cię odnaleźliśmy, ale pamiętaj o rodzicach, którzy cię wychowali, powinnaś na zawsze zachować dobre myśli o nich". Tak pięknie mówiła o moich rodzicach. Niestety, nie zdążyłam już poznać cioci z Kanady i wujka z Florydy. Ciocia pisała książki, między innymi *Macierzyństwo za drutami**, co powinno panią zainteresować. Bardzo wzruszająca lektura. Osobiście nie spotkałam cioci, ale korespondowałyśmy. Wujek z kolei był najmłodszym rodzonym bratem naszej matki. Było ich jedenaścioro, czworo przeżyło. W tym mama, która nas oddała i poszła na służbę do Niemców. Tak przetrwała. Wróciła i odnalazła Ewę, a mnie nie. Moje dzieci czasem mówią, że może jednak mnie odnalazła, ale dopiero wtedy, kiedy już chorowała, i jak zobaczyła, że jestem w dobrej rodzinie, to nie chciała mi tego psuć, bo wiedziała, że jest umierająca. Przecież jej mąż miał zaszczytną funkcję, liczne znajomości. Jak to możliwe, że taka osoba nie potrafiła mnie odnaleźć? Nie dowiemy się tego już nigdy.

Jak Szprotawa przyjęła te wieści o pani? To w końcu nie jest wielkie miasto, gdzie mieszkańcy są anonimowi...

Teresa: Ludzie powoli się o mnie dowiadywali, bo niczego nie ukrywałam. Potem zaczęły się w telewizji pojawiać zapowiedzi poświęconego nam odcinka programu *Ktokolwiek widział, ktokolwiek wie*. Miał iść w niedzielę o dwudziestej pierwszej. Podczas jego emisji ulice Szprotawy były puste. Wszyscy usiedli przed telewizorami, żeby obejrzeć „naszą dentystkę". „Nasza dentystka Żydówka". Następnego dnia w pracy w poczekalni kłębiło się mnóstwo ludzi, jak to w poniedziałek rano. Weszła nasza szprotawska „pani wszystkowiedząca" i powiedziała niemal z płaczem: „No jak to tak, wszyscy w poczekalni o tym mówią, a ja o tym wcześniej nie wiedziałam!". Ironia losu. Nie robiłam z tego tajemnicy. Kto mnie lubił, mówił: „Żydówka, taka fajna!", a kto nie lubił: „A wiadomo, Żydówka". Przecież zawsze

---

* M. Epsztein, *Macierzyństwo za drutami. Wspomnienia 1940–1980*, Montreal 2005.

tak jest. Tylko pani w naszym osiedlowym sklepie szepnęła z troską: „Taka piękna historia, piękna, ale po co pani się przyznała?". Mam się wstydzić swoich korzeni? Mój tryb życia się nie zmienił. Nawet dalej chodzę do kościoła. Mąż nie chodzi, ale wcześniej też nie chodził, poza tym on akurat Żydem nie jest. Jeden znajomy mojej siostry mnie naciskał: „Zdecyduj się w końcu, kim jesteś". Jak to kim? Jestem tą samą osobą, którą byłam.

Z Ewą fizycznie może nie jesteśmy do siebie podobne, ale charakterologicznie to bardzo. Pani zresztą ją poznała – jak pani myśli?

Że są panie podobne.

Teresa: No właśnie, dlatego gdy się kłócimy, to aż drzazgi lecą. Najpierw się tylko obwąchiwałyśmy, ale odkąd się do siebie zbliżyłyśmy, oswoiłyśmy ze sobą, to potrafimy się też pokłócić. Co by to było, gdybyśmy za młodu mieszkały pod jednym dachem? Ale oczywiście kształtowały nas zupełnie inne środowiska. Ewa po śmierci mamy została z ojczymem i macochą. Jej ojczym był wysoko postawiony w KC. To był zamożny dom. Jeździli na wczasy do Zakopanego, tymczasem mnie się o takich rzeczach nawet nie śniło. Mój dom nie był bogaty, raczej tradycyjny. Aczkolwiek moje potrzeby zawsze stały w nim na pierwszym miejscu. Ojciec kochał mnie małpią miłością. Dzieciństwo miałam chyba szczęśliwsze niż siostra. Ewa przeżyła śmierć mamy, musiała zamieszkać z ojczymem i jego kolejną żoną. Na studia pojechała daleko od Warszawy. W dodatku żyła ze świadomością, że gdzieś tam jest jej siostra. To się kładło cieniem na jej życie, miała wyrzuty sumienia, że przez tyle lat nie udało jej się mnie odnaleźć...

To jakie było pani dzieciństwo?

Teresa: Moja mama pochodziła z rodziny osadników niemieckich. Dziadek mieszkał na wsi, był głuchoniemy, trudnił się kowalstwem. Jego rodzeństwo miało wyższe wykształcenie, a jego jako niepełnosprawnego tylko nauczyli zawodu. Mama nie miała dobrych relacji ze swoją macochą, drugą żoną dziadka. Bardzo szybko opuściła dom rodzinny i poszła do Lwowa na służbę, a potem pracowała na kolei jako konduktorka i tam poznała mojego tatę, który pochodził z Tarnopolszczyzny. Długo byli małżeństwem, nie mieli dzieci. Wybuchła wojna. Mama była wierząca, chodziła do kościoła. Ksiądz na kazaniu mówił, że w domach dziecka jest tyle sierot i trzeba je brać, inaczej nie przeżyją, bo siostry nie mają ich czym karmić. Mama poszła więc do unitek i tam zobaczyła mnie. Dzieci dobierali według podobieństwa fizycznego, a ja byłam do swojej przybranej mamy podobna. (Do obu moich mam byłam! Obie miały duże niebieskie oczy). Tak do nich trafiłam. Miałam odleżyny, byłam jedną, wielką raną. Mój ojciec specjalnie jeździł pod Lwów i zbierał zioła. Rodzice wyleczyli mnie, pokochali, a potem zaczęli się bać, że jak wojna się skończy, znajdzie się moja biologiczna mama i mnie zabierze. Rozumiem ich, bardzo mnie kochali. Zmieniali miejsca zamieszkania, żeby zatrzeć ślady. Gdy wojna się skończyła, zatrzymaliśmy się na zachodzie Polski. Tam zdałam maturę i poszłam na studia do Szczecina. A o Śląsku Ewa pani opowiadała?

Mówiła, że była niejedna sytuacja, w której mogłyście się spotkać.

Teresa: Gdy opowiadam to ludziom, wszyscy kręcą głową z niedowierzaniem i mówią, że to niemożliwe. Przyrodni brat mojej mamy, wujek Tesz, mieszkał w Gliwicach. Jeździłam do niego na wakacje. Do wujka przychodził niejaki Witek, student politechniki, przyjaciel mojego kuzyna z roku. Wpadłam mu w oko i zaczęliśmy się spotykać. To była taka wakacyjna, pomaturalna znajomość. Gdy Ewa ze swoją najlepszą przyjaciółką Ireną były tu, w Szprotawie, poszłyśmy na spacer i powiedziałam siostrze: „A wiesz, że mogłyśmy się spotkać wcześniej, bo przyjeżdżałam do rodziny i poznałam u niej kolegę kuzyna, miał na imię Witek, był repatriantem z Rosji i studiował na Politechnice Gliwickiej, przypuszczalnie z tobą na roku. Taki wysoki, przystojny, dobrze tańczył". W tym momencie one obie zaczęły się głośno śmiać. W końcu Ewa powiedziała: „Ja też znałam tego Witka". Okazało się, że chodzili ze sobą. Ich rozstanie było dość burzliwe. Później wystąpiłyśmy w programie telewizyjnym Ewy Drzyzgi i miałyśmy opowiedzieć jakieś śmieszne zdarzenie ze swojego życia, więc wspomniałyśmy o tym Witku. Ewa Drzyzga zwróciła się do kamery: „Jeżeli Witek nas słyszy, to proszę o kontakt". Nim program się skończył, Witek zadzwonił. Umówiliśmy się we trójkę. Poza tym moi rodzice są pochowani w Gliwicach – widzi pani, jak się te nasze drogi bez przerwy krzyżowały. Po wspólnej podróży do Izraela zaczęłam się czuć jak w rodzinie. Czułam, że jestem akceptowana. Chociaż moi rodzice bardzo mnie kochali, to rodzina mamy już niekoniecznie. I czułam to. Mówili o mnie zawsze: „Terenia, córka Mani". Czułam, że jest ze mną związana jakaś tajemnica. Której nie poznałam, bo mama mi nic nie zdradziła.

A kiedy się pani dowiedziała?

Teresa: Gdy byłam na studiach. Najpierw jednak muszę wrócić do dzieciństwa. Po wojnie Żydzi odbierali żydowskie dzieci, żeby odbudować tkankę narodu. Nawet w wypadkach, gdy dzieci nie miały już rodziny, z którą mogłyby zamieszkać. I rzeczywiście było tak, że moja mama bardzo mnie pilnowała. O siedemnastej w domu, to o siedemnastej w domu – nie było ustępstw. Raz byłam u koleżanki i powiedziałam do jej mamy: „Wie pani, muszę już iść, mama nie pozwala mi tak długo być poza domem", a ona mówi: „Eee, mama tak cię pilnuje, bo się boi, żeby cię rodzice nie odnaleźli". Miałam wtedy może osiem czy dziewięć lat. Wróciłam do domu, zapytałam mamę wprost, a ona mnie zbyła, mówiąc, że tamta gada głupoty. Jednak ziarnko wątpliwości zostało zasiane, choć jeszcze daleko mu było, żeby zacząć kiełkować. Rodzice traktowali mnie jak normalne dziecko – gdy coś przeskrobałam, byłam karana. Dziś dzieci wychowuje się inaczej, ale w tamtych czasach to była norma i w takich sytuacjach, co oczywiste, czułam się skrzywdzona i zawsze wracałam do tej myśli, że może to rzeczywiście nie są moi rodzice. Równocześnie dostawałam bardzo dużo dowodów miłości z ich strony.

Ale proszę się częstować ciastem, bo to na pani cześć. Studiowałam w Szczecinie. Gdy za którymś razem przyjechałam do domu, mama powiedziała, że musi ze mną porozmawiać. „Usiądź, bo to będzie trudna rozmowa. Byłam u spowiedzi i ksiądz powiedział mi, że żyję w kłamstwie". Od razu wiedziałam, o czym będzie mowa. Już się domyśliłam. Widocznie tych nieuświadomionych znaków po drodze musiało być znacznie więcej. Miałam dwadzieścia trzy lata. I mimo że tyle miałam przeczuć, to był straszny cios. Zaczęłam płakać i mama też płakała. Gdybyśmy obydwie tak nie płakały, mogłabym zapytać i o dom dziecka, i o to, co wiedzieli o moich biologicznych rodzicach, o wszystko – wtedy był na to moment, ale nie byłam w stanie. A później już nie chciałam wracać do tej rozmowy, żeby mama nie myślała, że to we mnie siedzi. Postanowiłam, że nie będę szukać rodzonych rodziców, póki żyją przybrani, bo sprawiłoby im to przykrość. Gdybym wtedy od razu podała swoje dane Czerwonemu Krzyżowi, wszystko by się wyjaśniło. Znalazłybyśmy się z Ewą te trzydzieści lat wcześniej. Dla mnie to jednak nie było możliwe. Ojciec żył długo – dziewięćdziesiąt siedem lat. Pod koniec życia mieszkał u nas. Był krzepkim lwowiakiem. Po śmierci mamy długo był sam, ale gdy go okradli – zabrali pieniądze, które chował dla wnuków – oznajmił, że nie nadaje się do samodzielnego życia. Raz przybłąkał się pies, a my już mieliśmy jednego znajdę i nie chcieliśmy brać kolejnego. Na co mój tata powiedział: „No wiesz, myśmy cię taką małą sierotkę przygarnęli, a ty tego psa nie weźmiesz?". Córka to usłyszała, była bystrym dzieckiem, u niej też ziarno wątpliwości zostało zasiane.

Rodzina nie wiedziała?

Teresa: Mężowi oczywiście powiedziałam, że nie znam swoich biologicznych rodziców, że moje pochodzenie jest niepewne, ale dzieciom długo nic nie mówiłam. Nie wiem dlaczego. Może z lojalności do swoich rodziców, a ich dziadków? A potem chyba czekałam na odpowiednią okazję. W końcu córce powiedziałam pierwszej. Wiele lat po tamtym zdarzeniu z psem. Jechałyśmy samochodem na grób dziadków. Popłakałyśmy się razem.

Ale wróćmy do momentu, gdy miałam dwadzieścia trzy lata i mama wyznała mi prawdę. Pamiętam, jak jechałam pociągiem i spotkałam koleżankę, która nie mieszkała tam gdzie ja, czyli w Sulęcinie, tylko w innej, pobliskiej miejscowości. W czasach szkolnych mieszkała w internacie. Spytała, czemu jestem taka zapłakana. Powiedziałam jej, że właśnie się dowiedziałam, że moi rodzice są przybranymi rodzicami, a ona spojrzała na mnie i powiedziała: „Renia, ale myśmy wszyscy w szkole wiedzieli!". Cały Sulęcin i okolice wiedziały, wszyscy oprócz mnie! Tajemnica poliszynela. Oczywiście zaczęłam wracać do swoich przeszłych przeczuć i je analizować. Wcześniej wszystkie jakoś tłumaczyłam. Na przykład sformułowanie „Mani córka". Rodzina mamy to byli zamożni ludzie z miasta, a my byliśmy dość biedni, myślałam więc, że nazywając mnie tak, okazują mi swoją wyższość.

Długo nie mogłam pogodzić się z tym, że nigdy nie zobaczę biologicznej matki. Na swój sposób tęskniłam za nią. Nie żeby czegokolwiek brakowało mi od rodziców, po prostu miałam niewypowiedzianą potrzebę, by poznać swoją rodzoną mamę. Byłam ciekawa, jak wyglądała, jaka była, dlaczego musiała mnie oddać, czy przeżyła, czy żyje. Czasem szłam ulicą i gdy mijałam jakąś starszą panią, myślałam sobie: a może to moja mama? I tak żyłam, a potem założyłam własną rodzinę. Siedzieliśmy przy stole w Wielkanoc 1997 roku – tego samego, w którym Ewa mnie odnalazła – i powiedziałam do dzieci: „Wiecie, z mojej strony swoich korzeni już znać nie będziecie". Już tyle czasu minęło od wojny, a ja nie wiedziałam, jak szukać. Najpierw w bazach danych było o wiele mniej informacji, potem się pojawiły, ale nie było oczywiste, jak je przeszukiwać. W telewizji leciał amerykański film (Amerykanie przedstawiają Holocaust bardzo cukierkowo) o Żydówce, niebieskookiej blondynce.

Dzieci stwierdziły, że ona wygląda jak ja. Pojawiły się różne domysły rzucane półżartem: „Mamo, a może ty jesteś Żydówką", pośmialiśmy się i na tym się skończyło. To był kwiecień, a 13 maja dowiedziałam się, że to nie żadne żarty, tylko prawda.

Czym to wszystko jest dziś dla pani?

Teresa: Jako dziecko należałam do harcerstwa. Na jednym z występów recytowałam wiersz o Oświęcimiu (wtedy nie mówiło się: Auschwitz). Nie pamiętam całego tego wiersza, ale wersy o matce i córce tak: „A ta dziewczyna, co spalili ją w ogniu, to była moja córka". Recytując te słowa, płakałam, bo tak głęboko mnie poruszyły. Wtedy jeszcze przez chwilę mówiło się o Oświęcimiu, ale już w latach pięćdziesiątych przestawało się mówić, w każdym razie o Żydach. Jako dziecko bardzo dużo czytałam o nich, nie rozumiałam, dlaczego ich tak prześladowano. Po maturze jeździło się na wycieczki: Kraków, Wieliczka, Oświęcim. Bardzo przeżyłam swoją wyprawę. Hałdy włosów, hałdy butów, hałdy zabawek, prawdziwy smród. Dotarło do mnie, ile tam dzieci zginęło. Przez chwilę myślałam, że może w obozie zabito moich rodziców. Płakałam, bo marzyłam o tym, żeby kiedyś zobaczyć swoją matkę. To była dla mnie bardzo bolesna sprawa. Zawsze czułam się gorsza – ta, która nie ma korzeni. Miałam to z tyłu głowy. I gdy poznałam Ewę, gdy pierwszy szok minął – nie wiem, jak to do końca nazwać – nagle poczułam się taka pewna. Poczułam, że mam bazę, że stoję mocno na ziemi. Poznałam swoje pochodzenie. Zawsze miałam w głowie motyw rozdartej sosny z *Ludzi bezdomnych* Stefana Żeromskiego – według mnie doktor Judym chciał mieć coś swojego, chciał coś przytulić. Mnie też tego brakowało. Gdy urodziłam córkę, pierwszy raz miałam poczucie, że mam coś własnego, potem podobnie było z synem, a drugi raz wróciła ta niezwykła emocja, gdy poznałam swoją siostrę. Trzymałyśmy się za ręce i Ewa cały czas mnie głaskała. Dla niej nie byłam obca. Wtedy poczułam, że jestem bogata.

Ciocia Eda
(rozmowa z Anią, Warszawa)

Całe życie byłam córką swojej cioci. Mówiłam do niej: „mamo", bo dla mnie była mamą. Nic nie wiedziałam o innej mamie. Nie pamiętałam czasu sprzed cioci. Dlatego kiedy mówię „mama", mam na myśli moją ciocię Edę Szydłower. O tym, że ona nie jest moją prawdziwą mamą, dowiedziałam się, gdy miałam piętnaście lat.

Jak się pani dowiedziała?

Przypadkowo. Nie od niej. Od gosposi. To było straszne przeżycie. Tata tłumaczył mi, że ta kobieta była rozżalona i zawistna. Potem usiedliśmy razem i rodzice wszystko mi powiedzieli. To, że mój rodzony tata okazał się bratem mojej mamy (cioci), było dla mnie abstrakcją. Wcześniej nie miałam taty i nie myślałam o tym, bo w tamtych czasach wiele dzieci nie miało ojców. Moja mama-ciocia – będę tak mówić dla porządku, choć ona dla mnie nigdy nie będzie ciocią – po wojnie związała się z człowiekiem, który tak jak ona stracił w getcie warszawskim prawie całą rodzinę. Jego żona, Helena z domu Rabinowicz, absolwentka romanistyki Uniwersytetu Warszawskiego, była uczestniczką powstania w getcie. Zginęła razem z pięcioletnią córką Joasią. Przez te wszystkie przeżycia mój przybrany ojciec był oschły i surowy, a jednocześnie bardzo przyzwoity. Jako człowiek ogromnie mnie interesował. Wiem, że wcześniej był wesoły, nadal miał wspaniałe poczucie humoru. Miał też ciepłe ojcowskie uczucia w stosunku do mnie. Prosił, żebym mówiła do niego po imieniu. Po narodzinach mojego brata zapytałam go, czy mogę mówić na niego: „tata". Zgodził się. Tylko z nazwiskiem mieliśmy problem, bo ja długo nosiłam okupacyjne nazwisko swojej mamy-cioci, Świderska. Naprawdę bliski kontakt z przybranym tatą miałam pod koniec jego życia.

Za to mamę miałam, od kiedy sięgam pamięcią. Ciepłą, dobrą, czułą. Tylko ją. Dlatego wiadomość, że jest moją ciocią, potwornie mnie zabolała. Była jak grom z jasnego nieba.

Wcześniej nie dostawała pani żadnych sygnałów, nie miała żadnych przeczuć?

Nie. Może byłam dziecinna? Mama-ciocia była znakomita. Wszyscy ją lubili. Moje przyjaciółki ją uwielbiały. Co nie znaczy, że mnie nie krytykowała, ale bez przesady. Raczej przyjmowała mnie taką, jaka jestem. Była wspierająca. Mój brat miał schizofrenię i to było bardzo trudne, a ona stanęła na wysokości zadania. Byliśmy szczęśliwą rodziną. Po śmierci mamy-cioci zajęłam się bratem. Nie wprowadziłam się do niego, powiedziałam mu: „Słuchaj, raczej nie powinnam z tobą mieszkać, bo nie jestem twoją mamą". Chciałam go usamodzielnić, ale codziennie go odwiedzałam. Zresztą mój brat był inteligentny, uroczy i miał fantastyczne poczucie humoru. Jak reszta rodziny.

Co pani zrobiła z informacją, że była inna mama?

Póki żyła moja mama-ciocia – nic. Nie starałam się niczego dowiadywać o rodzicach. Szukam dopiero teraz, gdy jestem na emeryturze. Późno, niestety, ale zawsze byłam zajęta. Pracowałam, potem mama-ciocia chorowała i zajmowały mnie inne rodzinne sprawy.

Mama-ciocia nic pani nie opowiadała, gdy już wiedziała, że pani wie?

Mój tata był jej ukochanym bratem. Była do niego bardzo przywiązana, więc wszystko związane z jego stratą było dla niej niezwykle bolesne. Ale jeśli zadawałam konkretne pytanie, odpowiadała. Rzadko to robiłam.

A dziś pani myśli o pierwszych rodzicach?

Tak, teraz tak. Myślę o tacie, o tym, że miał „dobry" wygląd, jak jego siostra, ale nie zgodził się iść na aryjską stronę bez mojej mamy, która nie miała „dobrego" wyglądu, ani beze mnie. I to tatę pierwszego wywieźli na Majdanek w 1942 roku. Zostałyśmy z mamą w getcie same. Podobno ciocia Eda odwiedzała nas i zabierała mnie na spacery do ogrodu Saskiego.

Myślę o swojej rodzonej mamie, Broni Szydłower, o tym, że musiała być bardzo odważna, skoro zdecydowała się oddać dziecko obcym ludziom. Może nie obcym, bo szwagierce, ale pewnie była w tym pełna determinacja. Czy wyobrażam sobie mamę? Nie chcę jej sobie wyobrażać. W ogóle jej nie pamiętam, więc to byłby sztuczny obraz. Zastanawiam się natomiast, co przeżywała, gdy mnie oddawała. I myślę o tym, jak straszną śmiercią zginęła. W komorze gazowej na Majdanku. Pojechałam tam w 2017 roku. Potrzebowałam zobaczyć miejsce, w którym moi rodzice byli i zginęli.

Myślę też o tym, co przeżywała ciocia Eda, gdy podjęła decyzję, by mnie wziąć – dziewczyna, która nigdy wcześniej nie miała dzieci, która zatrudniła się na dobrych, lewych papierach w niemieckiej firmie i świetnie sobie radziła, aż tu nagle zjawiło się dziecko…

To do niej ciągle pani wraca myślami…

Eda nie tylko miała „dobry" wygląd, ale była też niezwykle odważna i świetnie znała niemiecki. Mama i ciocia ustaliły, że ciocia przeprowadzi mnie na aryjską stronę i znajdzie mi bezpieczne schronienie. Zostałam wyniesiona z getta przez robotnika, znajomego cioci, w torbie z narzędziami. Miałam dwa lata. Ciocia znalazła mi odpłatną kryjówkę, ale uważała, że źle mnie tam traktują, i odebrała mnie stamtąd. Zamieszkałyśmy z jej przyjaciółką Haliną Judt – przepiękną dziennikarką, tą, której Witkacy namalował portret podwójny z Michałem Choromańskim. Halina w kółko powtarzała: „Po co ci to, dziecko? Masz przez to tylko kłopoty". Którejś nocy zjawiło się Gestapo. Aresztowali Halinę i słuch po niej zaginął. Mama-ciocia bardzo to przeżyła. Postanowiła znaleźć dla mnie schronienie w innym miejscu. Tak za pośrednictwem „dobrego ducha" cioci Zofii Miłoszewskiej trafiłam do cudownej rodziny Kotlewskich na Sadybę. Zostałam przez nich przyjęta całkowicie bezinteresownie. Oprócz mnie ukrywali też piętnastoletniego chłopca i jego mamę. Ciocia mieszkała w Warszawie i co tydzień mnie odwiedzała. Wszyscy byli przekonani, że to moja mama. Zachowałam stamtąd sielskie wspomnienia. Szczęśliwe dzieciństwo. Mieszkała z Kotlewskimi babcia, którą traktowałam jak swoją. To był otwarty dom, każdy mógł u nich znaleźć schronienie. Mieli syna i córkę. Z Aliną bardzo się zaprzyjaźniłam, a gdy Witolda zabrali na Pawiak, mama-ciocia, wykorzystując znajomości z niemieckiej firmy, pomogła go uwolnić – za łapówkę, którą był środek na potencję.

Gdy skończyła się wojna, mama-ciocia wyszła za mąż za ojca i musieliśmy się przenieść do Gdańska. Ogromnie przeżyłam rozstanie z Kotlewskimi. Wszyscy mnie kochali, a ja ich. Całą rodziną odprowadzali nas na dworzec. Słaliśmy sobie potem paczki, spędzaliśmy razem święta i wakacje. Do tej pory utrzymuję z nimi bardzo serdeczny kontakt. Przez to, że byli mi tak bliscy jak rodzina, dość późno pomyślałam o tym, żeby ich zgłosić do Yad Vashem. Ale w końcu się udało i w 2009 roku ich wnuczki odebrały medal Sprawiedliwy wśród Narodów Świata.

Nasz dom w Gdańsku był pusty w porównaniu do tamtego na Sadybie. Źle znosiłam tę przeprowadzkę. Do Łodzi, a potem do Warszawy wróciliśmy, gdy miałam czternaście lat.

Na początku mojej wizyty pokazała mi pani fotografie...

Mam ich kilka. Okazało się, że zdjęcie ślubne rodziców przechowała ciocia. Dziś te pamiątki są dla mnie bardzo ważne. Dopiero niedawno zdecydowałam się o tym wszystkim mówić. Pomyślałam, że ktoś musi pamiętać o mojej rodzonej matce. Na cmentarzu żydowskim umieściłam tablicę ku jej pamięci. A także taty, wujków i babć. Wszyscy moi przyjaciele uważają, że po prostu miałam dwie mamy i dwóch ojców.

A pani jak to czuje?

Zastanawiam się, kiedy zaczęłam myśleć o swojej pierwszej mamie. Chyba dopiero w ostatnim czasie. Wcześniej tego nie potrzebowałam. Ciocia była jedyną mamą, którą miałam. Myślę, że to byłoby przykre dla mojej pierwszej mamy, niestety nic na to nie poradzę. Nie szukałam jej, bo przez tyle lat w ogóle nie wiedziałam o jej istnieniu. Teraz mam zdjęcia i wiem, że była. Pochodziła z Płocka, więc pojechałam tam, przywiozłam metryki urodzenia rodzonej mamy i jej braci, którzy zginęli, ale nie wiadomo jak. Co mogłam, odszukałam. To nie jest tak, że zupełnie nic.

Odnalazła mnie też rodzina mojej biologicznej mamy. Mieszkają w Kalifornii. Jesteśmy dziś w stałym kontakcie, byłam u nich dwa razy, a gdy oni są w Europie, dzwonią do mnie i się spotykamy. Utrzymujemy niespodziewanie bliskie kontakty.

A wie pani, że moi rodzice nie wyrzucili tej gosposi? Była bardzo dobra dla mojego brata, bardzo go kochała. Mnie nie lubiła, a ja miałam do niej żal. Dopiero pod koniec życia, gdy była chora, wybaczyłyśmy sobie. Zastanawiałam się, dlaczego rodzice nie powiedzieli mi wcześniej. Ale kiedy można powiedzieć dziecku o czymś takim? Może uważali, że dobry moment będzie, jak dorosnę? Ludziom przytrafiają się gorsze tragedie.

Pomyślałam, że powinnam z panią porozmawiać dla mojej mamy, tej pierwszej.

Życie z dwóch połówek
(rozmowa z Jerzym, Śródborów, Otwock)

Bardzo chciałam się z panem spotkać. Osoba, która doprowadziła do wielkiego przełomu w pańskim życiu, była sąsiadką mojej babci z warszawskiej ulicy Narbutta.

Zuzanna Szydłowska, żona Romana Szydłowskiego, teatrologa, który przed wojną nosił nazwisko Szancer. Jego stryj Jan Marcin Szancer był znanym rysownikiem. Moje życie składa się właściwie z dwóch połówek. Na aryjskich papierach byłem przez czterdzieści pięć lat. Do pamiętnego dnia w listopadzie 1987 roku, gdy pojawiłem się w mieszkaniu przy ulicy Narbutta 2 w Warszawie. Miesiąc wcześniej umarła moja ciotka Janeczka, Janina Bander. Jej mąż – brat ojca – Wiktor Witold Bander nie żył od jedenastu lat. Wtedy już niewielu z nas zostało w rodzinie. W czasie pogrzebu ciotki na cmentarzu Rakowickim w Krakowie podeszła do mnie starsza, elegancko ubrana pani. Wręczyła mi kopertę, mówiąc, że Janeczka życzyła sobie, bym to otrzymał. W środku było pięćdziesiąt dolarów, kartka z imieniem, nazwiskiem i adresem oraz liścik: „Kiedy pan będzie w Warszawie, proszę mnie koniecznie odwiedzić. Mam panu coś ważnego do przekazania". Gdy byłem w Warszawie na delegacji, kupiłem kwiaty i udałem się pod wskazany adres.

Zanim pan opowie, czego tam się dowiedział, proszę opisać siebie z tamtego czasu. Kim był Jerzy Bander, nie-Żyd?

Katolikiem, żonatym, ojcem dwójki dzieci. Mój ojciec Ludwik Bander nie miał dużej rodziny, tylko wspomnianego brata w Krakowie, który razem z żoną Janeczką przetrwał na Wschodzie i został repatriowany do Polski. Ale czy to takie dziwne w powojennej Polsce, że nie ma się dużej rodziny? To o niczym nie świadczyło. Moja matka, Urszula Józefa z domu Zakrzewska, miała ambicje, żeby mnie jak najlepiej wyposażyć na życie. Chodziłem na lekcje fortepianu, francuskiego. Bardzo dużo dla mnie robiła. Nie mogę narzekać. Macocha była w sumie dobrą kobietą...

Mówi pan o niej „macocha"? Gdy pan myśli: „mama", to o której z nich?

Mamie, która zginęła, a ja przez tyle lat nie mogłem jej opłakać. Od momentu, gdy dowiedziałem się prawdy, do dnia, w którym poznałem imię mamy, minęło trzynaście lat. Oczywiście byłem związany z rodzicami, ale w dzieciństwie najwięcej czasu spędzałem w Tarnowie w domu swoich przybranych dziadków.

Uważał pan ich za rodzonych dziadków.

Tak, to byli rodzice Urszuli, Józef i Władysława Zakrzewscy. W każdą niedzielę chodziłem z nimi do kościoła. Czytać nauczyłem się z przedwojennych numerów „Rycerza Niepokalanej", antysemickiego pisemka, które mieli u siebie na strychu. Rodzice mieszkali w Bytomiu. Zabrali mnie do siebie, gdy miałem dziewięć lat. Tam poszedłem do trzeciej klasy. I przestałem chodzić do kościoła, bo ojciec należał do partii, był dyrektorem technikum. W Bytomiu skończyłem szkołę średnią, zdałem na politechnikę w Gliwicach. Ukończyłem Wydział Elektryczny i Automatyki w 1967 roku. Zacząłem pracować w Kętach koło Bielska-Białej. 1968 rok spłynął po mnie jak po kaczce. Cała ta antysemicka nagonka do mnie nie dotarła. Zresztą nie dotyczyła mnie bezpośrednio. Przecież nie byłem Żydem... Ożeniłem się z katoliczką, mieliśmy kościelny ślub, ochrzciliśmy dzieci. W latach osiemdziesiątych, za czasów Solidarności, często bywałem w kościele na mszach za ojczyznę. Jeździłem czasem do Krakowa do stryja i stryjenki. Mieli znajomych Żydów, ale nie interesowałem się tym. Wszyscy, cała rodzina – katolicka i żydowska – milczała jak grób. Przez czterdzieści pięć lat!

Aż do pogrzebu ciotki Janeczki?

Dłużej. Oni milczeli niemal do końca. Prawdy dowiedziałem się od pani Zuzanny. Potem szukałem sam. Stryj i stryjenka nie żyli, ojciec nie chciał nic mówić z lojalności do macochy. A gdy macocha się dowiedziała, że już wiem, na trzy lata zerwała ze mną kontakt. Później jej przeszło. Opiekowałem się nią po śmierci taty. Długo, bo dożyła dziewięćdziesięciu lat. Nie była złym człowiekiem, po prostu miała świra na punkcie dochowania rodzinnej tajemnicy. Tak bardzo chciała ukryć nasze żydowskie pochodzenie, że gdy ojciec umarł i podawała dane personalne jego rodziców, to wymyśliła, że jego ojciec był Henryk Bander, a matka Maria Zabłocka. By podkreślić polskość ojca, na grobie kazała mu wyryć: Ludwik Maria Bander.

Ma pan do niej żal?

Już nie, ale miałem. Gdyby nie jej upór, a do tego głupota ojca, który był pod jej pantoflem, to pewnie skończyłbym studia w Krakowie, bo stryjostwo mnie zapraszali. Miałbym znajomych Żydów, wykształconych przyjaciół Janeczki i Witka. Macocha i ojciec trzymali mnie jednak od nich z daleka. Sami zresztą mieli mało znajomych. Jak teraz o tym myślę, to rozumiem, dlaczego nie dopuszczali do sytuacji, bym był z Banderami sam na sam. Do Krakowa jeździliśmy całą rodziną albo oni przyjeżdżali do nas.

Wróćmy do pani Zuzanny…

Powiedziała, że moja ciocia Janeczka była jej przyjaciółką jeszcze z Tarnowa, że po śmierci mojego wujka Witka przyjeżdżała do niej kilka razy do roku, zawsze chodziły razem do synagogi Nożyków na Jom Kippur. Nic z tego nie rozumiałem. Synagoga? Na mojej twarzy musiało się rysować zdziwienie, szybko dodała: „Właśnie dlatego pana zaprosiłam. Choć zupełnie nie wiem, jak mam to panu powiedzieć. Ostatnim życzeniem Janeczki było, żeby się pan dowiedział, że jesteście

Żydami. Pan, pański ojciec, Janeczka i Witek. – Przy okazji wymieniła jeszcze jednego kuzyna. Zawahała się, po czym kontynuowała: – I kobieta, która pana wychowała, nie jest pana rodzoną matką. Jest drugą żoną taty. Pańska mama została zamordowana w więzieniu Gestapo w Samborze. W tym samym więzieniu pan przyszedł na świat".

Pewnie nie może pani sobie wyobrazić, co wtedy czułem. Rozglądałem się po pokoju, nie wiedząc, co ze sobą zrobić. „Musiałam to panu powiedzieć – ciągnęła pani Zuzanna. – Janeczka bardzo cierpiała, że nie mogła wyjawić panu prawdy. Pańska macocha i ojciec chcieli, by miał pan szczęśliwe dzieciństwo. By pan nie cierpiał, jak my wszyscy, którzy codziennie opłakujemy naszych zamordowanych bliskich".

Czułem się, jakbym dostał obuchem w głowę. Dopiero po kilku dniach wyszedłem z dziwnego transu. Poznałem państwa Boratyńskich, do których wysłała mnie pani Zuzanna. Przed wojną mieszkali w Tarnowie. Znali moich rodziców, ale nie pamiętali panieńskiego nazwiska mojej mamy, nie mieli zdjęć. Od momentu, gdy już wiedziałem o naszym pochodzeniu i o mamie, ojciec żył jeszcze cztery lata. Unikał wszelkich rozmów o niej. Jej imię zabrał ze sobą do grobu, musiałem szukać sam. Czekało mnie jeszcze wiele lat poszukiwań.

Trochę nieludzka ta upartość taty…

W sylwestra 2000 roku napisałem wiersz dla mamy: *Kadisz Jatom* – „kadisz sierocy"*. Dopiero wtedy dostałem jej zdjęcie, poznałem jej imię.

Jak to się panu udało?

Nawiązałem kontakt ze Stowarzyszeniem Samborzan. Okazało się, że jeden z jego członków, pan Ludwik Stypka, znał mojego ojca i miał fotografię mojej mamy. Na zdjęciu mama trzyma psa. Pan Ludwik pojechał ze mną do domu, w którym w ostatnich miesiącach wojny ukrywał się mój ojciec. To był

---

* J. Bander, *Kadisz Jatom i inne wiersze*, Warszawa 2011.

dom państwa Wachułków. Najstarsza z sióstr, Maria Wachułka, była sekretarką w gimnazjum żeńskim, w którym ojciec uczył matematyki. Dowiedziałem się, że ktoś mnie – niemowlę – przerzucił z więzienia Gestapo do getta, gdzie była rodzina mamy. Potem Maria Wachułka wyniosła mnie z getta i wzięła do siebie. Niestety, sąsiadom nie podobało się, że dziecko płacze. Zrobili się podejrzliwi, więc Maria oddała mnie do sierocińca franciszkanek Rodziny Maryi w Samborze. Tam przetrwałem do końca wojny, stamtąd odebrali mnie ojciec i macocha. Bardzo chciałem, żeby państwo Wachułkowie otrzymali medal Sprawiedliwy wśród Narodów Świata, niestety dla Yad Vashem mieliśmy za mało świadków. Widzi pani, miałem nie wiedzieć nic, a to był dopiero początek.

Co pan z tym zrobił?

W Stowarzyszeniu Dzieci Holocaustu była mieszkająca na co dzień w Antwerpii Hania, Henrietta Kretz. W czasie wojny znalazła się w tym samym sierocińcu co ja. Postanowiliśmy razem z jeszcze jedną koleżanką, nieżyjącą już Ireną Działak, pojechać do Sambora. Matka, brat i siostra Ireny mieszkali w Drohobyczu. Irena miała żal do matki, że ta przekazała ją polskiej rodzinie. Irena wyjechała do Polski, a reszta jej rodzeństwa pozostała na Ukrainie. Pojechaliśmy do matki Ireny. Miała duży dom po rodzinie, która wyjechała do Izraela. Pierwszego wieczoru zjedliśmy kolację, wypiliśmy wino i Hania poprosiła, żebym opowiedział swoją historię, jak się uratowałem. Powiedziałem, że się urodziłem w więzieniu Gestapo, a Hania dostała dosłownie histerii, bo okazało się, że jako mała dziewczynka była w tej celi, do której mnie wrzucono. Tam było dwadzieścia kobiet żydowskich, które wywieziono do Bełżca. Z tej celi uratowała się tylko ona, bo jej ojciec był lekarzem i przekupił jakiegoś Ukraińca, żeby ją, ośmiolatkę, stamtąd wyprowadził. Zawsze myślała, że zginąłem. Gdy wrzucono mnie nagiego do tej celi i nie było żadnych ciuchów dla dziecka, więźniarki poprosiły ją o pożyczenie płaszczyka i zawinęły mnie w niego.

Położyły mnie gdzieś w kącie celi. Prawdopodobnie gdy gesta-powcy wyciągali stamtąd te żydowskie kobiety, nie zauważyli, że w kącie leży kupa łachmanów, a w nich ja. Potem Polacy sprzątali celę i znaleźli mnie. Sambor to nieduża mieścina. Dowiedzieli się, czyje to dziecko. Ktoś mnie zaniósł do getta. W ten sposób ocalałem. Pod czyją opieką byłem w getcie, do dzisiaj nie wiem. Wachułka zajęła się mną po likwidacji getta.

Hania płakała i krzyczała na zmianę: „Ty jesteś mój dzidziuś!". Od tego czasu jesteśmy jak brat i siostra. To Hani zawdzięczam odnalezienie żydowskich kuzynów. Między innymi cioci Heli z Kirjat Mockin, przedmieść Hajfy. To właśnie ona, kuzynka ojca, Helena Flajszfarb z domu Nacht, pierwsza do mnie zadzwoni-ła. Nasza rozmowa była do niczego. Ona płakała i ja płakałem. Potem pisaliśmy do siebie. A w 2003 roku z moją obecną żoną (wtedy jeszcze nią nie była) wyjechaliśmy na dwa tygodnie do Izraela. Zamieszkaliśmy niedaleko cioci Heli.

Pana życie kompletnie się zmieniło, prawda?

Rozwiodłem się, pojechałem na żydowskie wakacje, pozna-łem tam swoją obecną żonę. Razem wyjechaliśmy do Izrae-la. Najpierw na dwa tygodnie, a w końcu na całe cztery lata. W 2009 roku wróciliśmy do Polski i zamieszkaliśmy w Sztu-towie. Moje życie jest jak przecięte na pół, ale jedno się nie zmieniło. W dzieciństwie mieszkałem obok obozu zagłady – siedemnaście kilometrów od Auschwitz, a teraz mieszkam obok dawnego obozu zagłady – pół kilometra od Stutthofu.

I zaczął pan pisać…

…Wiersze, opowiadania, musiałem to jakoś z siebie wyrzucić.

Wcześniej pan nie myślał o pisaniu?

Wcześniej w ogóle nie przyszłoby mi to do głowy. Do dziś wydałem już dwa tomy wierszy i tom opowiadań. Opłakuję w nich rodzinę, której nie znałem. Opłakuję mamę, której twarz zastygła na zdjęciach od pana Stypki i tych przechowa-nych w czasie wojny przez ciocię Helę. Twarz, która już nigdy się nie zestarzeje.

Zmowa milczenia
(z rozmowy z Olą, Warszawa)

Kiedy chodziłam do podstawówki, zadano nam napisanie opowiadania na temat: „Moja mama". Chyba dostałam dwóję, bo wszystko, co o niej wydusiłam, zamykało się w jednym zdaniu: „Moja mama ciężko pracuje i rzadko ją widuję". Zawsze była ze mną i przy mnie, to było dla mnie tak naturalne jak to, że otacza mnie powietrze. Dzięki niej nie czułam zagrożenia. To ona umierała ze strachu, kiedy ja nic nie rozumiałam.

Mama zbywała mnie w bardzo wielu kwestiach. Zaczynała mówić i nie kończyła. Kiedyś wspomniała coś o łaźni. Innym razem o tym, jak budowali szałas na Brzeskiej i jacyś niedobrzy ludzie wrzucali im tam koty. Nie wiedziałam, o czym mówi. Słuchałam tego jak bajki o żelaznym wilku. Dziś już wiem o swoim pochodzeniu, o którym mama do śmierci nie chciała mi powiedzieć. Dopiero od czasu, kiedy się dowiedziałam, mogę przeanalizować swoją historię. Gdy mama umierała, nie wiedziałam jeszcze nic na pewno o naszym żydostwie, ale miałam przeczucia. Mama była już słaba, czasem się przebudzała. Nachyliłam się nad nią i powiedziałam: „Mamo, wiem o naszym pochodzeniu". Ścisnęła mnie za rękę i szepnęła: „Błagam cię, nie mów nikomu".

Moja mama i brat byli ze sobą bardzo mocno związani, tylko oni znali prawdę i pewnie czasami o tym rozmawiali. Dogadali się, żeby mi niczego nie mówić, nie wtajemniczać mnie. Trzymali z dala ode mnie ludzi z naszej rodziny. Aż raz się zdarzyło, że przyjechał gość z zagranicy. Robiłam wtedy doktorat, guzik mnie to obchodziło. Ale on poprosił, żebym odwiozła go do hotelu. Zaprosił mnie na górę, żeby ze mną porozmawiać. A ja głupia myślałam, że starszy pan mnie podrywa. Powiedziałam, że nie mam czasu. Wysadziłam go pod Bristolem i odjechałam. I to był mój największy błąd w życiu. Potem się dowiedziałam, że ten starszy pan był ciotecznym bratem mojej mamy. Mieszkał w Paryżu. Po śmierci mamy odnalazłam ich korespondencję.

Koleżanka zarzuciła mi, że nie mam pojęcia o wojnie, bo cały czas byłam z mamą. To prawda – byłam z nią i nigdy nie trafiłyśmy do getta. Mam świadomość okropnych przeżyć mojej matki związanych ze strachem o dzieci. Przypominam sobie różne sceny z czasu wojny i dziś zdaję sobie sprawę z ich dramatyzmu. Natomiast wtedy, gdy miałam cztery czy pięć lat, to było dla mnie życie jak dziś. Innego nie znałam. Może zacznę od początku. Mój ojciec był Polakiem, zawodowym wojskowym. Wrócił w 1939 roku z frontu, uciekł z niewoli na Wschodzie. Później to był temat tabu. Zapadła decyzja. Nie idziemy do getta. Ojciec wywiózł nas wszystkich sto kilometrów za Warszawę, do Życzyna – na wieś całkowicie odciętą od świata, otoczoną lasami, z której było pięć kilometrów do stacji kolejowej, tyle samo do bitej drogi. Brak elektryczności. Mieszkała tam daleka kuzynka ojca, która wyszła za mąż za Stanisława Paca, właściciela ziemskiego. Nie zamieszkaliśmy u nich, tylko w wynajętym pokoiku w chałupie wiejskiej, blisko lasu. Mój ojciec został przez Paca zatrudniony w młynie wodnym jako zarządca. Póki ojciec żył, w moim odczuciu byliśmy szczęśliwi, bawiłam się z miejscowymi dziećmi, brat się mną opiekował. Sielanka. W młynie, który pracował tylko nocą, młynarczykiem był młody, dwudziestokilkuletni chłopak. Był łobuzem i pijakiem, okradał chłopów i właściciela. Ojciec miał z nim na pieńku. Dokładnie w nocy 25 lutego ktoś zapukał do naszego okna, mówiąc, że przyjechali chłopi i trzeba puścić młyn. Ojciec poszedł i już nigdy więcej nie wrócił. Prawdopodobnie wywiązała się bójka między nim a młynarczykiem. Młody wepchnął tatę w tryby. Morderca wrócił do domu, krzyknął do swojej siostry: „Zabiłem Śmietanowskiego!". Zebrał jakieś rzeczy i uciekł. Następnego dnia, w swoje dwunaste urodziny, mój brat zbierał szczątki ojca z rzeki Okrzejka. Mama się załamała. Mnie oddano do zakonnic. Na pogrzeb przyjechało rodzeństwo ojca. Zarzucali mamie, że to przez nią ich brat zginął. Nie zaofiarowali nam pomocy. Zostaliśmy pod opieką Paców. Zaczęły się intensywne zabiegi o wyrobienie nam dokumentów, musieliśmy zniknąć ze wsi. Zabrał nas do siebie przedwojenny kolega taty z wojska. Podobno za pożyczone od mojego ojca pieniądze wygrał w loterii państwowej dużą sumę. Kupił za nią majątek ziemski niedaleko Życzyna. Uznał, że powinien się nami zaopiekować. Był jednak poważny szkopuł – jego alkoholizm. Ten kolega ojca skumał się z miejscowymi Niemcami, których zapraszał na libacje. Wstydził się swojej żony – wiejskiej dziewczyny, więc zmuszał moją matkę, żeby pełniła honory domu. W pijanym widzie w każdej chwili mógł powiedzieć, że jest Żydówką. Wiedział o tym. Gdy szedł, mama wsuwała mnie nogą pod łóżko, pamiętam to. Mój brat schodził mu z drogi, ale raz został poszczuty przez niego psami. Pewnej nocy przyjechał po nas furmanką szwagier mordercy mojego ojca, bardzo porządny człowiek, i zabrał nas stamtąd do Paców, a ci wysłali nas do Warszawy. Trafiliśmy na Kamionek, na plebanię. Proboszczem był tam rodzony brat Marii Pacowej, ksiądz Kazimierz Wasiak. Mama udawała jego gosposię z dzieckiem, czyli ze mną, a mój brat trafił na Wolę do siostry naszego ojca, dosyć prymitywnej kobiety. Był tam bardzo źle traktowany. Trzymali go w chlewiku, ciotka krzyczała, że nie będzie darmozjadowi – Żydkowi – dawała jeść. Ja tymczasem na Kamionku czarowałam księży. Zostałam wielką katoliczką.

Blondyneczka z niebieskimi oczami. Mieszkający tam najstarszy syn Paców, Jurek, bardzo mnie lubił. To się zdarza, że taka smarkula zdobywa sympatię osiemnastoletniego chłopaka. Trzymaliśmy ze sobą sztamę. Kiedyś, gdy było bombardowanie i wszyscy zeszli do schronu, ja zostałam w łóżku, bo miałam gorączkę. Gdy Jurek się dowiedział, wrócił po mnie, owinął mnie w koc i wyniósł pod ostrzałem. Potem poszedł na ochotnika do wojska, zginął na froncie niemieckim. Miał dziewiętnaście lat.

Po aryjskiej stronie był jeszcze najmłodszy brat mamy. Miał „dobre" papiery i „dobry" wygląd. Któregoś dnia przyjechał po mnie. Zabrał mnie na Żytnią pod mur getta. Getto się paliło, wujek trzymał mnie mocno za rękę i płakał. A ja nie wiedziałam dlaczego. Tam, w środku, była jego matka. Przywiózł mnie w nadziei, że babcia wyczuje moją obecność i pożegna się ze mną. Nasz opiekun ksiądz Wasiak tuż przed powstaniem warszawskim wysłał nas z powrotem do Życzyna. Dobrze pamiętam późniejsze wydarzenia. Wioskę najeżdżali Niemcy. Wtedy wszyscy mężczyźni i chłopcy uciekali do lasu. Zostawały kobiety i dzieci. W czasie jednego z tych najazdów kazali nam wszystkim opuścić domy i udać się na dużą łąkę przed remizą. Kobiety wiejskie były ubrane na czarno, miały różańce, głośno się modliły. Ja z mamą odstawałyśmy wyglądem, więc mama podjęła decyzję, że nie wychodzimy. Oczywiście nas znaleźli i kazali iść, a tam strzelano nam nad głowami. Cały czas płakałam. Zupełnie nie docierało do mnie, że mogę zginąć. Powtarzałam tylko, że jak nas zastrzelą, to co Stefan (mój brat) zrobi? Kto się nim zajmie? Na szczęście Niemcy odjechali i zostawili nas w spokoju. Innym razem mama uciekła ze mną do sąsiedniej wsi. Niestety, Niemcy właśnie tam jechali. Wpadła do komórki w jakimś gospodarstwie. Gdy pojawili się żołnierze, gospodarz powiedział im, że mama jest jego kuzynką, przyjechała pomagać okopywać kartofle. I się udało. Obcy chłop nas uratował.

Gdy wojna się skończyła, brat ciągle „wisiał" przy radiu. Podawano w nim nazwiska osób, które poszukiwały rodzin. Znał nazwisko mordercy ojca. Wiedzieliśmy, że ten młody człowiek uciekł do Niemiec. Brat czekał więc – i się doczekał. W radiu padło to imię i nazwisko: Zygmunt Pietrzak. Okazało się, że siostra Pietrzaka przechowywała list, który jej brat jeszcze przed historią z moim ojcem napisał do Gestapo. Donosił w nim, że we wsi znajduje się Żydówka z dwojgiem dzieci. Pietrzak przekazał list młodszemu bratu, żeby zaniósł go na pocztę. Tego młodszego brata spotkała ich siostra. Zapytała, dokąd idzie. „Zygmunt kazał mi zanieść ten list". Ona wzięła go, zobaczyła, że jest zaadresowany do Gestapo, i oznajmiła, że sama to załatwi. To właśnie ona po wojnie podała swojego brata do sądu. Pokłócili się o podział schedy po rodzicach. Nie przewidziała jednak, że za takie rzeczy groziła wtedy kara śmierci. Chciała się wycofać, ale było już za późno. Mama na procesie zeznawała jako świadek. Powtarzała, że wystarczy, iż dwoje dzieci straciło ojca. Nie chciała przykładać ręki do tego, żeby to spotkało kolejne dzieci (bo morderca do tego czasu założył rodzinę). Dostał wysoki wyrok, który mu później w wyniku amnestii zmniejszono.

Chyba jeszcze chodziłam do szkoły, kiedy ktoś zapukał do naszych drzwi. To był Pietrzak. Przyszedł podziękować mamie za to, że uratowała mu życie. Wyrzuciła go za drzwi.

Całą tę historię odtworzyłam z pamięci po śmierci mamy i brata. Umarli w tym samym roku. Brat dziesięć miesięcy po mamie. Kompletnie się załamałam. Zostałam z tym sama. I wtedy zaczęłam poszukiwania.

Dlaczego mama nic mi nie mówiła? Chciała mnie oszczędzić? Bała się, że rodzina mojego męża mnie odrzuci? Czy w ogóle się o mnie bała? Ona bała się ujawnienia. Na zawsze została na fałszywych papierach. Pracowała, robiła karierę, więc wzywał ją Urząd Bezpieczeństwa. Coś im nie pasowało w życiorysie mamy. Przesłuchiwali ją. Wieczorami widziałam, jak rozkładała arkusze papieru i przepisywała ten swój zmyślony życiorys z jednej kartki na drugą, żeby się go nauczyć.

Chyba cię zagadałam. Miałaś pewnie jakieś pytania?

Coś bardzo ważnego
(z rozmowy z Katarzyną, Łódź)

Odkąd sięgam pamięcią, moja mama zawsze była smutna. Często też spięta i nerwowa. Pytałam: „Mamusiu, kochasz mnie?", a ona odpowiadała półżartem: „Kocham cię jak pies dziada w ciemnej ulicy". Ubolewałam, że nie mam dziadków. Gdy byłam małą dziewczynką, tata powtarzał, że jak skończę czternaście lat, powie mi coś bardzo ważnego. Naturalnie byłam zaciekawiona. Spodziewałam się, że będzie to coś w stylu: „skąd się biorą dzieci". Tymczasem dowiedziałam się, że mama jest Żydówką, że nie zawsze była sama i smutna, że miała trzy siostry. Wszystkie zginęły.

Mama żyła w ogromnym poczuciu winy, że wybrała życie. Moja świadomość tego dużo nam obu dała. Ciocie, o których marzyłam, nazywały się Maria, Fela i Andzia. Rodzice mamy, moi dziadkowie, zostali zamordowani prawdopodobnie w Treblince, choć nigdy nie odnalazłam ich śladów. Nazywali się Ruchla i Rubin Gutowicz.

W moim dorosłym życiu mama bardzo mi pomagała, troszczyła się o mnie, wynagradzając mi tę oschłość z czasów dzieciństwa. Była wspaniałym człowiekiem, fantastyczną mamą. Gdy zachorowała, chciałam odwołać swój wyjazd do Stanów, ale ona przekonała mnie, że mam jechać. Umarła, zanim wysiadłam z samolotu po drugiej stronie oceanu. Nie pożegnałam się z nią. Nieraz pragnęłam, by zdarzył się cud i przyszła wiadomość, że ktoś z tej rodziny jednak ocalał. Moje marzenie spełniło się kilka lat temu. Odnaleźli mnie bliscy krewni mamy z Izraela. Już nie czuję się sama. Dziś jestem Żydówką, muszę być Żydówką dla mamy i dla siebie.

Zamknąć pudełko
(rozmowa z Heleną, Paryż)

Jestem człowiekiem bez tożsamości. Urodziłam się pod koniec wojny w kryjówce. Myślę, że moja mama była gwałcona przez, hm… Mam go nazwać swoim ojcem? Nigdy tak o nim nie myślałam, ale ja w ogóle nie myślałam. Nie o tym wszystkim z tamtego czasu. W mojej głowie tej historii towarzyszył chyba mit romantycznego wybawcy, który uratował mojej mamie (a przez to i mnie) życie. Ona miała wtedy szesnaście, siedemnaście lat. Nawet dokładnie nie wiem, bo tak się od tych spraw odcięłam, że nigdy niczego nie szukałam, nie chciałam oglądać żadnych dokumentów. Swoją drogą mama tuż po wojnie zostawiła chyba zeznanie – ludzie pisali wtedy świadectwa. Możesz je odszukać w żih-u.

Właściwie do twojej książki bardziej niż moja i mamy pasuje historia mojej mamy i babci. Tylko żadna z nich już jej nie opowie. To babcia uratowała mamę. O tym mama napisała mi w pożegnalnym liście. Przeczytałam go tylko raz w życiu, ale przekazałam córce, może ona będzie chciała kiedyś przeczytać.

Babcia z moją szesnastoletnią mamą jechały bydlęcym wagonem. Nie pytaj dokąd, do którego obozu, bo nie wiem, możesz sobie później sprawdzić, gdzie wtedy jechały pociągi z Warszawy. Stały tam nago, ale chyba same się rozebrały, bo w ubraniach było jeszcze bardziej duszno. Koło nich niektórzy stali,

173

choć już nie żyli. Ktoś wydłubał dziurę w wagonie i jacyś ludzie wyskoczyli. Babcia powiedziała mamie, że też musi wyskoczyć. Umówiły się, że babcia wyskoczy zaraz za nią. Czy to zrobiła? Czy tylko mówiła, że skoczy, by mama się zdecydowała? Mama w każdym razie obudziła się sama. Naga doczołgała się do lasu i tam przeleżała pewien czas, aż znalazł ją chłop. Ukrył ją u siebie, mieszkał kawałek za wsią. Nie sam. Miał żonę i dzieci. Mama zaszła w ciążę. Tam się urodziłam. Tam zostałyśmy do wyzwolenia. Te jego dzieci mnie znalazły wiele lat po wojnie – napisały, że on jest stary, jego żona już nie żyje, że potrzebuje pomocy, że należy mu się zadośćuczynienie. To pewnie moje rodzeństwo, oficjalnie nic o tym nie wiem. Wysyłałam im coś dla niego.

Po wojnie trafiłyśmy do Łodzi. Mama była bardzo dzielna. Zaangażowała się w szukanie ludzi i domów dla nich, załatwiała różne sprawy. Wylądowałam na kilka miesięcy w żydowskim domu dziecka. Potem mnie stamtąd zabrała i wydawało się, że będziemy normalnie żyć. Tyle że normalne życie jest trudniejsze niż działanie. Któregoś dnia do mojej szkoły przyszli jacyś ludzie. Nauczycielka przerwała lekcję i długo z nimi rozmawiała. W końcu weszli do klasy i wywołali mnie. Znów trafiłam do domu dziecka. Nie pamiętam, ile z tego wtedy rozumiałam, ile mi powiedziano. Nie pamiętam, czy coś czułam ani kiedy w końcu zrozumiałam (po tygodniach? miesiącach? latach? naprawdę nie wiem!), że moja mama nie żyje. I że to była jej decyzja…

Raz w domu dziecka, gdy bawiłam się na zewnątrz, przyszła do mnie piękna pani. Była ładnie ubrana i pachniała. Pomyślałam: „To nie jest moja mama". Pani zapytała: „Chcesz iść ze mną?". Inni nie pytali, czy ja czegoś chcę, a ona tak. Pokochałam ją od razu.

Okazało się, że była mieszkającą we Francji daleką krewną mojej mamy i babci i że tej francuskiej rodziny jest więcej. Mama nigdy mi o niej nie mówiła. Żyłyśmy tak, jakbyśmy były same, jakby świat zaczął się od nas dwóch. Wiedziałam

oczywiście, że inni ludzie miewają rodziny, i gdy jeszcze mieszkałyśmy z mamą, czasem marzyłam, że ktoś staje w progu
i mówi, dajmy na to: „Jestem twoim wujkiem", że wreszcie
mamy krewnych! Nie myślałam, że to nastąpi w takich okolicznościach. Jest takie powiedzenie: uważaj, czego sobie ży-
czysz, bo się spełni.

Nie zapisałam się do Dzieci Holocaustu, nigdy z nikim nie
rozmawiałam o swojej przeszłości. Moja przyjaciółka powiedziała mi, że jest taka dziewczynka (nie obrazisz się, że mówię o tobie: „dziewczynka"?) i mi dobrze zrobi, jak się z nią
spotkam. I zrobiło. A ty zrób z moją historią, co chcesz. Tylko
proszę, nie podawaj mojego prawdziwego imienia. Wcale nie
chodzi tu o mnie ani już zupełnie nie o żydostwo, nie mam
z tym problemów, nie tu, we Francji, ale o moją córkę. Niech
ona nie wie, że z tobą rozmawiałam. Ona nie czyta po polsku,
więc nie sądzę, by dotarła do twojej książki. Jeśli będzie kiedyś potrzebowała o tym wszystkim się dowiedzieć, może cię po
prostu znajdzie i jej opowiesz.

Czyli teraz mam strzec twojej historii? Nie mówię po francusku…

To sobie pogadacie po angielsku. Im większy dystans, tym
łatwiej. Wiem, że się ze mną nie zgadzasz, ale pierwszy raz
otworzyłam to pudełko i chciałabym je po prostu z powrotem
zamknąć. Chodź, teraz spróbujesz mojej nalewki. Dobrze nam
to zrobi.

Najbardziej cieszyłam się z menory

(rozmowa z Ireną, Łódź)

Przyszłam porozmawiać o pani mamach...

Te dwa zdjęcia dostałam od cioci z Izraela. Ona już nie żyje. Dała mi je, gdy spotkałyśmy się po raz pierwszy w 1975 roku. Są zniszczone przez wojnę, cudem przetrwały. Ale to jedno zdjęcie moich rodziców miałyśmy – przechowała je moja mama--niania. Jest sprzed wojny, tamte są z pobytu w getcie. Może pani porównać. Te same osoby, jak zastraszone zwierzątka. Sama dość długo byłam w depresji, wciąż jestem pod opieką psychiatry. Gdy pokazałam mu to zdjęcie, powiedział: „Po tym zdjęciu widać, że pani mama miała depresję". Moja kochana mama! Moje ukochane zdjęcie. Przeszło czterdzieści lat codziennie na nie patrzyłam i płakałam. Teraz już nie płaczę. Mam wyschnięte oczy. To się już przeze mnie przewaliło. Już nie mam w sobie płaczu. Ale pani, widzę, potrzebuje gorącej herbaty i chusteczki.

Moje myślenie zmieniło się dzięki wierze. Dziś przywołuję te sprawy ze spokojem. Przyjmuję to doświadczenie. Tak było mi sądzone to przeżyć. W jakimś celu Bóg tak tym pokierował i się z tym godzę. Poza tym od dwudziestu lat jestem na lekach antydepresyjnych. To też ma wpływ na moją psychikę. Wszystko ma znaczenie. A tu jest jeszcze zdjęcie z mojego ślubu.

Urocze...

Miałam dwadzieścia lat, mój mąż dwadzieścia osiem. To moja mama. Mama-niania. Pierwszej mamy nie pamiętam. Pamiętam brata i tatę, ale mamy nie. Niania opiekowała się mną od początku. Uważałam ją za mamę. Nie zdawałam sobie sprawy, że miałam inną mamę, która mnie urodziła. Nic o tym nie wiedziałam…

A jak pani się dowiedziała?

W okrutny sposób. Jak to zwykle w podobnych sprawach. Dowiedziałam się nie tylko tego, kim jestem, ale też że jestem kimś gorszym. Przez to jako mała dziewczynka miałam zakodowane, że nie jestem taka jak inne dzieci. Moja mama-niania chciała, bym się czuła jak zwyczajna dziewczynka, a oni nauczyli mnie, że nie jestem zwyczajna.

Dzieci czy dorośli?

Od dzieci nigdy nie zaznałam żadnych przykrości. Tylko ze strony dorosłych…

Potworne to jest.

Zawsze bardzo się bałam antysemityzmu. Przez lata żyłam w ukryciu, w tak zwanej szafie. Ale odkąd opowiedziałam o sobie publicznie, na szerokim forum, antysemityzm przestał na mnie działać. Ani mnie ziębi, ani grzeje. W ogóle na niego nie reaguję, jeśli jest skierowany do mnie. Na zagranicznym wyjeździe organizowanym przez stowarzyszenie Maximilian-Kolbe-Werk poznałam Niemkę, doskonale nam się rozmawiało. Zapytała, czy nie przyjechałabym do niemieckiej szkoły w ramach programu „Zeitzeugengespräch", polegającego na spotkaniach ze świadkami historii. Odpowiedziałam, że jeśli będę żyła, to oczywiście. W ciągu dwóch tygodni dostałam zaproszenie do Kolonii. Codziennie wyjeżdżaliśmy do szkół i rozmawialiśmy z młodzieżą. Ona często nie miała pojęcia o II wojnie światowej. Ktoś zapytał, co to było getto. A jedna dziewczynka spytała, dlaczego moja mama nie mogła uratować mojego brata, skoro uratowała mnie. Niby byli po kursie z historii Trzeciej Rzeszy… Rozłożyłam ręce. Zaczęłam od początku. Od judaizmu. Pewien chłopiec zapytał, czy nie myślałam o powrocie do religii rodziców. Dobre pytanie. Ale nigdy nie przyszło mi to do głowy.

Nigdy?

Musiałabym się wyrzec Chrystusa, a tego nie zrobię. Inny chłopiec podziękował mi, że przyjechałam tyle kilometrów, żeby opowiedzieć im o swoim życiu. Każdy z nas jakąś część dobra doświadczył. Nawzajem coś sobie daliśmy. Teraz dostałam z kolei zaproszenie do Moguncji.

To jest dla pani ważne, żeby opowiadać?

Czuję się jeszcze na siłach. Fizycznie już trochę odczuwam swój wiek, mam prawie osiemdziesiąt lat, będzie gorzej, ale psychicznie jest dobrze. Nie należę do narzekających i nieszczęśliwych.

I dobrze pani wygląda.

Mimo nieszczęścia, które mnie spotkało. Mam to chyba po ojcu. Tato pisał do mnie i mojej mamy z ukrycia piękne listy. I wszystkie są optymistyczne.

Gdy pani myśli „mama", to o której mamie?

Teraz już mam dwie mamy. Moja pierwsza mama zginęła w Bełżcu lub Sobiborze. Nie wiadomo. Czytałam o tych obozach. Coś strasznego. Myślę o swojej mamie. Nawet jej nie otruli cyklonem B, tylko gazem spalinowym z samochodu. Tak okrutnie ją zamordowali. Tak zginęła. O drugiej mamie też bardzo dużo myślę. Często z żalem do siebie, że nie potrafiłam być jej wystarczająco wdzięczna, że się sprzeczałyśmy. Ale po prostu zawsze traktowałam ją jak normalną mamę, a córka z mamą nie zawsze się zgadza. Ona chyba oczekiwała większej wdzięczności z mojej strony. A ja nie umiałam… Nigdy nie myślałam, że zawdzięczam jej życie. Była mamą, i koniec. Jestem praktykującą katoliczką, chodzę do spowiedzi. Spowiadam się z tego, że mam wyrzuty sumienia. A ksiądz mówi: „Pani mama na pewno to dawno pani wybaczyła, trzeba to z serca wyrzucić".

Wprawdzie nie jestem księdzem, ale też tak myślę.

Moja druga mama bardzo kochała mojego brata. Bardzo! Później tę miłość z mojego brata przerzuciła na mojego syna. Czasem się myliła i nazywała go imieniem mojego brata – Bronuś. Zresztą wszystkie moje dzieci bardzo kochała. Dużo mi pomagała. Przyjeżdżała do nas na dłużej i dzięki temu zawsze miałam trochę oddechu od domowych obowiązków. Mogłam spokojnie zająć się pracą nauczycielki – sprawdzić klasówki swoich uczniów. Była prawdziwą mamą. Wszystko dla mnie robiła. I nigdy nie pozwoliła, by ktokolwiek źle o mnie mówił. Kochała mnie za to, jaka jestem. Kochała to, co we mnie dobre, i to, co niedobre.

Myśli pani, że to najważniejsze, co można dać dziecku?
Tak, przy niej zawsze czułam się bardzo bezpiecznie.

Jak trafiła do pani rodziny?
Była służącą moich rodziców. Sierota, najmłodsza z rodzeństwa. Rodzeństwo ją wykorzystywało, więc gdy tylko mogła, poszła do pracy. Najpierw do folwarku u mojego dziadka. Dziadek od razu zauważył, jaka to świetna dziewczyna. Nigdy nie mówił do niej po imieniu, tylko: „Dońciu". Bardzo ją lubił i szanował. Była pracowita, nie obijała się jak inni. Gdy mój tata szukał kogoś do pomocy w domu, dziadek doradził, żeby ją wzięli. Przepracowała u nas trzynaście lat. Rodzice bardzo ją lubili i szanowali, ona ich również. Gdy byli w getcie, przynosiła im żywność: cukier, mąkę, kaszę, olej. W getcie strażnikami byli między innymi Ukraińcy, ona też była Ukrainką, więc łatwo się z nimi dogadywała. Wpuszczali ją. Listy, które pisał mój tata, świadczą o tym, jak ważną była dla nich osobą.

Jak rodzina. Moje dzieci też miały taką nianię.
Zupełnie jak rodzina. Tata studiował we Lwowie, doktorat robił na Uniwersytecie Jagiellońskim. Mój brat urodził się w 1930 roku. Mieszkali w Brodach, ale tata znalazł pracę w Radomsku, więc wszyscy – moi rodzice, brat i druga mama – przenieśli się do Radomska. Ja urodziłam się w roku 1938. Tuż po wybuchu wojny razem pojechaliśmy na Wschód. Rodzice

myśleli, że Niemcy nie dojdą tak daleko. W Brodach zostaliśmy zabrani do getta.

Jak mama-niania panią wyprowadziła?

Rodzice razem z moją drugą mamą wymyślili, że trzeba próbować ratować chociaż mnie. Ustalili, że niania mnie wyprowadzi. Była umówiona ze strażnikiem, dała mu łapówkę. Rodzice byli dość zamożni. Wszystkie pieniądze zostawili do dyspozycji mojej drugiej mamie. Zamieszkałam z nią w Brodach, a oni we trójkę (rodzice i mój starszy brat) zostali w getcie. W którymś momencie tata poprosił nianię o pomoc w załatwieniu mu przepustki z getta. Mówił, że się tam dusi, że nie dochodzą do nich żadne wiadomości. Chciał zasięgnąć języka. Dostał pracę poza gettem i za każdym razem, gdy był na przepustce, przychodził do nas. Dlatego go pamiętam. A swojej pierwszej mamy nigdy więcej nie zobaczyłam... Wiem, że gdy mnie oddawała, bardzo płakała. Musi być dla matki szalenie trudne oddać dziecko w obce ręce, nawet komuś tak zaufanemu...

Mieli dobre wyczucie, zaufali właściwej osobie.

Któregoś dnia, gdy tata był na przepustce, zarządzili częściową likwidację getta. Wypędzili z niego część Żydów, wśród nich byli moja mama i brat. Gnano ich do transportu. Mama namówiła mojego brata do ucieczki. Sama została z nadzieją, że mu się uda. I już tylko z tą nadzieją. Bratu się udało, schował się w bramie kamienicy, przeczekał tam do wieczora. Miał wówczas prawie dwanaście lat. Pod osłoną nocy przybiegł do nas, zapukał do okna. Był przerażony, głodny, zmarznięty. Mama-niania dała mu jeść i położyła go spać. Za chwilę rozległo się drugie pukanie do okna – przyszedł tata. Gdy wrócił do getta, nikogo już tam nie było. Moja mama z całą rodziną, której nie znam, dziadkami, ciociami, wujkami, kuzynami, zostali zgładzeni w Bełżcu albo w Sobiborze. Nigdy nie dowiedzieliśmy się, gdzie dokładnie. Mama-niania zaczęła szukać dla taty i brata bezpiecznego schronienia. Nie mogła liczyć na swoich braci. To byli źli ludzie – jej całkowite zaprzeczenie. Powiedzieli, że jeśli nikt jej nie wyda, to oni to zrobią. Wszystko robiła w tajemnicy przed nimi. Na własną rękę znalazła kryjówkę u jednego chłopa. Niestety, on nie zrobił tego z dobrego serca, to była zwyczajna transakcja, mama płaciła mu co miesiąc. Nie wiem ile i jak. Niechętnie rozmawiała ze mną na te tematy, a ja nie ciągnęłam jej za język. Byli tam od sierpnia 1942 roku prawie do końca 1944. Niemal dwa lata. Aż raz mama przyszła do chłopa i dowiedziała się, że „już ich nie ma". W ogóle nie wiedziała, co to znaczy. Czy on chciał ich wydać i uciekli? Zamordował ich? Wydał Niemcom? Mama była prawie pewna okrutnej prawdy, o której ja dowiedziałam się niedawno. Trudno mi o tym mówić. Przez wiele tygodni nie mogłam spać, nie mogłam przestać o tym myśleć. Córka przyjaciół moich rodziców…

To ona pani powiedziała?

Rozmawiałyśmy przez telefon. Zapytała, czy wiem, jak zginęli tatuś i Bronuś. Zawahałam się: „Nie wiem dokładnie". A ona odparła: „Mnie Marynia [moja druga mama] powiedziała, że twojego tatę i brata zamordowali jej rodzeni bracia". Myślałam, że słuchawka wypadnie mi z ręki… Nie musiałam tego wiedzieć. A przyjaciółka niedługo po tym zwierzeniu umarła. Gdyby nie ta rozmowa, nigdy bym się nie dowiedziała. Po zakończeniu wojny ukarano ich. Wylądowali na zsyłce. Byli banderowcami. Oni i moja mama w jednej rodzinie! Mama-niania umarła dwadzieścia kilka lat temu. Żyła z tym, że najbliższych jej córki zabili jej rodzeni bracia. Pewnie odchodziła z poczuciem, że nie zrobiła wszystkiego, żeby ich uratować. I tak została sama. Odnalazłam siostrę mojej rodzonej mamy – pracowała jako lekarz w wiedeńskim szpitalu. Tam, w Wiedniu, ktoś ich uratował. Wujek, jej mąż, krótko po wojnie umarł na nowotwór. Po jego śmierci ciocia wyjechała do Izraela. Ale na wszystkie wakacje przyjeżdżała do Wiednia. To było jej ukochane miasto. Tam też zmarła. Opłacam opiekę nad jej grobem. Razem z synem zrobiliśmy napisy pamiątkowe na płycie.

A pani dzieci jaki mają stosunek do tej historii?

Nie mają zacięcia, żeby dociekać na temat judaizmu, ale wiedzą, kim są. Gdy tylko słyszą coś negatywnego o Żydach, zaraz reagują. Mama-niania była unitką. Kiedy wojna się skończyła, powiedziała, że nie zostanie na Wschodzie. Zaczęła starania o wyjazd w ramach repatriacji. Nie chciała mieć żadnego kontaktu ze swoją rodziną. Jechałyśmy bardzo długo w bydlęcym wagonie. Dwa miesiące. Pod koniec lata 1945 roku zatrzymaliśmy się w Brodnicy. Zastanawiałyśmy się, czy tam nie zostać. Mnie było to obojętne. Jedyne, co się liczyło, to by być z mamą. Gdy pociąg dojechał do Opola, mama zarządziła, że się zatrzymujemy. 1 września poszłam tam do pierwszej klasy szkoły powszechnej. Po siedmiu latach – do elitarnego liceum ogólnokształcącego. Bardzo chciałam się uczyć. Inspektorem w tej szkole był Żyd. Nazywał się Brandt. Moja mama dotarła do niego i prosiła, żeby o mnie zadbał. To zupełnie nie było potrzebne, bo na świadectwie miałam same piątki. Prawie. Czwórki tylko z religii i gimnastyki. W 1956 roku dostałam się na Wydział Matematyki we Wrocławiu. Przez następne czterdzieści lat byłam nauczycielką. Moje dzieci też są matematykami.

Pani żydowscy rodzice byli wykształceni?

Tata był prawnikiem, mama nie miała studiów. To nie były czasy, w których kobiety powszechnie studiowały. Moja ciocia z Wiednia była po prostu niezwykle uzdolniona. Mama miała skończone seminarium, była wychowawczynią w przedszkolu. Natomiast moja niania ledwo się podpisywała. Skończyła cztery klasy szkoły ukraińskiej, polskiej w ogóle nie miała. Gdy zaczęła u nas pracować, mój tata uczył ją czytać i pisać. W mojej szkole nauczyciele mówili dzieciom, że mogą same pisać usprawiedliwienia, byle rodzice się podpisali. Nierzadko rodzice nie umieli pisać. A ja się nawet podpisywałam za mamę, bo się wstydziłam jej podpisu. Była analfabetką. A taki wspaniały człowiek!

I miała determinację, żeby panią wykształcić?

Był taki moment, że chciałam zrezygnować z nauki. Ale ona mnie tym swoim sprytem podeszła i w końcu zostałam na studiach. Na czwartym roku wyszłam za mąż, zaszłam w ciążę, bałam się jej powiedzieć. Martwiłam się, że będzie płakać, że nie skończę studiów. Skończyłam z małym opóźnieniem. Niestety, moje dziecko zmarło. Dopiero druga ciąża dała mi syna, a trzecia córeczkę. Weszłam w rodzinę katolicką, gdzie mnie zaakceptowano ze wszystkim, co ze sobą przyniosłam. Mój mąż nie żyje już siedemnaście lat, a ja nadal należę do rodziny. Zaznałam bardzo dużo szczęścia, mając taką wspaniałą drugą mamę, zacnego męża, dobrego ojca dzieci. Byliśmy kochający i zgodni. Żadne z nas nie potrafiło długo się na drugiego gniewać, ale to on zawsze przepraszał. Mam wielu wspaniałych przyjaciół. Kolega opowiedział mi kiedyś, że w momencie gdy „przyznał się" do swojego żydowskiego pochodzenia, okazało się, że połowa jego przyjaciół przestała być jego przyjaciółmi. Bardzo się tego bałam. Pewnie wolałam nie wiedzieć, kto tak naprawdę nie jest moim przyjacielem. Ale starałam się i dość szybko przyznano mojej mamie medal Sprawiedliwy wśród Narodów Świata. Przyjechał ambasador z paniami, które mu pomagały, i jedna z nich przekazała mi, że powinnam coś powiedzieć. A ja umiem mówić tylko o matematyce. Kogo to będzie interesowało? W końcu się zgodziłam. Przyjaciele nie znali mojej historii. Zaprosiłam na uroczystość znajomych bliższych, dalszych i zaprzyjaźnionego księdza dominikanina. Różnych ludzi, do których miałam szacunek. Moja wnuczka siedziała wśród nich na widowni. Powiedziała później: „Babciu, nie wyobrażasz sobie, jak oni płakali. Jak ty mogłaś nam tego wcześniej nie powiedzieć. Jesteś świnia!". I za tę „świnię" ją ucałowałam. Przyjaciół nie tylko nie straciłam – nasze więzi się pogłębiły, jesteśmy sobie jeszcze bliżsi.

Ma pani prawdziwych przyjaciół.

I dużo szczęścia w życiu!

Niesamowite jest, że podczas tych spotkań mówią państwo (bo nie pani pierwsza): „mam dużo szczęścia w życiu". Po takich przejściach?

Coś w tym jest.

Aż mnie ciarki przechodzą.

Nie wszystko trzeba widzieć w najczarniejszych barwach. W tej czerni jest światełko, coś radosnego, nadzieja. Nie należę do osób nieszczęśliwych. Miałam szczęśliwe życie małżeńskie i rodzinne. Moje dzieci mają udane rodziny i jeszcze pieska. Piesek co prawda nie mówi, ale poza tym rozumieją się doskonale. Dużo jeżdżę, nie narzekam. Głównie zresztą na pielgrzymki. Udałam się do Ziemi Świętej. Gdy byłam młodsza, nie mieliśmy za co podróżować. Pracowałam jako nauczycielka, a mąż był inżynierem. Teraz nadrabiam. Mam emeryturę i odszkodowanie od Niemców.

I niesamowite pamiątki z podróży. Tu menora, tu krzyż.

Z menory cieszyłam się najbardziej. A to jest pamiątka z Lourdes.

Bardzo poruszające są te przedmioty z różnych miejsc świata, pamiątki żydowskie i chrześcijańskie na jednej półce.

Bo taka jestem właśnie złożona. Dwa w jednym. Namawiali mnie, żebym się zapisała do gminy żydowskiej, ale uważałam, że to nie w porządku być martwą duszą. Za to jestem zaangażowana w Dzieci Holocaustu. Zaprzyjaźniłam się z różnymi miłymi młodymi osobami. Mam jeszcze młodego ducha.

Pani herbata jest już zimna...

To teraz napijmy się kawy! Dzięki pani zrobiłam porządek w zdjęciach i widzi pani, co jeszcze znalazłam? To mój braciszek i ja. Patrzy na mnie z taką miłością. Moja niania zawsze mówiła, że to był wspaniały i dobry chłopak. Czy pani sobie wyobraża, że można z zimną krwią zamordować dziecko? To się przecież nie mieści w głowie! Kim trzeba być? Co komu takie dziecko zrobiło? On miał trzynaście lat. Mama opowiadała, że jak weszli Niemcy, tam, na Wschodzie, to maszerowali i śpiewali. Brat stanął przy drodze i patrzył. Podszedł do niego niemiecki żołnierz, wszyscy struchleli, a ten mężczyzna pogłaskał go po głowie, dał mu cukierka i powiedział po niemiecku:

„Jaki piękny chłopiec". Po prostu się nim zachwycił. I tak krótko żył ten chłopiec... Teraz mówią, że co złego, to nie my, to jacyś „oni", to tylko Niemcy. Jakie to jest wszystko zakłamane. Nazwijmy rzecz po imieniu. Polska hierarchia kościelna papieża Franciszka nie lubi, krytykuje. W piórka poobrastali. To straszne. Katoliccy dziennikarze piszą, że papież nic nie rozumie w kwestii uchodźców. Co z nich za katolicy, skoro podważają słowa Ojca Świętego? Wierzę w Boga i tym bardziej mam obowiązek powiedzieć takiemu księdzu, co o nim myślę. Trzeba jeszcze umieć słuchać. Najgorzej, jak człowiek nie umie słuchać i chce tylko mówić. Człowiek od drugiego człowieka się uczy, od dzieci się uczy.

Gdy moje dzieci się dowiedziały o naszych losach, każde zareagowało inaczej. Mój syn bardzo płakał. Mówiłam: „Nie płacz, wtedy nie rozumiałam tego tak jak teraz. Babcia bardzo mnie kochała, nie czułam się nieszczęśliwa". A on powiedział: „Mamusiu, nie wyobrażam sobie, jak mógłbym żyć, gdyby ciebie nie było". A córka przyjęła to tak: „Jestem dumna z tego, że jestem Żydówką. Chrystus też był Żydem". Dla mnie to była wielka lekcja. W obu wypadkach.

Najgorszy człowiek na świecie
(rozmowa z Jadwigą, Warszawa)

Całe życie czułam się sama. I gorsza od innych. To uczucie nadal we mnie tkwi, choć potrafię już je zracjonalizować. Ale takie
rzeczy zostają. Nie da się ich po prostu wyrzucić. Te fotografie
rodzinne, które pani widzi, to są całe lata zbierania. Skrawek po
skrawku. Najpierw nie miałam nic i nic o sobie nie wiedziałam.
Na pierwszy ślad mojej historii natrafiłam w 1995 roku. Miałam
pięćdziesiąt pięć lat, gdy wróciłam do miejsca, w którym mnie
znaleziono, do domu, w którym mieszkałam w czasie okupacji. A gdy skończyłam siedemdziesiąt dwa lata, poznałam datę
swoich urodzin. 17 września 1940 roku.

Znajomy mojej przyjaciółki opowiadał na jakimś spotkaniu
o wycieczce do korzeni, którą niedawno odbył. Powiedziałam
mu, że mnie też by się to przydało. Przyjaciółka i znajomy wsadzili mnie więc w samochód i pojechaliśmy. W pamięci utkwił
mi kościół, całe życie miałam w głowie obraz wieży kościelnej.
Gdy dotarliśmy do Bogucic, zapytałam o nią pierwszych prze-
chodniów. Wskazali drogę. Kościół był już zamknięty. Przy nim
stał dom. Spytałam, czy mieszka tu ktoś z rodziny Urbanów.
Okazało się, że mieszkają dokładnie naprzeciwko. Weszłam
na podwórze, wyszedł do mnie mężczyzna. Gdy zaczęłam mu
opowiadać, że zostałam tu znaleziona, on odparł: „To pani jest
ta mała Jadzia?". Marian, ów mężczyzna, który tam mieszkał

z żoną, był bratem mojego przybranego ojca. Powiedzieli mi, że ojciec umarł kilka miesięcy przed moim przyjazdem, do końca życia miał sprawny umysł. Pewnie mnóstwa rzeczy bym się mogła od niego dowiedzieć. Usłyszałam też, że od wielu lat poszukiwała mnie rodzina z Izraela, przysyłali listy. Ktoś nawet przyjechał w jej imieniu. Niestety, nikt nie potrafił wskazać im mojego adresu. Przybrana matka wywiozła mnie stąd zaraz po wojnie, wiele razy się ze mną przeprowadzała i zmieniała mi nazwisko.

Co pani pamięta z najwcześniejszego dzieciństwa?

Nic. Mogłam mieć dwa lata, kiedy mnie znaleziono. Mój przybrany ojciec zabrał mnie z drogi – pojechaliśmy z Marianem w miejsce, w którym wtedy stałam i podobno w kółko powtarzałam: „Mama płakała. Ciocia płakała". Opisywałam tymi słowami jakąś scenę pożegnania. Podobno jako maleńkie dziecko przez długi czas wypowiadałam tylko te dwa krótkie zdania. Marian dał mi zdjęcia – pierwsze do mojej kolekcji, jestem na nich z przybranymi rodzicami – i pokierował mnie do syna mojego przybranego ojca, Ryszarda, który wtedy mieszkał w Kołobrzegu.

Przez całe życie takie spotkanie w moim umyśle znajdowało się w przegródce: „nieosiągalne". Nie wierzyłam, że mogę trafić na jakikolwiek ślad. Często myślałam, że powinnam szukać, marzyłam o tym, że coś znajduję, ale w realnym życiu nie było na to czasu. Prowadziłam dom, wychowywałam dzieci, pracowałam. Byłam samotną matką, nie miałam nikogo z rodziny do pomocy. Pojechałam do Bogucic dopiero na emeryturze. Za późno. Przybranego ojca już nie było. Gdybym przyjechała wcześniej, wszystko by mogło być zupełnie inaczej.

Odwiedziłam Ryszarda w Kołobrzegu. I wie pani, co się okazało? Pokażę pani… Ryszard miał kopertę z listu z Izraela zaadresowaną do mojego przybranego ojca. Nie zniszczył jej przez tyle lat. Zachował dla mnie, choć nie mógł wiedzieć, czy uda mu się mnie kiedykolwiek odnaleźć. Moja rodzina z Izraela dokładnie wiedziała, kto zajął się dzieckiem, czyli mną.

Dostałam też od Ryszarda sporo zdjęć. Lecz, co najważniejsze, dał mi kopię listu wysłanego do Czerwonego Krzyża przez kogoś w imieniu mojego przybranego ojca. To jedna z najważniejszych rzeczy, jakie mnie w życiu spotkały. Niech pani zobaczy, pisany w 1985 roku: „Zwracam się do was z prośbą w imieniu starego, chorego człowieka zamieszkałego w Bogucicach [...] o udzielenie mu pomocy w odnalezieniu jego przybranej córki Jadwigi Wróbel [nazwisko mojej przybranej matki po rozwodzie z panem Urbanem]. Właściwi rodzice Jadwigi, właściwe imię: Klara; to Siegbert, urodzony w Gdańsku, i Regina Gross, z domu Rozenberg, córka Natana Rozenberga, zamieszkałego w Pińczowie. W okresie pogromu Żydów w Pińczowie, w czasie okupacji niemieckiej państwo Zdzisław i Bronisława Urban uchronili małą Klarę od zagłady. Wychowywała się więc Jadwiga, bo takie dano jej imię, u swoich opiekunów jako ich córka. Pani Bronisława odeszła od męża, zabierając ze sobą dziecko, które od tej pory nazywało się Jadwiga Wróbel. – Czyli byłam nie do odnalezienia. – Przybrana matka początkowo mieszkała w Trzebnicy, a potem często zmieniała miejsca zamieszkania. Ojciec nadaremnie szukał dziecka. Minęły lata, a on jej nie odnalazł. Pozostaje tylko nadzieja w waszej pomocy, może będziecie w stanie udzielić panu Urbanowi informacji o miejscu zamieszkania Jadwigi Wróbel, która być może, wychodząc za mąż, zmieniła nazwisko. Pan Urban żyje sam, ma siedemdziesiąt dwa lata, posiada w Bogucicach własny domek, który chciałby przekazać swojej córce Jadwidze".

Musiała pani być poruszona...

Od tego się zaczęło. Tak dowiedziałam się, kim byłam. To był szok. Ale przede wszystkim dowiedziałam się, że mój przybrany ojciec szukał mnie całymi latami. Myślałam, że mu na mnie nie zależało. Tymczasem on nie przestał o mnie myśleć. I rodzina z Izraela też o mnie pamiętała. Ryszard mówi o mnie: „moja siostra". Zapraszają mnie do Berlina, gdzie teraz mieszkają. Poznałam jego żonę, dzieci i wnuki. On twierdzi, że rodzina ojca bardzo przeżywała to, że zostawili mnie w rękach przybranej matki.

Po co ona panią wywiozła?

Może z zazdrości, bo ojciec z wojskiem trafił do Wielkiej Brytanii i tam poznał swoją drugą żonę, mamę Ryśka. A może z chęci zysku. Nie wiem. To dla mnie bardzo trudne i raczej staram się do tego nie wracać. Nie chciałabym jej tylko oskarżać. Ludzie mówią: „Ona cię wychowała". Nie chcę być niewdzięczna.

Czuje pani do niej wdzięczność?

Nie, nie czuję do niej nic pozytywnego. Nie pamiętam niczego dobrego. Tkwi we mnie tylko to, co było złe. Ale czy tylko to ma po niej pozostać? Dopiero niedawno przestała mi się śnić. Przez poprzednie lata miałam senne koszmary, że mnie odnalazła. Budziłam się z ogromnym niepokojem, strachem – i ulgą, że to był tylko sen. Okropne. Przez lata tak bardzo się jej bałam.

Znęcała się nad panią?

Bicie nie było tak straszne jak budzenie mnie w nocy i wyzywanie. To przez nie miałam tak bardzo zachwiane poczucie własnej wartości. Za dnia też mnie wyzywała – najczęściej: „Ty wstrętna Żydówo!". To moje wspomnienie z dzieciństwa. Słowo „Żyd" słyszałam ciągle odmieniane przez różne przypadki. Nie zastanawiałam się nad nim.

Przy innych też panią wyzywała?

Nie, nigdy. Tylko gdy byłyśmy same. Gdy uważała, że jestem niegrzeczna, pakowała mi tobołek i mówiła: „Idź sobie, nikt nie będzie ciebie chciał, bo jesteś Żydówą". A ja nie wiedziałam, co to znaczy! Skąd miałam wiedzieć? Uważałam, że „Żydówa" to jakiś najgorszy człowiek na świecie. Był taki moment – mogłam mieć z czternaście lat – gdy wrzeszczała i porwała się na mnie ze szczotą, a ja złapałam za ten kij i powiedziałam: „Dosyć tego!". Podobno miałam wtedy takie oczy, że się mnie przestraszyła. Widocznie to był ten moment. Tak ze mną jest. Jestem dosyć cierpliwa, ale gdy ktoś przekracza pewną granicę, idę na całość. Ludzie sobie na to pozwalają. Skoro to znosi, można jeszcze.

Wiedziała pani, że nie jest jej rodzonym dzieckiem?

Miałam dziewięć lat, kiedy doszło do przełomu. Mieszkałyśmy wtedy we Wrocławiu. Podeszłam do niej i zwyczajnie chciałam się przytulić, a ona mnie odepchnęła: „Nie przytulaj się do mnie, nie jestem twoją prawdziwą matką". Wtedy coś we mnie pękło. Bardzo to przeżyłam... Później zawsze gdy mnie krzywdziła, mówiłam do siebie: gdyby moja mama żyła, byłoby inaczej. Myśl, że moja mama byłaby inna, dawała mi siłę.

W końcu pani uciekła...

To, co teraz pani opowiadam, jest dotykaniem czegoś, czego bardzo nie lubię dotykać. Nie chcę żyć przeszłością. Odczuwam radość z każdej kolejnej informacji o swojej żydowskiej rodzinie. A ta przeszłość? Nie znoszę o niej myśleć. Wolałabym zachować różne rzeczy dla siebie i więcej w nich nie grzebać.

Na początku, jeszcze w Trzebnicy, przybrana matka otworzyła sklepik, myślę, że za pieniądze od mojej żydowskiej rodziny, z którymi wyjechała z Bogucic. Poznała wtedy kogoś. To był dobry człowiek, zaopiekował się nią. Póki z nim była, wysyłali mnie na lekcje pianina do Wrocławia, uczyłam się angielskiego. Po latach wyciągnęłyśmy z córką z archiwów sądowych w Trzebnicy jego zeznanie ze sprawy o kolejną zmianę mojego nazwiska. Mówił o mnie: „uzdolnione żydowskie dziecko". Nie wymienił mojego imienia. Potem ona go rzuciła, związała się z alkoholikiem, rozpiła się przy nim. Te awantury, które robiła mi w nocy, gdy budziła mnie ze snu i wyzywała, to właśnie po alkoholu. Rozstawali się i wracali do siebie nie wiem ile razy. On pracował w Warszawie na budowie. Przeprowadził się tam. Po kolejnej awanturze nie wytrzymałam, wyszłam z domu i przyjechałam do niego. Mieszkał w baraku, a ja z nim. Mógł nie pić pół roku, ale jak już zaczynał, to wpadał w ciągi. Sprzedawał wszystko, czego się przez poprzednie miesiące dorobił. Doprowadzał się do takiego stanu, że leżał i robił pod siebie. Jego rodzina mieszkała na Powązkach, naprzeciwko cmentarza, w niedużym jednopiętrowym domu, który był ich własnością. Tam były cztery mieszkania. Trzy z nich zajmowali jego rodzice, siostra z mężem oraz córka siostry z mężem i dziećmi. Sprzątałam u nich, gotowałam, prałam. Czwarte mieszkanie na dole wynajmowała pani Zosia, którą bardzo dobrze wspominam. Przychodziłam do niej na rozmowy. Była moim dużym wsparciem.

Przybrana matka jakoś się dowiedziała, że u nich jestem. Przyjechała i chciała mnie zabrać. Mówiła, że mnie kocha. Tak potwornie się jej bałam, a jednak się postawiłam: „Prędzej umrę, niż z tobą wrócę!". I zostałam.

Z Zosią?

Ona uświadomiła mi, że mogę mieć w życiu coś więcej. Zawsze była bardzo kulturalna, pracowała w Zakładzie Ubezpieczeń Społecznych. Mówiła: „Pani Jadziu, słyszałam, że jest na Nowogrodzkiej organizacja żydowska. Może pani pomogą". Dała mi adres TSKŻ-etu*. Pojechałam tam, spotkałam się z ówczesnym przewodniczącym, opowiedziałam swoją historię. Wysłuchali mnie, mimo że nie miałam żadnych dokumentów. Dali mi pracę w żydowskiej spółdzielni, zabrali mnie z Powązek i ulokowali przy żydowskiej rodzinie, której płacili za moje utrzymanie. Zamieszkałam w maciupeńkim pokoiku, poszłam do szkoły, od której miałam sześcioletnią przerwę, bo gdy skończyłam siedem klas, przybrana matka mnie zabrała i wywiozła w kolejne miejsce. W liceum wieczorowym poznałam swojego przyszłego męża. Zakończyłam naukę na maturze, a w wieku dwudziestu dziewięciu lat zostałam samotną matką z dwójką małych dzieci. Z rodziną z Powązek miałam kontakt. Byłam im bardzo wdzięczna za to, że wyzwolili mnie ze strasznej relacji z przybraną matką i zabrali od pijaka. Ona podobno do nich pisała, chciała się dowiedzieć, gdzie jestem. Prosiłam ich, żeby jej tego nie mówili, i na szczęście już nigdy mnie nie znalazła. Wracała tylko w strasznych snach, z których budziłam

---

* Towarzystwo Społeczno-Kulturalne Żydów w Polsce (TSKŻ) – świecka organizacja żydowska powstała w 1950 roku.

się przerażona. Przez lata żyłam, nie wracając do przeszłości. Aż przeszłam na emeryturę.

I wtedy pojechała pani do Bogucic, dostała zdjęcia, kontakt do Ryszarda, a od niego kopertę listu z Izraela?

Poszłam z nią do żih-u. Wtedy żyła jeszcze wspaniała pani Małgosia Bonikowska. Mam łzy w oczach, gdy o niej myślę. Sporo się dla mnie dowiedziała o mojej rodzinie, po czym przekazała sprawę Yale'owi Reisnerowi. Po jakimś czasie dostałam od kogoś innego informację, że z tej rodziny już nikt nie żyje. Po trzech latach jednak znów poszłam do żih-u, bo ta koperta nie dawała mi spokoju. Wpadłam na Yale'a Reisnera już na korytarzu. On popatrzył na tę kopertę i wykrzyknął: „Przecież ja wyjaśniałem tę sprawę! Chodźmy!". Wyciągnął z segregatora moje papiery i powiedział, że nadawcy listu wprawdzie nie żyją, ale w Izraelu mieszka ich córka, moja kuzynka Sonia. Sonia nie mówi po polsku, ja nie mówię po hebrajsku, skontaktowałyśmy się telefonicznie i dogadałyśmy się po angielsku. Poprosiła o moje zdjęcie z tamtego czasu, żeby mogła mnie rozpoznać. Na szczęście miałam jedno od Ryszarda. Jeszcze trzy lata wcześniej nie miałabym nic. Wysłałam jej. Okazało się, że oni mają to samo moje zdjęcie. Pewnie dostali je kiedyś od mojego przybranego taty. Sonia była córką jednej z sióstr mojej mamy, ciotki Broni, która mnie poszukiwała i której nie zdążyłam poznać.

Pojechała pani do niej?

Było Boże Narodzenie, zadzwonił telefon, odebrałam, niczego się nie spodziewając, a w słuchawce najpierw cisza, a potem wzruszony głos po polsku: „Klaruniu, ja jestem ciotka Roza z Izraela. Ja cię kocham. Przyjedź". To był szok. Wcześniej zwlekałam, ale gdy usłyszałam głos rodzonej siostry mojej mamy, natychmiast poleciałam do ambasady po wizę. Był 1999 rok. Zbliżałam się do sześćdziesiątki. Pamiętam, że bardzo przeżyłam chwilę, gdy dotknęłam ciotki Rozy. Chciałam zobaczyć zdjęcia rodziców. Dziwnym trafem w albumie rodzinnym, w którym wcześniej były dwa zdjęcia, zostało tylko puste miejsce. Po moim powrocie do Polski Sonia wysłała mi zdjęcia: dziadków, braci mojej mamy, sióstr, ale mamy na żadnym z nich nie było. W końcu któregoś roku znalazła jej zdjęcie w książce o Pińczowie. Mama była harcerką, jest na zdjęciu zbiorowym – trzecia od lewej.

O, pani mama należała do Haszomer Hacair! To było lewicowe ugrupowanie harcerskie, w czasie wojny zaangażowane w żydowski ruch oporu.

Nawet nie wiedziałam. Mogła mieć wtedy jakieś szesnaście lat. A na tym zdjęciu jest ciotka Halina, druga siostra mamy. Wszyscy mówią, że jestem do niej podobna.

Oni wyjechali do Izraela na początku 1940 roku, przez Cypr. Halina też była na tym statku. Płynęło się długo, panował tam głód, ciotka się rozchorowała i zmarła na morzu. Znalazłam rodzinę mamy, chciałam też zobaczyć tatę. Nie miałam jego fotografii. Od Soni dowiedziałam się, że mój ojciec był prawnikiem w Gdańsku. Yale Reisner z ŻIH-u podpowiedział mi, że jest w Gdańsku historyk, który zajmuje się takimi tematami. Skontaktowałam się z nim i on bardzo mi pomógł. Przypadkiem trafił na akta mojego ojca w gdańskim archiwum, skopiował i częściowo przetłumaczył mi je z niemieckiego. Dowiedziałam się, że ojciec studiował w Berlinie, Heidelbergu i Królewcu. Moja synowa Ewa, która dobrze zna niemiecki, napisała do tych uniwersytetów i proszę sobie wyobrazić, że po kilku dniach przysłano mi – po prostu cud! – zdjęcie taty. Zdjęcie z karty bibliotecznej z Heidelbergu. A tu jest cała ta karta wydana w 1928 roku, oryginał, jak nowa. Teraz wiem, jak wyglądał mój ojciec. Po tylu latach…

Niedawno ukazała się książka o Żydach gdańskich. Córka zapytała, czy mi jej nie kupić. Powiedziałam, że oczywiście, że tak. Kupiła ją, ale najpierw sama zaczęła czytać. Był dzień moich imienin, dzieci miały przyjść na obiad, córka zadzwoniła do drzwi znacznie wcześniej. Ja nieprzygotowana, a ona weszła i powiedziała: „Mama, usiądź". Obie z córką mamy tę obsesję szukania. Otworzyła książkę i prawie na końcu... mój dziadek! „Herman Gross, Gdańsk – i adres – został wysłany 15 grudnia 1942 roku do Theresienstadt. 25 sierpnia 1953 roku przysłał autorowi książki Samuelowi Echtowi z domu starców w Szwajcarii informację o swoich losach. Miał wtedy osiemdziesiąt sześć lat"*.

Przeżył!

Tak i proszę posłuchać: „15 grudnia 1942 roku wyjechałem z grupą innych osób z Gdańska do Theresienstadt, nasza grupa liczyła pięćdziesięciu sześciu ludzi. Dwa tygodnie wcześniej do Theresienstadt wyjechał podobny transport. Ludzi tych odprowadziłem na dworzec kolejowy i pożegnałem ich słowami: Dzisiaj my was grzebiemy, kto pogrzebie nas? Po trwających dwa i pół roku cierpieniach trafiliśmy cudownym zrządzeniem losu z grupą tysiąca dwustu ludzi... – Córka sprawdziła w internecie, że to był jedyny transport stamtąd, który udało się uwolnić. – ...7 lutego 1945 roku do Szwajcarii. Spośród 120 gdańskich Żydów przeżyłem tylko ja. – Herman Gross informuje w dalszej części, że ofiarą nazizmu padli jego syn z żoną i małym dzieckiem. [...] Herman Gross po wojnie został sam. Dożył dziewięćdziesięciu pięciu lat". Synowa zaczęła korespondencję z wydawnictwem. Na ich stronie internetowej pojawił się komentarz: „Herman Gross się mylił. Dziecko jego syna przeżyło wojnę. Pani Ewa z Warszawy opowiedziała historię swojej teściowej, która jako niemowlę została podrzucona polskiej rodzinie i przez nią wychowana. O swoich korzeniach dowiedziała się jako osoba dorosła. Nawet potem żyła w przekonaniu, że jej dziadek zginął w Theresienstadt. – Ja akurat w ogóle nie wiedziałam, co się stało z dziadkiem. – Tymczasem ktoś sprezentował jej naszą książkę, w której przeczytała list swojego dziadka, pisany po wojnie ze Szwajcarii".

Synowa napisała do Szwajcarii. Dostała z Archiwum Państwowego i Historycznego dokumenty mojego dziadka i jeszcze coś:

* S. Echt, *Dzieje Żydów gdańskich*, przeł. W. Łygaś, Gdańsk 2012, s. 123.

„Herman Gross, syn Siegbert Gross, urodzony w Tylży, zamiesz-
kały w Pińczowie, Regina Gross, z domu Rozenberg, i Klara
Gross, urodzona w Warszawie 17 września 1940 roku".

W ten sposób poznała pani datę swoich urodzin...

Kilka lat temu udzieliłam wywiadu „Newsweekowi". Gdy
się ukazał, zadzwonił do mnie jego autor Tomasz Kwaśniew-
ski i powiedział, że napisały do niego osoby, które chciałyby
się ze mną skontaktować. „Szanowny Panie Redaktorze, przeczytałam Pana artykuł *Żydówa* i przeżyłam szok. Znałam doskonale Klarcię i jej rodziców. Mieszkaliśmy w bardzo bliskim
sąsiedztwie, przez płot, w Pińczowie. Mam w oczach małą,
piękną Klarcię, z czarnymi, kręconymi włoskami, o pięknej,
oliwkowej cerze. Śliczna dziewczynka. Pragnę się z nią skontaktować. […] Tyle różnych ciekawych rzeczy chciałabym jej
powiedzieć" – pisała pani Alina.

Pani ją kojarzyła?

Nie, skąd! Była ode mnie znacznie starsza, miała z siedem
lat, a ja z dwa, gdy mnie przekazali. Zdzwoniłyśmy się. Zapytała, czy wiem, że moja mama była malarką. Wiedziałam od
Soni. „No to mam coś dla pani" – powiedziała i przesłała mi
ksero obrazu namalowanego przez moją mamę. Pojechaliśmy
z dziećmi i wnukiem do Pińczowa. Pani Alina zawiozła nas
w miejsce, gdzie mieszkali moi rodzice. Nieopodal młyna, jak
na obrazku. Oczywiście dom już nie istnieje, ale byliśmy tam,
gdzie stał. Pani Alina pokazała nam, gdzie moja mama siady-
wała i malowała. Młyna też już nie ma. W internecie córka
znalazła jednak jego archiwalne zdjęcia z lat trzydziestych
xx wieku. Oryginał obrazu miał pan, którego ojciec w czasie okupacji prawdopodobnie dawał moim rodzicom jedzenie,
a jemu mama w zamian obrazki. Gdy następnym razem byłam
w Pińczowie w ramach spotkania ze świadkami historii w Muzeum Regionalnym, ten pan się pojawił i przy wszystkich wręczył mi obrazek, mówiąc: „To się pani należy, to powinien być
pani obrazek".

Pyta pani o moją mamę. Moja mama to ta, której mam tylko mglisty portret powiększony ze zbiorowego zdjęcia w książce. Nie mam żadnych konkretów. Muszę ją budować z historii dziadków, ze zdjęć, z opowieści o tym, gdzie siedziała i malowała, z maili od ludzi, którzy znają tylko pojedyncze skrawki jej historii. Z dotyku ciotki Rozy. Tylko to. Kiedy byłam w Izraelu, ukazał się ze mną wywiad w gazecie po hebrajsku. Po jego publikacji do Soni zadzwonił człowiek, poprosił mnie do telefonu i płynnym polskim powiedział: „Pochodzę z Pińczowa, znałem pani mamę. Pamiętam jak dziś, gdy stała z grupą młodzieży". Przez to wszystko czuję się bogatsza. To jest coś bardzo ważnego. Nic z tego nie odziedziczyłam, wszystkiego musiałam się dogrzebać sama. A gdy coś wygrzebię, muszę grzebać dalej, bo się pojawiają kolejne ślady. Pani Alina przypominała sobie, że jako dziecko byłam taka zadbana, śliczna, mama ładnie mnie ubierała – swoje jedyne dziecko.

Śliczna dziewczynka z loczkami, tata prawnik, mama malarka, córeczka jedynaczka, rodzice tak dobrze dla niej chcieli...

I żal, że to dziecko inaczej by funkcjonowało, gdyby rodzice żyli. Byłoby wykształcone, kochane. Wychuchane, jak mówiła pani Alina. Ciągle noszę w sobie poczucie niespełnienia. A równocześnie nikt mnie nie uczył rodzicielstwa, tymczasem mam dzieci i wnuki. Wnuk jest podobny do swojego pradziadka – mojego biologicznego taty. W środku nadal czuję się samotna. Już się tego nie pozbędę. Ale teraz mam poczucie, że JESTEM, że miałam rodzinę, że ktoś mnie szukał, że komuś na mnie zależało.

Bez korzeni
(rozmowa z Elżunią, Warszawa)

Człowiek, który nie zna swoich korzeni, jest w pewnym sensie niepełny. Pewnego razu trafiłam do szpitala. Tam zapytali mnie, czy moi rodzice chorowali na astmę. Nie wiem. Gdy patrzę na swoje dzieci, widzę, że są trochę podobne do męża, trochę do mnie, ale mają też coś, czego nie znam, coś po przodkach, o czym nic nie wiem. Biała karta. Tajemnica. Do dziś ta myśl we mnie tkwi. Co by było, gdyby się nagle okazało, że mam gdzieś siostrę lub że ktoś jest moim bratem. Wiele z nas, dzieci Holocaustu, tak ma. Inni ludzie, z którymi rozmawiam i którzy nie pamiętają swoich biologicznych rodziców albo pamiętają mało, marzą, żeby ci rodzice kiedyś wrócili. A raczej: marzyli. Bo nawet gdyby rodzice przeżyli wojnę, to dziś już na pewno by ich nie było, a więc nie udało im się spotkać przez te lata, gdy jeszcze mieli szansę.

Ty marzyłaś?

Ja akurat mam w sobie pewność, że moi żydowscy rodzice nie przeżyli Zagłady. Inaczej by mnie odnaleźli. Przecież matka poszłaby za dzieckiem nawet do piekła.

Moja polska mama zawsze powtarzała: „Nie ta jest matką, która urodziła, ale ta, która wychowała". Rodzice mi nigdy nie powiedzieli prawdy. Dopóki oboje żyli, w ogóle nie było tematu. Potem, gdy zostałyśmy same z mamą, nie pytałam, żeby nie ranić jej uczuć.

Nie domyślałaś się?

Domyślałam się, zawsze się domyślałam. Wprawdzie nie mam wspomnień z wcześniejszego życia, ale muszę nosić w sobie coś z tamtych czasów, bo zawsze miałam przeczucie, że nie jestem ich rodzonym dzieckiem. Byłam czarnowłosa i ciemnooka, a oni blondyni. Wyglądałam bardzo semicko. Martwiłam się, że nie jestem do nich podobna. Mama próbowała rozwiać moje wątpliwości, tłumacząc, że urodę odziedziczyłam po babci. Po latach koleżanka opowiadała, że do jej mamy przyszła kiedyś moja mama – były zaprzyjaźnione. Strasznie płakała. Mówiła: „Słuchaj, Elżunia mi powiedziała, że nie jest moim dzieckiem, że nie jestem jej matką". „Co jej odpowiedziałaś?" – zapytała mama koleżanki. „Że ją kocham". Ja tego w ogóle nie pamiętam, ale jej wierzę. Widocznie zapewnienie o miłości mi wystarczyło.

Okazywali ci ją?

Byłam rozpieszczana. Moim jedynym obowiązkiem było się uczyć. Rodzice nie szczędzili pieniędzy na moje wykształcenie – uczęszczałam do prywatnej szkoły prowadzonej przez siostry felicjanki. Uczyłam się języków obcych. Bardzo jestem im za to wdzięczna, bo dzięki tym językom pół życia przepracowałam jako przewodniczka wycieczek, co uwielbiałam. Rodzice uznali mnie za własne dziecko, a ja zawsze czułam, że jestem ich córką. Mama była niezwykłą kobietą – wykształconą! – przed wojną ukończyła historię i nauki społeczne. Od kiedy miała mnie, uważała, że najlepiej się spełnia jako matka. Rodzice dali mi bezpieczeństwo, opiekę i miłość. Mieliśmy też dobrych sąsiadów i przyjaciół. W czasach mojego dzieciństwa ludzie pamiętali, jak wyglądają Żydzi. Wszyscy musieli się domyślać. Może nawet po prostu wiedzieli? Mimo wszystko byli dla mnie życzliwi, wspierali mnie, to było naturalne. Od sąsiadów nigdy nie usłyszałam nic złego, ani od dorosłych, ani od dzieci.

Nie chciałaś wiedzieć?

Chciałam! Tylko że ponad wszystko kochałam rodziców, a oni mnie. Czułam, że jak zapytam o to mamę i dam jej do zrozumienia, że się domyślam, pęknie jej serce. To byłby dla niej za duży dramat. Dlatego do dziś nie wiem nic: kim byli moi biologiczni rodzice, jakie nosiłam nazwisko, ile mam lat, skąd się wzięłam. Moje dzieci pytają mnie, dlaczego rodzice nic mi nie powiedzieli. Dyskusja o tym, kiedy dziecku adoptowanemu powiedzieć o tym, że jest adoptowane, kiedy jest na to dobra pora, nie prowadzi do żadnych odpowiedzi. Nigdy nie ma dobrej pory. Mam trzech synów, dwóch rodzonych, trzeciego adopcyjnego. Kocham ich wszystkich taką samą miłością. Andrzej wiedział od początku, bo gdy do nas trafił, był już świadomy swojego pochodzenia, więc nie zostałam postawiona przed dylematem, który miała moja matka, biorąc zupełnie małe dziecko. Poszczęściło mi się – byłam dzieckiem łatwym do kochania, które samo kochało. Myślę, że moi rodzice nie chcieliby, żeby o nich mówić jak o bohaterach. Raczej uważali, że to normalne. Czy jestem im wdzięczna? Teraz tak. Ale wcześniej nigdy nie myślałam o tym w ten sposób. Bo rodzice to przecież rodzice.

A czego się dowiedziałaś o swoich biologicznych rodzicach?

Niewiele. Po śmierci mamy zaczęłam szukać. Znalazłam kogoś, kto znał moich rodziców przed wojną. Podobno mój rodzony tata był wspólnikiem mojego polskiego taty. Mieli razem garbarnię w Warszawie. Był jeszcze trzeci wspólnik. Chyba też Żyd. Gdy moi biologiczni rodzice poszli do getta, mój polski ojciec podobno próbował ich stamtąd wyciągnąć. Umówili się, że najpierw wyprowadzą mnie, i tak się stało. Kiedy trzy dni później tata po nich wrócił, nikogo już nie było. Nie było kogo ratować. Chciałam wiedzieć, jak się moi rodzice nazywali, ale osoba, która mi to opowiadała, nie znała żadnych nazwisk. Szukaliśmy sami, ale nikt się nie odnalazł. Dawaliśmy ogłoszenia. Bez rezultatu. A bardzo chciałam. Nie dlatego, że czegoś mi brakowało od moich rodziców. Nie mam wystarczających słów uznania i miłości dla nich. Ale to brakujący kawałek mnie. Wciąż próbuję go zapełniać. Dostałam od polskich rodziców wszystko, co najlepsze, lecz nie mogli mi dać własnych korzeni, rodzinnego dziedzictwa, miejsca w historii żydowskiego narodu. Za to gdy widzę swojego syna w kipie, myślę sobie, że tak właśnie wyglądali moi biologiczni rodzice.

Marzenie

(z rozmowy z Wojtkiem, Miedzeszyn)

Chciałbym opowiedzieć coś o mamie, ale nic nie wiem. Nic nie mam. Móc kiedyś złapać tę łodyżkę, ten korzonek – to moje jedyne marzenie.

Oczy i uszy
(rozmowa z Basią, Lublin)

Dla mnie twarze to oczy i uszy. Nie pamiętam w ogóle całych twarzy, bo nie odróżniam ich innych elementów, pod tym względem jestem trochę jak daltonistka. Nie mam też żadnej orientacji w terenie. Byłam ukrywana całą wojnę. Nie wolno mi było podchodzić do okien. Nie widziałam świata, a ludzi tylko przez szparę. Za to świetnie pamiętam nazwiska. I wzory matematyczne. Mam w głowie całą matematyczną encyklopedię. Skończyłam politechnikę i wiele lat uczyłam matematyki w szkole.

Czy więc pamiętam swoich biologicznych rodziców? Nie, nie pamiętam. Nie wiem dokładnie, ile miałam lat, gdy się znalazłam u swojej matki, bo ona ciągle to zmieniała w papierach i opowieściach. Rodzonej babci też nie pamiętam, a przecież powinnam, bo to ona uratowała mi życie, to ona przyniosła mnie do swojej przyjaciółki – polskiej babci, matki mojej polskiej mamy – na przechowanie.

Przed wojną moja rodzina miała dwa sklepy niedaleko rynku w Bełżycach. I sklepy, i dom nadal tam stoją, ale są przecież nie do odzyskania, nawet się o to nie staram, bo nie chcę, żeby mnie ktoś skrócił o głowę. Moja babcia Antonina Kraśnicka, polska babcia, przychodziła do nas często. Była bardzo dobrą, rzetelną kobietą. Zaprzyjaźniły się z moją żydowską babcią

Normą Wurman. Kiedy wybuchła wojna, najpierw znaleźliśmy się w bełżyckim getcie. Jesienią 1942 roku, gdy zaczęła się likwidacja, całą rodziną (ze mną niemowlęciem i moim siedmioletnim bratem) uciekliśmy i ukrywaliśmy się w stogu siana. Byłam malutka, była zima, rozchorowałam się i miałam odmrożenia, wiadomo było, że nie przeżyję, jeśli mnie gdzieś nie przeniosą. Wtedy moja babcia przyprowadziła mnie do Antoniny, z którą wcześniej się umówiły, że w razie potrzeby się mną zajmie. To miało być tylko na kilka dni, póki nie znajdą innej kryjówki. Ponoć długo czekałyśmy, aż wrócą, wypatrywałyśmy ich – tak opowiadała potem moja polska matka – ale nikt już nigdy się po mnie nie zjawił.

Wtedy polska mama zdecydowała się panią przygarnąć?

Babcia Antonina miała córkę, Natalię Kosko, bezdzietną rozwódkę, której były mąż, policjant, już wtedy nie żył. Gdy po rozwodzie wyniosła się od męża ze Starej Miłosnej, gdzie został dom, który wspólnie wybudowali i o którego odzyskanie ona nigdy się nie postarała, wróciła do matki do Bełżyc. Od tej pory mieszkały razem. Dwie niemłode wdowy – Antonina była po siedemdziesiątce, a Natalia po pięćdziesiątce. Moja matka Natalia najpierw sprzeciwiała się ukrywaniu żydowskiego dziecka, ale babcia postawiła na swoim. Kiedy już stało się jasne, że moi rodzice nie wrócą, babcia poszła do księdza i powiedziała mu, że mają żydowskie dziecko, że przecież są katoliczkami i dziecka nie wyrzucą, ksiądz obiecał pomóc. Ochrzcił mnie, odmłodził, a przy okazji chrztu odjął mojej matce siedem lat, żeby to wszystko uprawdopodobnić. 18 października 1943 roku po zmroku, w kościele, stałam się córką swojej polskiej matki. Miała już w domu ochrzczoną małą dziewczynkę z dobrymi papierami, lecz wcale nie przestała się bać. A ja z nią. Gdy ktoś pukał do drzwi, sama bez słowa szłam do szafy. Matka z tego strachu zaczęła popijać. Zwłaszcza gdy zabrakło babci, która zmarła w 1944 roku. Gdy matka wypiła, mówiła, że muszę jej być wdzięczna, bo na takie dzieci szkoda im naboju, tylko od razu głową o mur. Zawsze mi to powtarzała. To było straszne, a ja myślałam, że tak musi być. Do tej pory w nocy śnią mi się ucięte i roztrzaskane głowy. Koszmarne lata. Cieszę się, że mam to już za sobą.

Czyli pani wiedziała, że jest żydowskim dzieckiem?

Raczej się domyślałam, ale też nie do końca. Wydawało mi się dziwne, że ona jest już taka niemłoda i że mój tata (według papierów Jan) zginął w 1939 roku, a ja mam w dokumentach wpisany 1941 jako datę urodzin. Kiedyś, a miałam już wtedy dwanaście lat, zapytałam ją wprost: „Jak to jest? Jesteś moją matką czy nie?". Ona już była po samogonie, więc się nie kryła i powiedziała: „Ciebie przyniosła rodzina. Z karteczką". I dała mi tę karteczkę (mam ją do dziś, a jej kopia jest w archiwum żih-u). Są na niej imiona i nazwiska moich rodziców: Tauba i Mordko Rochmanowie. Wypisane pięknym, kaligraficznym pismem mojej żydowskiej mamy. Ten, kto ją zabił, pewnie nie był godzien czyścić jej butów. Mama miała dwie młodsze i dwie starsze siostry. Wszystkie zginęły. Ta karteczka od mamy była moim oknem na świat. Dzięki niej wiedziałam, kogo szukać. Odnalazłam krewnych. Całkiem niedawno bogatego wujka w Stanach. Córka go znalazła. Najpierw myślał, że oszukujemy, że nas interesują jego pieniądze, ale jak zobaczył nas na zdjęciach, nie miał wątpliwości. W Izraelu inny odnaleziony kuzyn zaprosił nas na bar micwę swojego syna. Wszyscy tam zgodnie orzekli, że jestem podobna do dziadka. Mam trzy córki, trzech zięciów i dziesięcioro wnuków. Posiadając tak dużą rodzinę, można zapomnieć o tym, co się zdarzyło. Żyć dniem dzisiejszym. Nasi odnalezieni krewni mówią: „O, ta córka podobna do babki". Najstarsza wnuczka studiuje w Szkole Głównej Handlowej, była na praktyce u jednego z naszych kuzynów w Chile, do którego jest niesłychanie podobna. Tak nam się geny wymieszały, że odnajdujemy wiele podobieństw wśród różnych członków rodziny. Już nie czuję się podrzutkiem, jak całe dotychczasowe życie.

A kiedy wojna się skończyła, nikt pani nie szukał? Krewni?

Prawdopodobnie wszyscy zginęli. A z polską mamą po wojnie wyjechałyśmy na Ziemie Odzyskane, do Słupska. Zdecydowała się na wyjazd po tym, jak dwoje ocalałych z Holocaustu mieszkańców Bełżyc wróciło i chciało przenocować we własnych domach. Polscy sąsiedzi ich zamordowali. Przez cały ten czas udawało im się uciekać przed śmiercią, zginęli po powrocie. Mama bała się, że mnie też ktoś rozpozna i zrobi mi krzywdę. Miałam naprawdę trudne dzieciństwo. W Słupsku mama szyła czapki, ja je wykańczałam i sprzedawałyśmy na targu. Ledwo nam starczało na życie. Jedną sukienkę nosiłam przez cały rok. Mama nie była czuła. Zimny wychów, bez przytulania. Właściwie to nigdy w życiu mnie nie pocałowała. Wyniosłam to z domu. Pamiętam, jak byłam zgorszona, widząc, że ktoś całuje dziecko. Zboczenie! Potem swoje całowałam, ale do tej pory nie jestem wylewna. Moja matka była pokręcona, ale naprawdę się do mnie przywiązała. Powtarzała, że poszłaby za mną w ogień. Staram się powiedzieć o niej coś dobrego, bo wiem, ile jej zawdzięczam. Trzeba jej przyznać, że mimo naszej bardzo trudnej sytuacji zależało jej na tym, bym była wykształcona. Dbała, bym się uczyła. To było dla niej bardzo ważne. Sama uczyła mnie pisać. Potem poszła dumna na wywiadówkę, a nauczycielka powiedziała jej: „Basia nie wie, co zadane, Basia robi kleksy". Po powrocie do domu wzięła mój zeszyt, obejrzała i mi nim frygnęła do pieca. Więcej nie poszła na wywiadówkę. Musiałam się ogarnąć.

Mama miała problemy z poruszaniem się, utykała – pamiątka po ranie postrzałowej. Potem to ja bardziej się nią opiekowałam niż ona mną. Załatwiłam jej orzeczenie inwalidzkie. Córka jej koleżanki skończyła stomatologię i mama dla mnie chciała podobnej przyszłości. Ale się nie dałam. Poszłam na Politechnikę Gdańską. Odwdzięczyłam się. Później posyłałam jej pieniądze. Mój mąż wiedział, że ona mnie uratowała.

Zostaliście w Słupsku?

Dostałam nakaz pracy w Lublinie. Mieszkanie w Słupsku przepisałam opiekunce mamy. Jedyne, co ze sobą zabrałam, to tę karteczkę i szczypczyki do cukru z Bełżyc, pamiątkę po babci Antoninie. W nowym mieszkaniu pierwszy mebel to było pianino. Grały na nim wszystkie moje córki, a potem ich dzieci. Jako dziecko marzyłam o fortepianie, bardzo chciałam grać. Z mamą nigdy nie miałyśmy na to warunków. Ona umiała grać na skrzypcach, ale nigdy jej nie słyszałam, bo jej skrzypce przepadły w czasie wojny. Chciała, żebym też grała na tym instrumencie, tylko że ja go nie znosiłam. Za to gdy gdzieś słyszałam fortepian czy pianino, to zawsze przystawałam i słuchałam do końca. Pianino jest dla mnie terapią. I matematyka. Jak mam chandrę, to rozwiązuję jakieś trudne zadanie. Lubię też czytać biografie. Wycinki z życia. Życie podglądane, podsłuchane, jak w tej mojej kryjówce, w której spędziłam dzieciństwo. Chodziła za mną historia matki i córki z łódzkiego getta. Akcja likwidacyjna, wiadomo było, że wywlekają ludzi, wywożą na śmierć. Miały tylko jedną porcję cyjanku. Matka wyrzuciła córkę przez okno, a sama zażyła cyjanek. Tylko że córka, spadając, zahaczyła spódnicą o latarnię, zawisła na niej i tak się uratowała. Przeżyła wojnę, pojechała do Ameryki, miała dzieci. W kółko siedzę w takich historiach. Czytam i uczę się języków. Moje córki i wnuki mówią po angielsku, hebrajsku, niemiecku, hiszpańsku. Poligloci. Córka trzy lata spędziła w archiwach, by odnaleźć moją rodzinę. Sama nie mam do tego talentu, ale mam motywację, bo znaleźliśmy krewnych w różnych miejscach na świecie.

Czuje się pani teraz bardziej Żydówką?

To skomplikowane. Nie lubię polskiej kultury, polskiej religii. Chociaż to w niej się wychowałam. Z Kościołem ciągle miałam problemy. Jak miałam być chrzczona, nikt nie chciał być chrzestnym. Każdy się bał. Matka nie była dewotką, sama nie chodziła do kościoła pod pretekstem postrzelonego kolana, ale mnie wysyłała. Musiałam pójść do pierwszej komunii, wszystkim się pokazać, by nie było podejrzeń. Kiedyś na lekcji religii katechetka tak mnie wystraszyła, że ten lęk został mi do końca życia. To było w pierwszej klasie, opowiadała, że w jakiejś biednej rodzinie, czyli takiej jak moja, Matka Boska z obrazu przemówiła do dziecka – wydarzył się cud. Po tej opowieści schowałam w domu wszystkie obrazy, bo bałam się, że na mnie patrzą. Żydom nie wolno przedstawiać w sztuce podobizn ludzi. Kiedyś ksiądz mnie wyprosił z kościoła i długo nie wiedziałam dlaczego. Poszłam na rekolekcje, spóźniłam się. Potem przez pięć lat w ogóle nie chodziłam do kościoła. A już najgorzej wspominam latanie z wielkanocnym koszyczkiem. Wstydziłam się z nim paradować. Czy to coś żydowskiego się we mnie odzywało? Gdy miałam dwanaście, może trzynaście lat, w Wielkanoc matka wysłała mnie na święcenie. Podeszłam bliżej do księdza, odsłoniłam koszyczek, żeby go poświęcił, a tam nie było chleba. Ludzie zaczęli lamentować: „Chleba nie ma, głód będzie cały rok". Chciałam dołożyć chleb, ale sklepy były pozamykane. W domu zrobiła się z tego wielka awantura. Dziś jestem pomiędzy tymi światami. Trochę tu, trochę tam i wszystkie te doświadczenia sobie zbieram. Bardzo dobrze się czuję wśród Żydów. Jestem o wiele pewniejsza siebie. To moje życie, moja spuścizna.

Tato

(rozmowa z Jadwigą, Toruń)

Tuż po wojnie mój tata pracował na kolei. Chodziłam tam do niego, a jego współpracownicy pytali: „Skąd u ciebie takie czarne oczy, kiedy ty te oczy umyjesz?". Wracałam do domu i szorowałam je proszkiem. Szczypało. Nic rodzicom nie powiedziałam, chciałam, żeby przestały być takie czarne.

Z getta nic nie pamiętam. Za to pamiętam, że się ukrywałyśmy w zbożu lub w wysokiej trawie, że nade mną była kobieta, która zasłaniała mnie swoim ciałem. Gdy potem rozmawiałam po latach ze świadkiem, mówił, że tak właśnie wyglądała sytuacja przekazania mnie. Zostawiono mnie gdzieś w zaroślach między domami. Byłam ubrana w biały kożuszek, miałam przy sobie kartkę z imieniem, nazwiskiem i datą urodzenia oraz torebkę cukru. Na chrzcie, który też pamiętam, moi przybrani rodzice dali mi to samo imię, które napisała na tej kartce moja rodzona mama.

Co wiem dziś, a czego nie wiedziałam przez lata? Mojego ojca i nastoletnich braci wywieziono do Ponar. Zginęli. Leżą w jednym z masowych grobów z tysiącami innych zamordowanych Żydów z okolic. Pojechałam tam kilka lat temu. Najbardziej uderzyło mnie, że tamtejsze drzewa prawie w ogóle nie mają liści. Nie ma ptaków, ich śpiewu, nie ma żadnych żywych głosów przyrody. Miejscowi mówią, że od tamtej pory żaden ptak nie uwił w Ponarach gniazda. Jest cisza. Głęboka cisza. Pamiętam słowa przybranej mamy: „W Ponarach ziemia płakała krwią, rzeka krwi płynęła".

Moja rodzona mama Gienia Murhakiel została sama ze mną i za wszelką cenę chciała mnie ocalić. Umówiła się z przedwojennymi polskimi sąsiadami ze Zwierzyńca*, że się mną zaopiekują. Nie za darmo. Byli dobrze opłaceni. Mama wierzyła, że przeżyje wojnę i mnie odbierze. Inaczej po co miałaby pisać tę kartkę? Myślę, że bardzo za mną tęskniła, bo któregoś dnia już nie wytrzymała i wyszła z getta, żeby się ze mną zobaczyć. Tak to sobie wyobrażam, choć przecież nie mam żadnej pewności. Przekupiła strażników i wyszła na aryjską stronę. Zastrzelił ją niemiecki patrol. To wiem od chrzestnego. Podobno jej ciało znaleźli Żydzi i pochowali ją na żydowskim cmentarzu. Więc gdzieś musi być jej grób, ale gdy pojechałyśmy tam z córką, nie mogłyśmy go odnaleźć.

Po śmierci mamy ci ludzie nie zdecydowali się mnie dłużej trzymać. Zawiadomili Gestapo, że znaleźli na ulicy żydowskie dziecko. Na przyjście żandarmów czekaliśmy w kuźni. W tej kuźni razem z człowiekiem, który miał mnie przygarnąć, a postanowił się mnie pozbyć, pracował mój późniejszy tata – Seroczyński. Gdy tata zorientował się, co tu ma się za chwilę wydarzyć, powiedział, że nie ma mowy: „Nikomu tego dziecka nie oddam, bez względu na konsekwencje". Ja tej całej sytuacji nie pamiętam, ale pamiętam strach i do tej pory wyraźnie widzę obraz tego Niemca, który po mnie przyszedł. Tata Seroczyński pochodził z Pomorza, świetnie mówił po niemiecku, odciągnął go na bok i się z nim dogadał. Co powiedział? Nie wiem. W każdym razie Niemiec sobie poszedł, a wtedy ja podbiegłam do Seroczyńskiego, objęłam go za nogę i powiedziałam: „Tatuś!". Sama go sobie wybrałam. A on już nigdy mnie nie zostawił. W ogóle

* Zwierzyniec (lit. Žvėrynas) – dzielnica jednorodzinnych domów w Wilnie, położona na prawym brzegu Wilii, na północny zachód od Nowego Miasta.

to był człowiek, który bardzo lubił dzieci. Moi przybrani rodzice przechowywali w czasie wojny też inne dzieci – z rodziny, bo w 1943 roku brat mojej przybranej mamy zmarł i bratowa została z piątką.

Pamiętała pani, że była żydowskim dzieckiem?

W Zwierzyńcu mieszkało przed wojną wielu Żydów. Moja przybrana mama często mi o nich opowiadała, mimo że nie byłam świadoma, że to dotyczy mnie. Opowiadała, że miała koleżanki Żydówki. Chodziły po szkole do siebie do domów i smażyły sobie coś na patelni, a potem ją szorowały, żeby się nie wydało, że ją rozkoszerowały.

Gdy po wojnie moi rodzice przenieśli się z Wilna na Pomorze, siostrzeniec mojego przybranego ojca, czyli mój chrzestny, przyjechał z nami. To on rozgadał wszystkim wokół, że jestem żydowskim dzieckiem, znajdą. Jego córka niedawno mi wspominała, jak dostało jej się, bo powiedziała na mnie: „Żydówa". Skądś to musiała podłapać. Mieszkał z nami osierocony chłopiec z rodziny mojej mamy. Miał inne nazwisko niż my i wiedziałam, że on „nie jest nasz". Gdy więc ktoś mi mówił, że moja mama to nie moja mama, mówiłam z przekonaniem, że się myli, bo „Waldka to nie są rodzice, ale moi – owszem". Strasznie przeżywałam, jak mnie nazywali „Żydówka". Tłumaczyłam sobie, że jak się dziecko rodzi i nie jest ochrzczone, to wtedy jest Żydem, a wiedziałam, że skoro jestem ochrzczona, to przecież nie mogę być Żydówką.

Rodzina mamy miała zakaz mówienia. Niczego nie mogłam się od nich dowiedzieć. W końcu poznałam prawdę wprost od siostrzeńca ojca. Przeżyłam szok – bardzo ciężko się rozchorowałam.

Ile pani miała wtedy lat?

Jedenaście. A kiedy skończyłam czternaście lat, ktoś inny z rodziny rozmawiał ze mną i wtedy już z całą pewnością wiedziałam, że jestem żydowskim dzieckiem. A jednak nadal przede wszystkim ufałam mamie, od której jeszcze nigdy tego nie usłyszałam. W końcu przyszłam do mamy i zapytałam ją, czy nie jestem ich rodzoną córką, a ona zaczęła strasznie płakać. Wtedy sobie poprzysięgłam, że nigdy nie będę o tym rozmawiać z rodzicami. Do końca życia rodziców nie poruszałam z nimi tego tematu ani niczego się od nich nie dowiedziałam. Karteczka pisana ręką mojej rodzonej mamy zaginęła. Nie miałam nic.

Ale teraz ma pani całkiem sporo...

Mój mąż wiedział o moim pochodzeniu i zawsze mnie namawiał, żebym pytała. Bardzo młodo zmarł, był chory, odchodził świadomie i jeszcze przed śmiercią mówił: „Zapytaj mamę, odszukaj korzenie". Tata Seroczyński już nie żył. Nie chciałam tego robić mamie. Gdy zmarła, zaczęłam szukać, ale wielu ludzi już wtedy odeszło. Zmarła moja chrzestna, która wiedziała najwięcej. Pojechałam do Wilna i do Zwierzyńca. Żył jeszcze syn sąsiadów. W czasie wojny miał trzynaście lat. Wszystko mi opowiedział. Oczywiście tego, że mnie chcieli oddać gestapowcom, gdy moja mama została zabita – nie. To wiem nie od niego. Wszyscy pytali: „Dlaczego szukasz dopiero teraz?".

Dlaczego?

Bo moi przybrani rodzice to byli prawdziwi rodzice. Nie chciałam, żeby myśleli, że w to zwątpiłam. Za to kiedy otworzyli granice, pojawiły się możliwości, wycieczki, nieraz mówiłam mamie: „Chodź, pojedziemy do Wilna, odwiedzimy stare miejsca", a mama odpowiadała: „A po co mam tam jechać, skoro tam nikt już nie został". W 1945 roku w środku zimy pociągiem z Wilna do Polski jechaliśmy miesiąc. W wagonie był taki mróz, że woda w wiadrze zamarzała. Ludzie śpiewali: „Żegnaj, Wilno ukochane, tyś najdroższe z wszystkich miast, a nam każą się wynosić, taki smutny jest nasz los". 1 kwietnia, w Wielkanoc, wyładowali nas w Jabłonowie, niedaleko Torunia. Tata wiedział, że jego siostra mieszka gdzieś w okolicy. Na piechotę wzdłuż torów poszliśmy jej szukać. I znaleźliśmy. Najpierw myśleliśmy, że kiedyś wszyscy wrócimy na Litwę. Potem już było wiadomo, że nie. Pierwszy raz pojechałam sama z biurem Karolinka, po śmierci mamy. Myślałam tam o wszystkim, co mi opowiadała. Mijałam Wilię, ucieszyłam się, mówiłam: „Jaka piękna Wilia", a kierowca odpowiedział: „To nie Wilia, to Neris". Poszłam do archiwum, ktoś mi przetłumaczył z litewskiego i odnalazłam dom swoich rodziców. Drewniana, piętrowa kamienica. Sami obcy ludzie, dość nieufni, biedni. Poinformowali mnie: „Tu przed wojną to Żydy mieszkały i wie pani co? Tam pod schodami to było dużo złota schowane". A syn ludzi, którzy mnie nie wzięli, opowiadał o domu, o moich rodzicach i o moich braciach, bo byli w jednym wieku, przyjaźnili się. Wyraźnie nie chciał dopowiadać wszystkiego, nie ze wszystkim było mu wygodnie. Nawet nie pamiętał naszego nazwiska, sama je znalazłam po adresie.

Kilka razy wracałam. Za każdym razem bardzo to przeżywałam. Czasem się zastanawiam, czy kobieta, która w głębokiej trawie przykrywała mnie swoim ciałem, to była moja mama. Gdyby nią była, miałabym coś po niej – bardzo mocne wspomnienie. Niestety, to mogła być zupełnie obca kobieta.

Przesada
(z rozmowy z Basią, Częstochowa)

Oddając mnie mojej drugiej mamie, ojciec prosił ją o przechowanie dziecka tylko przez jedną noc. Musi jeszcze tylko wrócić
po siedmioletniego synka Salka. Zdążył przekazać jej jedynie,
jak mam na imię. Następnego dnia nikt się po mnie nie zgłosił.
Rodzice i wujostwo bali się trzymać żydowskie dziecko. Wuj
chciał mnie podrzucić pod mur getta. Kłócili się, nie zgadzali,
zmieniali zdanie, ale trzymali mnie dalej, licząc, że ktoś się
zgłosi i ustali warunki przechowywania mnie.

Mama przez całe życie powtarzała mi: „Ja za ciebie nie dostałam ani grosza, oni mi cię podrzucili".

Gdy wybuchło powstanie w getcie, stało się jasne, że nikt się
po mnie nie zgłosi.

Chyba w 1946 roku odwiedził nas jeden pan z czarnymi, kręconymi włosami. Gdy już poszedł, mama mówiła do swojej
siostry, że to był Żyd. Obie były podenerwowane, a ja zrozumiałam, że on chciał mnie ukraść. Bardzo się bałam i mama
wywiozła mnie na wieś. Prawdopodobnie szukał mnie wtedy
CKŻP. Sąsiadka mnie zaczepiła: „Wiesz, że twoja mama nie jest
twoją prawdziwą mamą? Ciebie Żydzi z getta przynieśli i teraz
cię szukają. Jedź z nimi do Izraela". Pobiegłam zapłakana do
domu. „Miałam nigdy ci o tym nie mówić. Nie ta jest matką,
która urodziła, ale ta, która wychowała".

Wtedy przypomniała mi się taka scena. Przed moją Pierwszą Komunią matka zrobiła się nerwowa. W nocy podsłuchałam rozmowę rodziców. Tata zapytał: „Dlaczego miałaby nie iść do komunii? Nie miałaś problemu z tym, żeby ją ochrzcić". A mama odpowiedziała: „No wiesz, to by już była przesada". Gdy zapytałam ją o to po latach, twierdziła, że nie chciała być nielojalna w stosunku do mojej pierwszej mamy…

Bo drogi moje nie są drogami waszymi...
(rozmowy z Jakubem Romualdem, Jerozolima)

Wiadomość o mojej mamie przyszła tuż przed moimi siedem-dziesiątymi urodzinami. W czwarty dzień Chanuki społeczność Żydów wileńskich, do których zaliczani są również Żydzi ze Święcian (miasta mego urodzenia), urządziła spotkanie w Tel Awiwie. Zostałem zaproszony do zapalenia czwartej świecy.

Pracuję w Jerozolimie, w Yad Vashem, od siódmej do pięt-nastej. Miałem po ośmiu godzinach pracy wlec się jeszcze auto-busem do Tel Awiwu i z powrotem? Myślałem o podróży do Bejt Wilna z wielką niechęcią. Dzień był brzydki, padał deszcz. Bar-dzo słabo znam Tel Awiw, a to przecież nie wszystko. By dotrzeć do Bejt Wilna, musiałbym wziąć taryfę i najprawdopodobniej taksówkarz chciałby mnie naciąć na kasę. Chciałem dać sobie spokój. Ale... – przemknęło mi przez myśl – ...moja rodzona mama byłaby z takiej postawy bardzo niezadowolona. I wów-czas przypomniałem sobie jedną z historyjek zasłyszanych od kolegów Ślązaków z KUL-u. Pewnej niedzieli po obiedzie wy-pili herbatę z „prundem" i zrobiło im się wesoło. I właśnie wte-dy – pech – zadzwonił telefon ze szpitala, że chory potrzebuje księdza. Wesołość szybko minęła, bo przecież żaden z nich nie był gotów jechać „pod prundem" gdziekolwiek, a co dopiero do chorego. Zadzwonili do biskupa emeryta: „Jegomość, cho-ry w szpitalu potrzebuje księdza". Na co biskup: „Słuchajcie, nie czuję się najlepiej. Wy, młodzi mnie starego jeszcze wykorzystujecie". Na to jeden z nich: „Ale, Jegomość, chory może umrzeć, a my pod prundem nie pojedziemy. Dźwigaj dupa i jedź do szpitala". Prawie na głos się roześmiałem i powtórzyłem: „Stary, dźwigaj dupa i jedź do Tel Awiwu". Przyjechałem tam spóźniony, ale czekali na mnie. Zapaliłem świecę i zaraz „przytuliłem się" do małżonków: Sendera i Hany. Dziś wiem, że oboje znali dobrze moich rodziców w Święcianach. Zawsze gdy ich widzę, tulę się do nich jak do najbliższej rodziny. Więc popijałem herbatę (bez „prundu") i robiło mi się smutno, bo zaraz trzeba było wracać do Jerozolimy. Powiedziałem im, że nazajutrz muszę być w pracy. Użalałem się nad sobą, oni użalali się nade mną i gdy tak się użalaliśmy, obok nas przeszedł jakiś mężczyzna. Widziałem go po raz pierwszy. Sender go znał, wiedział, że to ktoś z Jerozolimy i pewnie będzie wracał swoim samochodem. Zapytał, czy ma wolne miejsce, by „tego oto Żyda" zawieźć do domu. Odpowiedź pozytywna.

Wsiadłem do samochodu z nieznajomym. Pierwsze, co zrobiłem, to zapytałem, w jakim języku będziemy rozmawiali. Mój kierowca odpowiedział: „w *anglit* albo *iwrit*". Z dwojga złego wybrałem iwrit i od razu rozpocząłem od tego, co dla mnie najważniejsze. Tłumaczyłem, że jestem ocalony z Szoah. Urodziłem się w Święcianach. Zamordowali mi rodziców i brata. Znalazłem w Izraelu rodzinę ze strony ojca, ale nie ma żadnego śladu po rodzinie mojej mamy. „A jakie było panieńskie nazwisko twojej matki?" – zapytał mój kierowca. Odpowiedziałem: „Wojszkuńska".

„Powtórz!" – niemal krzyknął tamten. Powtórzyłem nieco głośniej. Nastała cisza. Patrzyłem, a on miał łzy w oczach i powiedział: *„Ulaj ani miszpacha szelcha?"* – „Może ja jestem twoją rodziną?". Tym razem ja krzyknąłem: *„Ma?!"* – „Co?!". Nie było żadnej odpowiedzi. Natychmiast zaczął telefonować do nieznanych mi osób. Mówił szybko. Nic nie rozumiałem. Powtarzały się tylko trzy nazwiska: panieńskie mojej mamy, Wojszkuńska;

nazwisko mojego kierowcy, Kowarski; i jeszcze jedno, Judowicz, które słyszałem po raz pierwszy. Z jego szybkich słów zrozumiałem tylko te nazwiska. Przyjechaliśmy do Jerozolimy. Podwiózł mnie pod dom. „Jakub, nie chcę cię wprowadzić w błąd. Za mało wiem. Zadzwonię do ciebie jeszcze dzisiaj". Wszedłem do mieszkania. Nie rozebrałem się. Chodziłem po pokoju z torbą przewieszoną przez ramię. Czyżbym odnalazł ślad po swojej rodzonej, zamordowanej mamie? Czyżby światła Chanuki rozjaśniły ciemność nocy i ukazały trop? Chyba nie minęło pół godziny i – telefon. Podniosłem słuchawkę, a mój kierowca dosłownie krzyczał: *„Jaakow, jesz lecha miszpacha gdola szel ima be-Israel"* – „Jakubie, masz dużą rodzinę mamy w Izraelu!".

Jego prababcia i moja babcia (między nami jest różnica jednego pokolenia) były rodzonymi siostrami. Rachela Ciril Kowarska wyszła za mąż za Bencyjona Wojszkuńskiego, mojego dziadka, ojca mojej mamy. Okazało się, że moja mama miała jeszcze starszą siostrę o imieniu Cwija. W latach dwudziestych Cwija przyjechała do Palestyny. Wyszła za mąż za Judowicza.

I to jest to trzecie nazwisko…

Miała trzech wspaniałych synów, z których dwóch już zmarło, ale Josef żyje, a wszyscy trzej mieli synów i córki. Mam wielką, wspaniałą rodzinę! Chanuka to jest moje osobiste święto.

To nie jest nasza pierwsza rozmowa, robiliśmy razem spektakl*. Gdy się poznaliśmy, doświadczenia związane z odnalezieniem rodziny twojej mamy były bardzo świeże. Z każdym kolejnym spotkaniem widzę, jak ta świadomość zmienia ciebie i twój stosunek do własnej historii. Twoi polscy rodzice…

---

* *Matki* – spektakl/performance/spotkanie Teatru Żydowskiego w Warszawie, którego premiera odbyła się 26 maja 2016 roku; reżyseria Paweł Passini, scenariusz Patrycja Dołowy, scenografia Zuzanna Srebrna, projekcje Maria Porzyc, muzyka Daniel Mroński, Paweł Passini, śpiew Gołda Tencer. W spektaklu zagrali aktorzy Teatru Żydowskiego – Monika Chrząstowska, Ewa Greś / Sylwia Najah, Ryszard Kluge / Piotr Sierecki, Joanna Przybyłowska, Joanna Rzączyńska, Alina Świdowska, Gołda Tencer, Jerzy Walczak, Ernestyna

Bardzo mnie kochali…

W spektaklu opowiadasz historię o tym, jak marzyłeś o akordeonie…

Zawsze byłem muzykalny. Jak mój żydowski tata. Z zawodu był krawcem, bardzo znanym w okolicach, ale podobno wciąż na czymś grał, potrafił wydobywać melodię ze wszystkiego, co wpadło mu w ręce. Rzeczywiście marzyłem o akordeonie. Moich rodziców nie było stać na takie wydatki. Żyliśmy bardzo biednie. Ale ja przychodziłem do taty, siadałem mu na kolanach i prosiłem: „Tata, kup mi taką grającą zabawkę". I któregoś dnia rodzice sprzedali krowę i kupili akordeon. Nigdy mnie nie ukarali, nawet nie rugali, nie podnosili na mnie głosu.

Kochali cię i dopieszczali najlepiej, jak mogli. A jednak coś cię niepokoiło. Czułeś, że jesteś „inny"?

Owszem, czułem, ale też inni bardzo mi w tym „pomagali". W 1948 roku jeszcze nie chodziłem do szkoły. Był późny wieczór, zaczynało się ściemniać, krowy wracały z pastwiska, a ja wracałem z zabawy z dziećmi. I nagle usłyszałem: „Żydowski bękart! Żyd! Żyd!". Obejrzałem się w kierunku, skąd dochodziły te krzyki. Po drugiej stronie ulicy stało dwóch znanych mi sąsiadów. O tej porze, jak zwykle, dobrze już przemoczonych alkoholem. Gdy spostrzegli, że reaguję, zarechotali. Bardzo się przestraszyłem. Natychmiast narobiłem w portki. Wbiegłem do domu, mama była w kuchni. Chciałem jej powiedzieć, że mnie przezywali, ale spółgłoska „p" zamknęła mi usta, jąkałem się. Więc krzyknąłem przez łzy: „Co to jest Żyd?". „A kto tak na ciebie powiedział?" – dopytywała mama, ale nie odpowiedziała na

Winnicka – oraz aktorzy studium teatralnego neттheatre: Dominika Kimaty, Aleksandra Karpiuk, Anna Opolska, Noemi Berenstein, Olga Bury, Anna Puzio, Maja Furmaga, Paulina Wójtowicz; goście specjalni Elżbieta Ficowska, Joanna Sobolewska-Pyz, Jakub Romuald Weksler-Waszkinel, Elżbieta Brzuska-Wojciechowska. W 2018 roku spektakl został wyprodukowany przez Teatr Telewizji (premiera 20 listopada 2018 roku) i zdobył pierwsze miejsce w Telewizyjnym Festiwalu Teatrów Polski 2018.

moje pytanie. Przytuliła mnie, chyba płakała... Chcę ci jednak powiedzieć, że bardziej niż przezwiska „Żyd" bałem się pytania: „Do kogo ty właściwie jesteś podobny?". Do nikogo nie byłem podobny. A bardzo chciałem być podobny do tatusia. Kiedyś, stojąc przed lustrem, dostrzegłem takie podobieństwo i chciałem, by mama je potwierdziła. Mama milczała, więc krzyknąłem: „Jeżeli jestem Żydem, to zobaczycie, co sobie zrobię!". Jak stwierdził Sartre: to antysemita stwarza Żyda.

Właściwie dlaczego zostałeś księdzem?

Niedziela była najszczęśliwszym dniem tygodnia – chodziłem do kościoła z mamą i tatą. Rodzice trzymali mnie za ręce – mama za jedną, tata za drugą, a ja byłem w środku. Dostawałem kilka monet w ramach kieszonkowego – wrzucałem je na tacę, a ksiądz głaskał mnie po głowie. Byłem w siódmym niebie. Potem zająłem się nauką, nauczyłem się grać na akordeonie, grałem w teatrze, miałem dziewczynę i ćwiczyłem, by się nie jąkać. W szkole średniej uczyliśmy się teorii Aleksandra Oparina, rosyjskiego biochemika, który udowadniał, że świat powstał w procesie ewolucji. Ta teoria rozpaliła mi niebo i przestałem wierzyć w Boga. Chodziłem do kościoła, żeby nie sprawiać przykrości rodzicom. Zamierzałem zdać maturę i odejść z Kościoła. Byłem pilnym uczniem. Uczęszczałem na lekcje religii. Nauczyłem się grać na nich w brydża... Ale nasz ksiądz był dobrym człowiekiem. I kiedyś po lekcji, już pod koniec roku szkolnego, wracaliśmy razem ze szkoły i on zapytał mnie, co będę robił po maturze. Zupełnie nie wiem dlaczego, ale odpowiedziałem: „Pójdę na księdza". Powiedziałem tak, żeby się odczepił, ale wtedy usłyszałem sam siebie i pomyślałem: co ty robisz? co za nonsens? Byłem wychowany tak, że nie rzuca się słów na wiatr. Dlatego w drodze do domu myślałem o tym, że muszę o tej sytuacji powiedzieć rodzicom. Żeby ojciec otworzył szeroko oczy i powiedział: „No, synu, spełnia się moje marzenie". Gdyby tak powiedział, pewnie nie zostałbym księdzem. Myślałem, że to go uszczęśliwi, a on spojrzał na mnie i zapytał: „Cóż to za idiotyczny pomysł?". Wyjaśniłem, że rozmawiałem o nim z księdzem. Odpowiedział: „Skoro tak mówisz. Ale zupełnie się do tego nie nadajesz". Postawa ojca bardzo mnie rozgniewała. Powiedziałem, że mnie nie zna i wcale nie rozumie. Im bardziej był przeciwny, tym bardziej byłem zdecydowany. Poszedłem do seminarium. Tata naprawdę źle to zniósł – pewnej niedzieli przyjechał do mnie w odwiedziny. Był niezwykle poważny i w ogóle się nie uśmiechał. Po obiedzie poszliśmy do kościoła – ukląkł, modlił się i nagle wybuchnął płaczem. Zapytałem, czy zrobiłem coś złego. Odpowiedział: „Nie zrobiłeś niczego dobrego. Twoje życie będzie bardzo ciężkie". Umarł w następny czwartek.

Wtedy już musiałeś zostać księdzem...

Śmierć ojca zamknęła mnie w seminarium. W pierwszej chwili pomyślałem, że zabiłem ojca. Powiedziałem to mamie po pogrzebie. Zdecydowanie się sprzeciwiła: „Nie wolno tak myśleć. Tatuś bardzo cię kochał. W jego śmierci nie ma twojej winy. Jak nie chcesz, nie musisz wracać do seminarium". Wróciłem, ale powiedziałem rektorowi, że nie wiem, czy powinienem pozostać. Rektor prosił, bym dał sobie czas: „W tej chwili jesteś w szoku, nie powinieneś podejmować żadnej wiążącej decyzji". Po miesiącu byłem przekonany, że nie wolno mi wystąpić. Swoim życiem, właśnie jako ksiądz, miałem pokazać, że śmierć ojca nie była daremna.

Mam przeczucie, że tata wtedy właśnie chciał ci powiedzieć o twoim pochodzeniu. Dlatego umarł. To był za duży stres.

Powiem ci więcej, ja wiem, że tak było. Od mamy. Nie dał rady. Nie z obawy o siebie, tylko z obawy o mnie, bo ja wtedy bardzo nie chciałem być Żydem, bardzo się bałem, że nim jestem, że nie jestem dzieckiem swoich rodziców. Gdyby nie ta sytuacja, pewnie nie zniósłbym upokorzeń, które spotykały mnie w seminarium. Jak mnie przełożony, wtedy wicerektor, dziś biskup, uczył jeść łyżką w ramach naigrywania się ze mnie. Przytrzymywał mi łokieć i prostował plecy. Innym takich lekcji nie dawał. Ale wytrzymałem.

Zapomniałeś o przeczuciach z dzieciństwa, że może jesteś Żydem?

Bałem się Żydów i w ogóle świata żydowskiego. Zabili Jezusa, z którym byłem emocjonalnie mocno związany. Żyłem z nim w symbiozie cierpienia. O Zagładzie Żydów w ogóle się wówczas nie mówiło... Nie słyszałem słowa na ten temat ani w szkole podstawowej, ani średniej, ani w seminarium duchownym, ani nawet na KUL-u, gdzie studiowałem filozofię. Mówiono o okropnościach II wojny, straszliwych ofiarach poniesionych przez polskie społeczeństwo, ale o losach Żydów, o ich eksterminacji, bo byli Żydami? Nigdy. Dowiedziałem się o tym przypadkowo. W roku 1968, w dzień Wszystkich Świętych byłem na cmentarzu. Poszedłem do kwatery żołnierzy rosyjskich, bo tam nikt nie chodził. Było ciemno, podczas gdy cały cmentarz płonął od zniczy. Uczono mnie, że należy się modlić za tych, za których się nikt nie modli. Zapaliłem znicze, pomodliłem się, podniosłem głowę i zobaczyłem napis: „Polegli w latach 1941–1945". Ale przecież wojna rozpoczęła się w 1939 roku, każde dziecko o tym wie. Co żołnierz radziecki robił przez dwa lata? Zaniepokojony wróciłem do domu księży studentów i od razu skierowałem kroki do kolegi, który studiował historię. Tylko się uśmiechnął. On też nie wiedział po szkole średniej. Zapytał, czy słyszałem o pakcie Ribbentrop–Mołotow. Oczywiście, że nic nie słyszałem ani nie wiedziałem. Jak można było bohaterską armię radziecką łączyć razem z hitlerowskimi bandziorami? Otrzymałem książkę, tytułu dokładnie nie pomnę. Czytałem ją niemal całą noc. Popłakałem się. Po raz pierwszy przeczytałem o eksterminacji Żydów w Europie, w tym w Polsce. Natychmiast przyszło mi do głowy, że mogę być żydowskim dzieckiem, które miało ogromne szczęście trafić na wspaniałych, kochających rodziców. Uratowali mi życie! Potem, gdy w wyniku antysemickich zamieszek niektórych studentów pochodzenia żydowskiego, wyrzuconych z innych uniwersytetów, przyjęto na KUL, często się im przyglądałem. Wydawało mi się, że jestem do nich podobny...

Ale to nie wtedy rozmawiałeś z mamą?

Nie, jeszcze nie. Wówczas byłem studentem. Rozpocząłem pracę na KUL-u w 1971 roku. A moja mama przeniosła się do Lublina we wrześniu 1975. Mieszkaliśmy razem i zacząłem ją bardzo ostrożnie wypytywać o przeżycia z lat wojny. Odmawiała współpracy, i to był kolejny znak. Pewnego dnia przeczytałem jej na głos tekst, w którym były wojenne świadectwa Żydów. Zaczęła płakać. Zapytałem: „Czy ja jestem Żydem?". A ona na to: „Powiedz, czy nie dość cię kocham?". Uciekłem z pokoju, żeby nie widziała, że płaczę. Kiedy wróciłem, poprosiła, żebym już nigdy nie wspominał o Żydach. Przez kilka lat prowadziliśmy grę. Ja zadawałem pytania, ona uciekała. Aż do 23 lutego 1978 roku.

Dnia twoich drugich narodzin...

Zapytałem mamę, kto mieszkał w Święcianach, w mieście mego urodzenia, na Wileńszczyźnie. Wymieniała po kolei wszystkie nacje, o Żydach nawet nie wspominając. Przerwałem jej: „A Żydzi?". Rozpłakała się. Wziąłem ją za ręce i powiedziałem: „To moje życie, jedyne, jakie mam. Mam prawo wiedzieć. Nie będę kochał cię mniej z tego powodu. Co najwyżej bardziej". I wtedy powiedziała: „Miałeś wspaniałych rodziców, którzy cię bardzo kochali, byli Żydami i zostali zamordowani, a ja tylko chciałam cię uratować przed śmiercią".

Wtedy zaczęliście rozmawiać?

Zapytałem, jak się nazywali moi żydowscy rodzice. Chciałem znać swoje rodowe nazwisko. Mama nie wiedziała. Czułem się, jakby ktoś wyrzucił mnie z samolotu na pustynię. Z jednej strony miałem swoje podejrzenia, z drugiej jednak bałem się, i miałem nadzieję, że matka zaprzeczy. Powiedziała: „Miałeś bardzo mądrą mamę. Masz jej oczy. Twoja mama prosiła mnie: »Niech pani ratuje moje żydowskie dziecko w imię Żyda, w którego pani wierzy. Zobaczy pani, gdy dorośnie, będzie księdzem«". Tak, wtedy właśnie to powiedziała. Zapytałem ją, co wiedziała o moich rodzicach. Tylko tyle, że mój ojciec był bardzo dobrym krawcem, dlatego Niemcy nie zabili go od razu. Że w ich domu był też inny mały chłopiec, o imieniu Szmul, że cała rodzina znalazła się wileńskim getcie. Podobno zostali wywiezieni do Ponar, a tata do Stutthofu.

Mówiłeś, że zapytałeś mamę Emilię, polską mamę, co by zrobiła, gdyby nagle mama Batia stanęła w progu.

To było przekroczenie granicy z mojej strony. Moja mama miała naturalną mądrość i prawość w sercu. Gdy o to zapytałem, rozpłakała się. W tym jej zwlekaniu z mówieniem była jakaś zazdrość i niepewność, czy nie będę jej mniej kochał. Ale wtedy tak dokładnie powiedziała: „Gdyby twoja mama stanęła w progu, zaprosilibyśmy ją do środka i odtąd miałbyś dwie mamy". Już nie było tajemnic. Kiedyś zaczęła opowiadać, jak tatuś wiózł mnie do Wilna. Złapałem ją na tym zdaniu i zapytałem: „Kiedy tatuś wiózł mnie do Wilna?". Ona znów zaczęła płakać: „Nie pytaj o to więcej". Okazało się, że był na rodziców donos i miało przyjść po mnie Gestapo. Uciekli – mama do rodziców taty, a tata ze mną do Wilna. Chcieli mnie oddać moim żydowskim rodzicom do getta. Skoro tu miałbym zginąć z rąk Gestapo, to lepiej, żebym był przy rodzicach.

Nie dojechaliście do Wilna…

Nie, ale ja bardzo mało wiem o tej historii… W każdym razie to nie był jeden z tych prymitywnych donosów, by dostać kilo cukru lub ileś tam mąki. To była inna historia, znacznie bardziej nieoczywista. Dzieci chorowały na szkarlatynę. Córeczka naszej sąsiadki umarła, a ja przeżyłem. Siostra tej sąsiadki zawsze przynosiła dla mnie mleko. Raz przyszła i powiedziała do mojej mamy: „Słuchaj, moja siostra oszalała z rozpaczy, krzyczy, że jakim prawem jej córeczka nie żyje, a ten żydowski bachor tak. Jeśli ona umarła, to żydowski bachor też umrze, nie wytrzyma tego bólu, nie może tak dłużej, idzie zrobić donos do Gestapo". Więc ona przyszła ostrzec mamę. Tamta naprawdę poszła z donosem, tylko że nas już nie było. Uciekliśmy do Wejszyszek, rodzinnej wioski mego ojca, niedaleko Łyntup, obecnie to Białoruś. Tam doczekaliśmy wyzwolenia. Mama, opowiadając mi tę historię, nie wskazała żadnej konkretnej osoby, ale wiem, kim była ta kobieta. A wiesz skąd? Po wielu latach, gdy już byłem wykładowcą na KUL-u, przyszedł do mnie list z Olsztyna. To ona pisała. Była umierająca, prosiła mnie o wybaczenie. Bo przecież kochała swoją córkę. To była rozpacz. Straszliwa miłość matki do dziecka i poczucie niesprawiedliwości. Ona w tym szaleństwie poleciała do Gestapo. A gdy odchodziła, sumienie nie dawało jej spokoju. Wszelkie stemple, kalki są nieadekwatne, nie pozwalają zrozumieć odcieni emocjonalnych. Nie mówię, że ją rozumiem, ale nie jestem bezduszny. Wybaczyłem jej.

Emilia Waszkinel i jej mąż Piotr zostali w 1995 roku uznani przez komisję Yad Vashem za Sprawiedliwych wśród Narodów Świata. Byliśmy przy ścianie z ich nazwiskami... Ty przyjechałeś pierwszy raz do Izraela w 1992 roku. Od momentu swoich ponownych „narodzin" zdołałeś się wiele dowiedzieć i odnaleźć w Izraelu rodzinę ojca.

Tak, odnalazłem brata i siostrę rodzonego ojca. Mój wujek rozpoznał mnie na lotnisku w Tel Awiwie po sposobie chodzenia. Podszedł do mnie i rozpłakał się, gdy mnie obejmował. A kiedy go zapytałem, skąd wie, że to ja, odpowiedział: „Chodzisz jak mój kochany brat, twój ojciec". Mój wujek był bardzo religijny i od razu w samochodzie zapytał mnie, jak mogę unieść dziewiętnaście wieków nienawiści chrześcijaństwa do Żydów. Nie ma odpowiedzi na takie pytanie. Tylko płakałem, aż wreszcie przyszło mi do głowy, że nie mam dziewiętnastu wieków, a jedynie czterdzieści dziewięć lat i że to ja go znalazłem, a nie on mnie. Ileż było wzruszeń, gdy zabrał mnie do synagogi. Okrył tałesem. Brak adekwatnych słów, by wyrazić te przeżycia. Dla mnie najtrudniejszym okresem był czas po śmierci mamy, która odeszła w 1989 roku, czyli przed odnalezieniem nazwisk moich żydowskich rodziców w roku 1992. Straszny czas, najgorszy. Gdy mama zmarła, nie było nikogo.

Nie miałem się przed kim wyżalić. Nikt oprócz mamy nie wiedział, w jakiej byłem sytuacji.

A twoja siostra? Kiedy jej powiedziałeś?

Po powrocie z drugiego wyjazdu do Izraela. Miałem już wtedy pewność co do swoich korzeni. Nie chciałem, żeby gadali, że „wreszcie się przyznał", żeby usłyszała to od innych. Po powrocie chodziłem po wszystkich i mówiłem, ale najpierw jej: „Jasia, masz trochę innego brata. Możesz mnie teraz przepędzić. Ja cię kocham i przyjmę to z całą pokorą, to jest twoje prawo". Ona mnie objęła, pocałowała i powiedziała: „Nie gadaj głupstw". Myślę, że dla niej to też nie jest łatwe, ale ona dobrze się mną opiekuje, wysyła mi paczki do Izraela, a gdy jestem w Polsce, zajmuje się mną. To mój anioł stróż.

Czujesz się dziś Żydem?

W Izraelu pewien dziennikarz zaprosił mnie na obiad purimowy. Było dużo gości. I okazało się, że to sami Żydzi sefardyjscy. W większości bardzo religijni. Prosili, bym opowiedział im swoją historię. Uważam, że mam obowiązek dawać świadectwo. Przecież wciąż jest tylu wariatów, negacjonistów, którzy mówią, że w ogóle nie było Szoah. Ja, który to wszystko noszę w sobie, powinienem o tym mówić. Na koniec powiedziałem, że państwo Izrael dało mi obywatelstwo, ale czuję moralnego kaca, bo wciąż nie jestem uznany za Żyda. I wtedy odezwał się jeden z tych Żydów: „Co za problem, idziesz do rabinatu, robisz *ulpan gijur* i już po pół roku jesteś Żydem". Wściekłem się i nakrzyczałem na niego: „Mam iść do rabina, żeby uznał mnie za Żyda?! Jestem dzieckiem Szoah. Męczeńska śmierć moich rodziców, komory gazowe i piece krematoryjne są dowodem mojej żydowskości. Hitler nie miał wątpliwości, kim jestem, a wy macie?".

Ale przyjechałeś do Izraela jako katolicki ksiądz!

Lubię być kochany, to mi dała polska rodzina. Gdy nie jestem kochany, źle się czuję. Wieloletnie uczucie odepchnięcia przez Kościół zrobiło we mnie coś niedobrego. Gdy odprawiałem mszę na biurku w swoim pokoju i mówiłem: „Pan z wami". Poczułem się nagle bardzo samotny. Jakimi „wami"? Tu jestem tylko ja! Ostatecznie zdecydowałem w 2016 roku, w pięćdziesięciolecie swojego kapłaństwa, że nie mogę w tym tkwić tak jak do tej pory, bo to jest nienormalne bycie. Z jednej strony to są dwie odległe kultury. Miały szansę być blisko, ale chrześcijaństwo od początku robiło wszystko, by pogrążyć Żydów, by się odciąć. Z drugiej niczego nie odrzucam, niczego nie neguję, wszystko, co było w chrześcijaństwie wielkie i piękne, nadal jest we mnie. Jan Paweł II mówił, że żydostwo jest dla chrześcijaństwa nie zewnętrzne, lecz wewnętrzne. Ja właśnie poszedłem do wewnątrz, nie na zewnątrz. Wszystko stało mi się bliższe, chociaż inne. Teraz po prostu wracam do domu.

Dziś rzeczywiście masz dwie mamy?

Ta nowo odnaleziona rodzina mojej mamy Batii namówiła mnie do *masa szoraszim* – podróży do korzeni. Do czasu tej wyprawy bardzo nalegali, żebym określił swoją tożsamość. Gdy poszliśmy w Święcianach do miejsca, gdzie było getto, poprosili, żebym powiedział kilka słów. Tylko co miałem powiedzieć? W końcu słowa same zaczęły płynąć. To właśnie w tym miejscu przeżyłem dziewięć najszczęśliwszych miesięcy swojego życia. Najpiękniejsze chwile z moją żydowską mamą. Tu było to jedyne miejsce, gdzie byłem z nią. Ona mnie ratowała do końca. Bardzo mocno mnie kochała. Skąd to wiem? Bo mogła pozbyć się mnie od razu, w tamtych strasznych czasach było oczywiste, że lepiej spędzić płód. Kobiety w getcie na różne sposoby próbowały to robić, ale ona tego nie zrobiła, urodziła mnie. Wydała mnie na ten straszny świat – i znów, były sposoby. Przykładało się poduszeczkę, aż płacz dziecka ustawał. Nie zrobiła tego. Urodziła mnie, wykarmiła i oddała mojej drugiej mamie. Sama mnie do niej zaniosła. Jak więc możecie mnie pytać, kim jestem. Jestem synem Batii i Jakuba Wekslerów, jestem Żydem. I jestem synem Emilii i Piotra Waszkinelów, bez których to nowo narodzone żydowskie życie nie miałoby szans. Ja jestem Jakub

Romuald Weksler-Waszkinel. To nie są dwa nazwiska. To jedno nazwisko dwuczłonowe.

To właśnie mówisz w naszym spektaklu. Nazwałabym to trzecimi narodzinami. Ale od tamtego momentu, gdy pierwszy raz opowiadałeś mi o swoim przeżyciu ze Święcian, wiele się zmieniło. Jesteś teraz bardziej stąd, w Izraelu czujesz się u siebie, jesteś Żydem. Czy twoi polscy rodzice by tego chcieli? A żydowska mama, która obiecała, że będziesz księdzem?

Wtedy w Lublinie w 1978 roku mama Emilia powiedziała mi przecież, że jestem kimś innym, niż do tej pory byłem. Wtedy zaczęło się przepoczwarzanie, wiesz, jak z larwą, która ma stać się motylem. To mocowanie się jest straszne. Entomolog, który obserwuje życie natury, widzi, że to wielki trud i że nie każdemu owadowi udaje się przeobrazić. Ja też wyłaziłem z kokonu i nie wiedziałem, dokąd mnie to zaprowadzi i czy się uda. Gdy jechałem do Izraela, nie wiedziałem, że to będzie miało taki finał. Po pobycie w religijnym kibucu, w którym odprawiałem po cichu mszę na biurku w pokoju, a potem po kontakcie głównie z tutejszym środowiskiem katolickim zobaczyłem, że katolikom w ogóle nie jestem już potrzebny. Za to mogę być potrzebny Żydom. A już na pewno oni mnie! To było bardzo mocne zderzenie, które ostatecznie skończyło się moim wyjściem z Kościoła.

To co dziś znaczą słowa twojej matki Batii: „on będzie księdzem"?

Przede wszystkim jestem bardzo szczęśliwy, że nic nie wiedząc o słowach rodzonej matki, wypełniłem jej obietnicę. Natomiast upływający czas napełnia tamtą obietnicę nowymi i, wydaje się, głębszymi sensami. Po raz pierwszy te nowe sensy pojawiły się po spotkaniu w *michlala*, czyli college'u dla religijnych dziewcząt, które przygotowują się do bycia dobrymi żonami i matkami. Opowiadałem im swoją historię. Na końcu zawsze są pytania. Głos zabrała młoda kobieta w ciąży. Najbardziej poruszyło ją rozstanie mojej mamy ze mną. Musiała mnie oddać, bym przeżył. Przeżyłem i jestem pośród nich, ale nie powiedziałem słowa o swojej rodzinie: o żonie, o dzieciach. Odpowiedziałem jej, że nie mam żony ani dzieci. „Dlaczego? – spytała zasmucona. – Jesteś chory?" Uśmiechnąłem się i odpowiedziałem natychmiast: „Po prostu w Polsce nie było Żydówek, z kim więc miałbym się ożenić?". Ogólna radość, brawa. Żegnaliśmy się, uśmiechając się do siebie. Gdy wracałem do domu, pomyślałem: przecież nie powiedziałeś tym dziewczynom prawdy. Nie chciałem im tłumaczyć, że obowiązuje mnie celibat. Na pewno trudno byłoby im to zrozumieć, skoro Tora wyraźnie stwierdza: „niedobrze, żeby mężczyzna był sam". Spontanicznie użyłem argumentu *ad captandam benevolentiam* (by zdobyć przychylność słuchacza), by więcej nie tłumaczyć. Ale właśnie wówczas do głowy przyszła mi nowa interpretacja słów mamy. Prorok Izajasz napisał: „Bo myśli moje nie są myślami waszymi ani wasze drogi moimi drogami"*. Moja mama na pewno chciała uratować mi życie, i uratowała. Więcej – dziś ośmielam się twierdzić, że uratowała mnie podwójnie: biologicznie i poniekąd duchowo. Zostałem księdzem i problem żydowsko-chrześcijański był we mnie. Ostatecznie kapłaństwo, jakkolwiek paradoksalnie to brzmi, uratowało moje żydostwo. Gdybym miał żonę i dzieci, problem żydowski nie zaprzątałby mi głowy, nie mógłbym się tym zająć, nie krzywdząc własnej rodziny. Sprawy rodzinne mają swoje priorytety. Gdy moi polscy rodzice mnie chrzcili, na pewno nie myśleli o nawracaniu Żyda. Kochali mnie jak swoje dziecko. Byli ludźmi głęboko religijnymi, ale czy byli wzorowymi katolikami? Moja polska mama była osobą bardzo zabobonną. Mój polski ojciec, jak doskonale to pamiętam, wyprosił kolędującego księdza, gdy ten postawił niegrzeczne pytanie. Ratując mi życie, uczynili to, co należało uczynić w tamtym czasie, chociaż niewielu ludzi było na to stać. Jestem głęboko przekonany, że powrót do

* Cyt. za: Biblia Tysiąclecia, Iz 55,8.

rodzinnego – żydowskiego – domu jest wielką radością moich rodziców i żydowskich, i polskich. Bycie Żydem daje mi wewnętrzny spokój i radość. Oni też na pewno się cieszą, widząc szczęście swego kochanego syna.

A twoi żyjący bliscy? Jak to znoszą?

Zapytałem kiedyś siostrę, czy się nie boi, że mogłaby ją spotkać jakaś przykrość przeze mnie. Odpowiedziała, że mam żyć tak, jak uważam za słuszne, bo ona ma wielu przyjaciół, na których może liczyć i oni jej wystarczą, a co inni gadają, jej nie obchodzi.

To też dobrze świadczy o waszych rodzicach.

Tak, aczkolwiek moja siostra może mieć trochę słusznego żalu o stosunek rodziców do mnie. Ja byłem grzeczniejszy. Ta moja grzeczność to był przestraszony żydowski chłopiec we mnie. Nigdy nie powiedziałem rodzicom: „nie". Gdy miałem problem, nie mówiłem im o nim, by ich nie martwić. A ona była normalną dziewczyną. Kiedy dorastała, potrafiła się z nimi pokłócić, trzaskała drzwiami, mówiła: „nie". Gdy mama prawiła kazania, siostra zagłuszała ją, włączając radio. Ja nigdy nie opowiedziałem rodzicom na przykład o problemach w wierze. Nie z obawy, że mieliby mnie nie zrozumieć, bo choć mój tata miał skończone tylko trzy klasy szkoły podstawowej, a mama była analfabetką i sama nauczyła się pisać i czytać, oboje byli obdarzeni naturalną mądrością życiową i prawością. Chciałem ich chronić przed swoimi problemami albo inaczej – nie zawracać im głowy.

A brat Samuel? Myślisz o nim? Tobie mama uratowała życie, a z nim została do końca?

Tak opowiadała mi mama Emilia. Słyszała, że mówili, iż Batia wraz ze Szmulikiem zostali wywiezieni z getta wileńskiego do Sobiboru. Ale w filmie dokumentalnym, zrobionym dla izraelskiej telewizji *Ha-Komer szeszaw ha-bajta* [Ksiądz, który wraca do domu]*, mówię, że żyję nadzieją spotkania brata.

---

* *Ha-Komer szeszaw ha-bajta*, reżyseria Ita Glugsberg, Izrael 2018.

Bo skoro mama uratowała mnie w takiej strasznej sytuacji, to może udało się jej też uratować życie jego?

W Izraelu, w 1993 roku, spotkałem pana Aleksandra Bogena, malarza, rzeźbiarza, absolwenta wileńskiej Akademii Sztuk Pięknych, przyjaciela Marca Chagalla. Gdy moi rodzice zostali przywiezieni do Wilna, wrzucono ich do mieszkania Bogenów. Żona pana Bogena rozpłakała się na mój widok: „Ależ ty masz oczy swojej matki!" – zawołała, szlochając. Otóż pani Bogenowa mówiła, że widziała, jak mama w getcie postawiła mojego brata na parapet okna, które wychodziło na stronę aryjską, i z kimś rozmawiała, trzymając w ręku pieniądze. Doszło do jakiejś transakcji. Być może mój brat został przeszmuglowany na aryjską stronę w Wilnie. Tylko że on nie został księdzem, założył rodzinę i się tym nie zajmował, może więc nie wiedzieć, kim jest. Może jeszcze gdzieś żyje? Urodził się w 1940 roku. Miałby siedemdziesiąt osiem lat. Nazywał się Szmuel, ale przechowywali go jako Kolę. Przyzwyczajali do aryjskiego imienia. Może gdzieś żyje jako Kola?

Szukasz go?

Jak?

No nie wiem, znalazłeś rodzinę mamy, rodzinę taty…

Wciąż czekam na spotkanie ze swoim bratem. Tu, na ziemi, lub gdzieś tam po życiu. Bo tam musi coś być. Inaczej po co to chodzenie bez sensu i płakanie? Z tą nadzieją na spotkanie z jednymi i drugimi rodzicami i z moim bratem będę umierał, bo nadzieja umiera ostatnia.

Co dzisiaj zjemy?

Kula śniegowa
(rozmowy z Inką, Warszawa–Miedzeszyn–Warszawa)

„Śniła mi się mama. Nie wiem, która mama. Nie widziałam jej. Czekałam na nią w domu wczasowym. Weszłam do pokoju i wiedziałam na pewno, że jeszcze jej nie było. Bo łóżko było niepościelone. Wiedziałam, że jeśli przyjdzie, poprawi kołdrę i po tym poznam, że była. Bardzo się o nią niepokoiłam. Gdy się obudziłam, moja pierwsza myśl była: co jej się stało?, a druga: która to mama?"

Tak zapisałaś mój sen? Brzmi poetycko. Naprawdę! Skąd u ciebie tyle tego? Musisz mi najpierw powiedzieć, po co ty się tym właściwie zajmujesz. Nie ma już weselszych tematów?

Zostawienie swojego dziecka to nie jest zaufanie obcym ludziom, ale pewność, że się idzie na śmierć, tylko to. Zaufanie nie ma znaczenia. Musisz postawić na to, że może się uda i dziecko przeżyje, bo ty na pewno umrzesz... Ludzie idą na śmierć, wiedząc, że zginą. To nie jest nawet sprawa przeczucia...

Niektórzy ludzie z historii, których wysłuchałam, oddawali dzieci z zaufaniem, wierząc, że tak będzie dla nich bezpieczniej, ale i z nadzieją, że po nie wrócą. Kiedy jeszcze masz nadzieję, zaufanie jest kluczowe.

Tak, masz rację, ale to inne sytuacje niż mojej mamy i moja. Pani Niczowa, od której trafiłam do swoich drugich rodziców, opowiadała potem – gdy po latach ją odnalazłam – że moja rodzona mama przychodziła ze mną do niej, przedostając się z getta kanałami. Nigdy nie chciała mnie zostawić ani sama nie chciała zostać po aryjskiej stronie, bo w getcie była jej mama. Natomiast jak już było wiadomo, że to koniec, tuż przed wybuchem powstania, prawdopodobnie zostawiła mnie w kanałach, którymi wcześniej wiele razy przechodziła ze mną na aryjską stronę. Straszne! Co to za wybór? Człowiek nie jest stworzony do przeżywania co godzinę tragedii greckiej, do cholery! Pani Niczowa twierdziła, że była przy mnie karteczka z jej adresem zapisanym krwią. Ta część opowieści zawsze wydawała mi się podejrzana. Dziś już wiem, że miałam słuszne przeczucia.

W naszych wcześniejszych rozmowach zastanawiałyśmy się, czy to dzięki tej kartce granatowy policjant wiedział, gdzie cię przynieść.

Próbowałam zidentyfikować tego człowieka. Było kilku, którzy pomagali. Jeden z nich, z Otwocka, został nie tak dawno odznaczony. Dziewczyna, którą uratował, dziś mieszka we Francji. Przyjechała ze swoją matką, już ledwo żywą, i z córką, którą urodziła po wojnie. Ten policjant uratował też chłopca, którego mama oddała jakiejś znajomej, a ta wsadziła go do pociągu, posadziła obok jakiejś kobiety z nadzieją, że skoro taki śliczny, to może go weźmie. Nie wzięła. Chłopiec bardzo długo jeździł pociągami, aż pasażerowie zawiadomili policję. Ten granatowy z Otwocka go zatrzymał i przechował. Ale to nie mój policjant.

Pamiętam tę historię. Po wojnie znalazła się bliska kuzynka tego chłopca. Oboje wyjechali do Izraela. Wróćmy do ciebie: jakie jest twoje pierwsze wspomnienie?

Nie umiem powiedzieć, co pamiętam, a co rzeczywiście wiem. Wydaje mi się, że pierwsze wspomnienie to moment, kiedy przyszli po mnie moi rodzice Sobolewscy. Siedziałam na podłodze, bawiłam się. Wcześniej chciałam otworzyć szufladę i niechcący wyrwałam uchwyt. Ktoś podniósł na mnie głos. Weszli oni. Mama umalowana, kolorowa. Bardzo mi się podobała. Ojciec też, choć nieco mniej. Pani Niczowa (dziś wiem, że to ona) ubrała mnie w za szeroki żakiet i za duży kapelusz. Wyglądałam okropnie. Nie pamiętam, jak jechałam z rodzicami dorożką ani jak rodzice dla niepoznaki na głos rozmawiali: „No przysłali nam ją kuzyni ze wsi do lekarza i nawet ubrać nie umieli". Pamiętam, że przywieźli mnie do mieszkania i była tam młoda dziewczyna, bratanica mojego taty Halka, która powiedziała: „Jaka ładna dziewczynka". Od razu ją polubiłam! Sama nie pamiętam, ale chyba wiem od taty, że rodzice bali się sąsiadki z piętra niżej, która natarczywie mi się przyglądała. Potem już mieli niemal pewność, że jest konfidentką. To był główny powód naszego wyjazdu do Milanówka, do przyjaciół rodziców.

Czyli twoje pierwsze wspomnienie dotyczy poznania drugich rodziców...

Ciekawie brzmi „pierwsze wspomnienie drugich rodziców". Wszystko się we mnie buntuje przeciwko tym „drugim" rodzicom, podobnie jak „polskim" rodzicom, „zastępczym", „prawdziwym" albo „nieprawdziwym", „biologicznym" i „niebiologicznym". Dla mnie jedni i drudzy to są po prostu rodzice. Nie mam na to właściwych słów.

Był 1943 rok, właśnie wybuchło powstanie w getcie warszawskim. Miałam wtedy niecałe cztery lata. Właściwie powinnam coś pamiętać z getta. A tymczasem nic. Kompletna pustka. Czarna dziura. Nie pamiętam swoich rodziców ani dziadków. Jakby życie zaczęło się w tamtej chwili na podłodze u pani Niczowej... Mam późniejsze wspomnienia wojenne. Ojca uwięzili na Pawiaku. Przesiedział tam kilka miesięcy. Na murach wieszano listy rozstrzelanych. Na jednej z nich znalazł się Stanisław Sobolewski. Ktoś nieopatrznie przekazał to mamie, bo na tatę wszyscy mówili Stach (naprawdę nazywał się Walerian, więc na liście był kto inny). Mama zemdlała, upadła na lampę karbidową. Mogło dojść do pożaru. Pamiętam, jak wybiegłam na klatkę schodową i wzywałam pomocy. Ten czas to był lęk o ojca i wycie syren. To drugie akurat lubiłam. Zbiegaliśmy wtedy na dół do dozorcy. My, dzieci, miałyśmy jakąś atrakcję. W sierpniu 1944 przenieśliśmy się do Milanówka, do państwa Michałowiczów. W tym samym domu na górze mieliśmy sąsiadów folksdojczów, którzy bardzo nam i całemu Milanówkowi pomagali. Gdy weszli Rosjanie, musieli uciekać. Miałam potem po ich dzieciach zabawki, których nie zdążyli zabrać.

Ominęło was powstanie warszawskie?

Uciekliśmy wszyscy, razem z psem Lalką. Pamiętam, że tata trzymał mnie pod pachą jak jakiś pakunek. Latały mi nogi i się śmiałam. Pod drugą pachą trzymał Lalkę, której z kolei latał ogon. Mama też się śmiała, a tata powiedział do niej: „Nie śmiej się, tylko biegnij szybko". I ten pociąg EKD* Niemcy ostrzeliwali, bo właśnie wybuchło powstanie. Na szczęście nie nasz wagon. Raz w Milanówku byłam cała pochłonięta zabawą w ogrodzie, gdy zobaczyłam za sobą Niemca. Wpadłam do domu, biegłam po schodach, wołając: „Mamo, Niemcy!", ale usłyszałam jej głos na dole i chcąc zwrócić się w jej stronę, włożyłam głowę między szczebelki poręczy schodów. Niemiec chciał mi pomóc, a ja się darłam wniebogłosy, dostałam histerii. Przybiegła mama, Niemiec mówił coś o pile, myślałam, że chce mi obciąć głowę. W końcu udało im się mnie oswobodzić. On wziął mnie na ręce i powiedział mamie, że też ma takie dziecko. Wyłam dalej, więc dał mi czekoladę. Bardzo smaczną. Byłam zaskoczona, że Niemiec to człowiek, a nie jakiś potwór. W 1945 roku na piechotę wracaliśmy do Warszawy. Wszędzie były gruzy. Okres wojenny zrujnował rodziców materialnie i psychicznie. Kiedy po wojnie ojciec próbował reaktywować swoje przedsiębiorstwo, nowe władze skazały go na śmierć jako gospodarczego sabotażystę. Rodzice stracili wszystko, matka ciężko fizycznie pracowała, by utrzymać mnie i siebie. Dzięki amnestiom tata przesiedział w stalinowskim więzieniu „tylko" sześć lat. Wrócił w 1954 roku. Zrehabilitowali go w 1956. Mamę to wykończyło,

* Pociąg Elektrycznych Kolei Dojazdowych, powstałych w 1927 roku, a w roku 1951 przekształconych w WKD, czyli Warszawską Kolej Dojazdową.

miała kilka zawałów, zmarła w 1958 roku. Ojciec w 1965. Mama, Anastazja Kosmina-Kutuzowa, była Rosjanką urodzoną w Ufie w 1889 roku. Pochodziła z bocznej linii słynnej rodziny Kutuzowów. Tata Walerian Sobolewski urodził się w 1897 roku w Zaściankach koło Bogusz w gminie Sokółki. Z mamą poznali się w Petersburgu, gdzie tata studiował inżynierię sanitarną. Matka bała się, że bolszewicy odkryją jej „białe" pochodzenie, więc wraz z ojcem uciekła do Polski. Pobrali się w Brześciu nad Bugiem w 1927 roku. Ojciec był właścicielem przedsiębiorstwa zakładającego instalacje sanitarne i wodociągowe w wielu miastach. Jego firma świetnie prosperowała, rodzice z czasem stali się bardzo zamożnymi ludźmi. Pamiętam opowieści mamy o bankietach, rautach, willi nad morzem, wyjazdach do słynnych kurortów. Rodzice dużo pomagali rodzinie. Dzięki nim bratanice ojca otrzymały wykształcenie i pracę. Ja też dostałam od nich wszystko.

Wiedziałaś, że nie jesteś ich rodzonym dzieckiem?

Przypuszczałam, że coś jest ze mną nie tak. Brat ojca był proboszczem w białostockiej wsi. Jeździłam do niego na wakacje. Latał tam za mną chłopak i krzyczał: „Przeżegnaj się!". A z kolei gospodyni księdza mówiła do mnie: „Nie ta jest matką, która urodziła, ale ta, która wychowała". Przyjaciółka, z którą do tej pory się przyjaźnię, a która też przyjeżdżała na tę wieś do rodziny, wiedziała o mnie wszystko. Ludzie wokół wiedzieli, a ja nie. I pamiętam też, że koleżanka z liceum po mojej wizycie u niej w domu powiedziała: „Moja mama uważa, że jesteś podobna do Żydówki". Oznaczało to dla mnie tyle, że jestem bardzo brzydka. Myślałam, że żydostwo to pejsy i śledzie. Tylko tyle „wiedziałam" o Żydach.

Jak w końcu się dowiedziałaś?

Byłam tuż przed maturą. Moja mama umierała. Czuwałam przy jej łóżku. Lekarka kazała mi trzymać dla niej rurkę z tlenem i patrzeć, czy kołdra się unosi – czy mama oddycha. Czuwałam i przysypiałam na zmianę. Tata spał w sali obok. W ogóle nie rozumiałam, że mama umiera. Przysnęłam. Rano przyszła lekarka, wyjęła mi z ręki tę rurkę, przyłożyła mamie lusterko do ust. Powiedziała: „Twoja mama nie żyje…". Zaczęłam wyć. Tuż przed śmiercią mama już ledwo mówiła, ale to musiało być dla niej ważne, więc kazała mi się pochylić i wyszeptała: „Nie licz na nikogo, jesteś moją i tylko moją córeczką". To były jej ostatnie słowa. Tak to usłyszałam. I pomyślałam, że jestem jej nieślubnym dzieckiem, owocem tajemniczego romansu. Ta myśl wydała mi się szalenie pociągająca. Bardzo przeżyłam śmierć mamy. W kółko przesiadywałam na cmentarzu, siedziałam tam do nocy i potem bałam się wracać. Z ojcem nigdy nie byłam związana tak mocno jak z nią. Długo go nie było, siedział w więzieniu, a gdy wrócił, poczułam się odstawiona na boczny tor. Wcześniej to ja prowadziłam z mamą dom, a nagle zostałam odsunięta od ważnych decyzji. Nie podobało mi się to. Buntowałam się. Kiedyś, już po śmierci mamy, gdy późno wróciłam, wszczęliśmy potworną kłótnię. Ojciec w końcu wykrzyknął: „Nawet nie wiesz, co mi zawdzięczasz!". Na co ja powiedziałam hardo: „Wiem, mama mi powiedziała, nie jestem tatusia córką, tylko mamy". A on: „Nie jesteś córką ani mamy, ani moją, jesteś żydowskim dzieckiem uratowanym z getta". Wtedy wyciągnęłam gwizdnięte mu wcześniej papierosy i zapaliłam. Przy nim. A on potem powiedział mi, że nigdy nie widział nikogo, kto zbladłby tak szybko. Ja chyba właśnie wtedy trochę osiwiałam. Na studiach mówili o mnie: siwa. Zaczęłam pytać ojca, co wie. Powiedział, że wzięli mnie od nauczycielki języka polskiego, pani Wandy Niczowej. Chcieli zaopiekować się jakąś wojenną sierotą. Myśleli najpierw o dziecku z Zamojszczyzny, ale to się nie udało. Jedna z maszynistek, która pracowała u taty, chodziła na tajne komplety do pani Niczowej i nauczycielka widocznie miała do niej zaufanie, bo powiedziała jej o dziewczynce, czyli o mnie. Że ma dziecko do oddania w dobre ręce. Tak jak się dzisiaj miewa koty.

Co z tym zrobiłaś?

Nie wiedziałam, co z tym począć. O Żydach nic nie wiedziałam… Nie rozumiałam ich tragedii, ich dramatu. Nie rozumiałam tła historycznego. Nie byłam pewna, czy mam to trzymać w tajemnicy. Zwierzyłam się szkolnej przyjaciółce, a ona na to: „Co za niesamowita historia. Wiesz, ten Borkowski mi się tak podoba, powiem mu, że jestem adoptowana, to się mną zainteresuje. Tylko o tych Żydach nie wspomnę, bo nie wiem, o co chodzi". Takie durne dziewczyny byłyśmy. Rzeczywiście, z jednej strony to ciekawe, gdy się okazuje, że jesteś inna, a z drugiej takie trudne, bo nie chcesz odstawać. Można zwariować. Dopiero na studiach opowiedziałam coś niecoś o swojej historii przyjacielowi i on odnalazł panią Niczową. Pojechałam do niej. Długo rozmawiałyśmy. Nie wiedziałam, jak mam się wobec niej – jedynej osoby, która znała moich rodziców i dziadków – zachować. Miałam wrażenie, że jest egzaltowana i sentymentalna. Moja rodzina w jej opowieściach to byli sami profesorowie i lekarze. Dla kontrastu opowiadała, jak ten policjant przyniósł mnie zawszoną. Aż mi było przykro, bo mówiła jakby z pretensją, że musiała mnie wsadzić do balii. Warstwa wszy przykryła całą powierzchnię wody. Mówiła o mnie małej, jakby to nie mnie dotyczyło. Jest jakaś wytrzymałość słuchacza – ja zwykle uciekam w absurd – więc gdy jej wówczas słuchałam, zamiast myśleć o tragedii Holocaustu, oczami duszy widziałam, jak te wszy łażą po granatowym policjancie, który mnie przyniósł.

Sytuacja pani Niczowej była bardzo trudna. Gdy mnie do niej przyprowadzono, już przechowywała – mogę tak powiedzieć? nie wiem, jakich słów używać do tamtych czasów – córeczkę swojego kuzyna Krysię. Niełatwo jej było ukryć i utrzymać dwie dziewczynki. Przed ludźmi udawała, że ma jedną. Miałyśmy kapelusik, który zakrywał każdej z nas twarz, i w nim wychodziłyśmy na zewnątrz, na zmianę. Jak jedna wychodziła, druga była ukrywana. To trwało od 18 kwietnia do 2 maja 1943 roku, kiedy moi rodzice, jadąc na imieniny Zygmunta, zajechali, żeby mnie zobaczyć. Potem tata w liście do kuzynów z Izraela napisał o mnie: „żonie bardzo się spodobała".

Byli kuzyni z Izraela?

Odnalazłam ich, ale to za chwilę. W tym liście tata pisał, że najpierw przyszedł do niego robotnik z kanalizacji i powiedział, że w kanałach getta jest dziecko, potem dopiero była ta cała historia z maszynistką, a później pojechali na imieniny i wracając, mnie zabrali.

Mówiłaś, że Niczowa była ci niechętna.

Miała do mnie bardzo dziwny stosunek. Wypytywała mnie o polską rodzinę, ja ją o żydowską i tak sobie gaworzyłyśmy. Miała pretensje, że szukam swoich żydowskich korzeni. Równocześnie jednak chętnie mi o nich opowiadała. Przy tym cały czas powtarzała: „Musisz być wdzięczna tym, którzy cię uratowali". Miała poczucie, że jej córka, ta druga dziewczynka, nie jest jej wdzięczna. Ja wtedy tego absolutnie nie rozumiałam, teraz rozumiem. Miała do niej żal, który przeniosła na mnie. Gdy Krysia dorastała, miała swoje problemy, nie dogadywały się. Zostawiła panią Niczową chorą. Wyprowadziła się do akademika. Nie oceniam jej, może pani Niczowa też była nie do wytrzymania. W każdym razie później Krysia wyjechała do Szwecji albo do Danii. Prawie nie miały ze sobą kontaktu. Pani Niczowa, choć z niechęcią, podała mi nazwiska moich żydowskich rodziców i dziadków. Mój dziadek ze strony matki Zylberbart był wspaniałym lekarzem, a mama pisała do prasy kobiecej i nie tylko. W ramach tego swojego snobizmu Niczowa wspomniała, że byliśmy bliską rodziną Adama Czerniakowa*. To bardzo mi pomogło

* Adam Czerniaków (1880–1942) – działacz społeczny i polityczny, publicysta, pedagog, radny miejski Warszawy z ramienia organizacji żydowskich, współorganizator i prezes Centralnego Związku Rzemieślników Żydów w Polsce, członek Zarządu Gminy Żydowskiej w Warszawie, od 1939 prezes Gminy Wyznaniowej Żydowskiej, a podczas okupacji – Rady Żydowskiej utworzonej przez władze niemieckie w Warszawie. Na znak protestu przeciwko masowej deportacji ludności getta do obozów zagłady popełnił samobójstwo.

w poszukiwaniach. Z tymi danymi poszłam do ambasady Izraela. Przyjaciółka poradziła mi, żebym zataiła część informacji, bo w Izraelu jest mnóstwo ludzi, którzy obsesyjnie chcą kogoś odszukać i odpowiadają na każde ogłoszenie. W końcu trafiłam na kuzyna mojej mamy Bolka. Dla niego to, że go odnalazłam, było wielkim przeżyciem. Myślał przecież, że zginęłam. Dostałam zaproszenie do Izraela, ale nadszedł 1968 rok. Pojechałam dopiero w latach siedemdziesiątych, i to do Szwecji, a stamtąd nielegalnie do Izraela. Wreszcie poznałam swoją rodzinę. To było dziwne: byłam dla nich najbliższa na świecie – cudem odnalezione dziecko bardzo bliskiej im osoby – a oni dla mnie byli obcymi ludźmi... Była w tym emocjonalna asymetria. Na szczęście mam łatwość w nawiązywaniu kontaktów. Wuj Bolek wyjechał do Izraela jeszcze jako student weterynarii w 1935 roku. Miał w domu list od swojej matki, datowany na 28 sierpnia 1939 roku: „31 lipca Halinka urodziła córkę, ma na imię Joanna. Obie czują się dobrze". To moja mama i ja. W Izraelu była jeszcze inna kuzynka. Przeżyła w Rosji, Bolek ściągnął ją do Kraju w 1967 roku. Wcześniej mieszkała w Warszawie, na MDM-ie. Opowiadała mi, jak z inną kuzynką spotykały się na opłakiwania. Siedziały i płakały. I opłakiwały mnie – jedyne, najmłodsze w rodzinie dziecko, które zgładzono. A ja sobie mieszkałam obok na Wilczej! I nic o sobie nawzajem nie wiedziałyśmy.

Za to dziś wiesz całkiem sporo.

Dziś to ja wiem o wiele więcej! Tu gdzieś miałam bardzo ważną kartkę. Wyciągnęłam ją specjalnie dla ciebie. Posiałam ją... Ale znajdę. W Izraelu dowiedziałam się o rodzinie ojca. Jego matka i siostra przeżyły. Po wojnie mieszkały na Pięknej. Również obok mnie. Ciotka zmarła na raka. Dla mnie to jest nie do pomyślenia, że ktoś ocalał z Zagłady, a potem po prostu umarł na raka.

Gdy zmarła moja babcia Donia, też zastanawiałam się nad tym, jak to jest możliwe. Przecież jeśli przeżyło się tamto, to jest się już nieśmiertelnym...

Właśnie... No gdzież jest ta kartka? Z rodziną ojca to było tak. W Izraelu rozmawiały dwie panie, żydłacząc, to znaczy charakterystycznie polszcząc po hebrajsku: „Czy pani wie, że wnuczka Grynszpana żyje? Mieszka w Polsce". Wnuczka Grynszpana! Jak to brzmi? A to ja. W czasie tej rozmowy moja ciotka dowiedziała się, że siostra przyrodnia mojego taty przeżyła, mieszka w Anglii i koresponduje z nią ktoś z Polski. Dostałam do tej osoby z Polski kontakt, nazywała się Marysia Derenicz. Przyjaźniłyśmy się do końca jej życia. Marysia była przed wojną w bliskich relacjach z rodziną ze strony mojego ojca. Bardzo wiele mi opowiedziała. Między innymi o bracie przyrodnim mojego taty Zdzisławie, który utopił się w Wiśle. Miał wtedy siedemnaście lat. Dziadek Grynszpan był wolnomyślicielem, nie należał do gminy. Pojawił się więc problem, gdzie pochować chłopca. Gmina w Otwocku nie chciała pogrzebać go na cmentarzu żydowskim. Taka historia. Kilka lat temu byłam na cmentarzu na Okopowej i oto co znalazłam: „Zdzisław Grynszpan, uczeń gimnazjum, w maturalnej klasie". Czyli na Okopowej była światlejsza gmina. Ma bardzo ładny pomnik. Takie nieszczęście, taki wypadek, ale on ma pomnik, a inni nie mają. Gdy go znalazłam, krzyknęłam do męża: „Julek, jest Zdzisław!". A on: „Jaki Zdzisław?!". No wariatka! Ale nie jestem w tym wariactwie specjalnym wyjątkiem. Tak jest bez przerwy u nas, u dzieci Holocaustu. Szalejemy, kiedy znajdujemy jakiś ślad. Nasza koleżanka ze stowarzyszenia nie wie o sobie nic oprócz tego, że była dzieckiem znalezionym przy torach. To jest sytuacja makabryczna. Człowiek musi coś o sobie wiedzieć. I wśród nas jest więcej takich osób. Nic nie wiedzą. Kto matka, kto ojciec, kto i jak wyprowadził, którędy, kiedy, dokąd.

Albo że ktoś cię zostawił w pociągu facetowi, a ten facet dał drugiemu facetowi, a tamten dał jakiejś pani i koniec.

Okropne. Po prostu okropne. Pamiętam, jak kiedyś w Otwocku podszedł do mnie pewien pan i powiedział, że znał mojego dziadka. Usłyszałam swój dziki krzyk z wewnątrz. To było poza mną. Innym razem gdzieś wyszperałam informację, że moi dziadkowie mieszkali przy ulicy Lisowskiej 30. W latach dziewięćdziesiątych w książce telefonicznej przypadkiem znalazłam kogoś, kto tam mieszkał. Tak mi to wpadło, bo książka przecież nie jest ułożona adresami, tylko nazwiskami. Szukałam czegoś innego i patrzę: Lisowska 30. Wtedy jeszcze nie było internetu, teraz jest łatwiej, bym wpisała adres choćby na początek w Mapach Google'a – tak właśnie znalazłam groby swoich dziadków i krewnych. Mieli bardzo piękne imiona: Jehoszua, Elizabet, Charlotte, Mojżesz. No ale wracając do tematu: wzięłam męża i pojechałam na Lisowską pod furtkę. Byłam tam trzy razy, ale nie weszłam. W książce telefonicznej było napisane, że to lekarz pediatra, a u nas w stowarzyszeniu jest Ewa, pediatra. Spytałam ją: „Ewka, czy ty znasz takiego faceta?", a ona na to: „To mój szef". Myślałam, że zaraz zemdleję. Zadzwoniła wieczorem i powiedziała, że on mnie zaprasza. Pojechałam. Opowiedział mi, jak to się stało, że kupili ten dom. Jakiś czas później odwoziliśmy inną moją koleżankę Zosię. Spytała, czy możemy jechać przez Bielany. „No pewnie! A dokąd jedziesz?" „Na Lisowską 30". „A kogo masz na Lisowskiej 30?" „Mieszkają tam teściowie mojego syna".

Niezwykłe zbiegi okoliczności!

Nie wiem, gdzie jest ta kartka, ale tymczasem ci opowiem, co na niej jest. To dopiero niewiarygodna historia! Umówiłam się raz w ŻIH-u z koleżankami. Przyszłam za wcześnie, więc siedziałam i czekałam. Wyszła do mnie szefowa działu genealogicznego Ania Przybyszewska-Drozd i powiedziała: „No chodź, co tu tak będziesz siedziała, pogrzebiemy jeszcze w twoich sprawach". No dobra. Grzebałyśmy. Ania swoimi sposobami dotarła do przedwojennych gazet, wrzuciła w wyszukiwarkę archiwum nazwiska Grynszpan i Zylberbart i co się okazało? Że ta cała sytuacja z uratowaniem mnie to wcale nie był przypadek. Mianowicie gazety – nie pamiętam już, w którym roku – rozpisywały się: „Przechrzta naczelnikiem wydziału w Komisariacie Rządu".

Komisariat Rządu to jakby Urząd Bezpieczeństwa, a ten prze-chrzta to brat mojego dziadka. Szef wydziału w Komisariacie Rządu oznacza policjanta bardzo wysokiej rangi. Już wcześniej wiedziałam, że moja babka pracowała tam jako lekarka. A moja babka to jego bratowa. Mój dziadek był Marian, a jego brat, ten z KR – nie pamiętam, bo mam to na tej kartce.

Kiedy się o tym dowiedziałaś? Kiedy byłaś w ŻIH-u?

Niedawno! To się wydarzyło w 2017 roku. Ania przeczytała, że Zylberbart zmienił nazwisko na Zylwicz. A jego żona Regina Zylwicz to nie kto inny, jak siostra matki pani Niczowej, czyli Regina jest jednocześnie ciotką pani Niczowej i bratową mo-jego dziadka. Pani Wanda była moją rodziną! Rozumiesz, co ona kręciła? Nie chciała mi zdradzić, że sama była Żydówką! Tego akurat i tak się domyśliłam. Nie chciała się przyznać, że była moją powinowatą. Gdy człowiek chce coś ukryć, to tak kręci, że wychodzi jeszcze gorzej. Jak wiesz, nigdy nie wierzy-łam w kartkę napisaną krwią, więc zastanawiałam się, skąd ten policjant wiedział, gdzie mnie przynieść. A on po prostu znał adres! Więc nieoczekiwanie znalazłyśmy z Anką połączenie! Wpadłam w obłęd. Latałam po całym instytucie, zaczepiałam każdą napotkaną osobę i każdemu po kolei o tym mówiłam. A teraz popatrz, weź do ręki – to są teczki z lat poszukiwań, spis abonentów telefonicznych z dziadkiem Grynszpanem ze strony ojca, tu dokumenty z sanatorium Marpe, gdzie pracował doktor Zylberbart, ojciec mojej matki. Zdjęcie babci Zylberbar-towej, które bałam się obejrzeć na wypadek, gdyby okazała się brzydka, a wiadomo, że wszyscy będą chcieli mi powiedzieć, że jestem do niej podobna. Każdy z tych świstków jest jak relik-wia. Niektóre są bardzo znaczące. A informacja o wujku prze-chrzcie jest kluczowa w historii uratowania mnie.

Tu jest jakaś kartka! W moich notatkach…

No tak, włożyłam ci ją tam i zapomniałam. Mieczysław Zyl-wicz, brat mojego dziadka. Zaczęłam się zastanawiać, czy w ogó-le byłam w kanałach. Może to mój tata Sobolewski opowiedział

Niczowej, że ktoś znalazł dziewczynkę w kanale, a Niczowa wplotła to do mojej historii. Może to jej kolejna fantazja. A moja mama? Przekazała mnie 18 kwietnia – w ostatniej chwili? I co się z nią stało? Zabrali ją? Zginęła w powstaniu w getcie? Ciotka z Anglii, która też obsesyjnie ukrywała swoje żydostwo, powiedziała, że koresponduje z niejaką Heleną Weinberg z naszej rodziny, która po wojnie wyemigrowała do Stanów, a w czasie wojny ukrywała się na aryjskich papierach. Ciotka napisała do Heleny, że „córka Tadeusza się odnalazła! Żyje!". Na to Helena odpisała, że w 1942 roku przyszedł do niej znajomy mojego ojca i powiedział, że rodzice poszli na Umschlagplatz, a dziecko zostało samo w domu. No ale nie wiadomo, czy poszli i wrócili, bo dziecko zostało (to się przecież zdarzało, ludzie uciekali), czy tylko mama wróciła (skoro pani Niczowa twierdziła, że mama do niej przychodziła ze mną z getta), czy ktoś inny mnie przygarnął, czy może pani Helena się pomyliła i jednak to był rok 1943. Tyle niewiadomych, sama widzisz…

To musi wpływać na każdy element waszego życia.

I tak, i nie. Bo oprócz tej niewiedzy, często obsesji, żyjemy jak normalni ludzie. I trzeba żyć. I my tak trochę szukamy, szukamy, szukamy, a trochę żyjemy, żyjemy, żyjemy. Bo gdy znowu się na coś natkniemy, to tylko to ma znaczenie, nic innego się nie liczy. Ja bardzo chcę o tym mówić, ale zwykle się hamuję, bo nie chcę obciążać tym ludzi. Z tobą jest inaczej, bo ty chcesz słuchać. To nie jest jak mówienie do ściany.

Myślę, że ludzie potrzebują słuchać. Każdy ma swoją historię i bardzo pomaga, kiedy można jej kawałek odnaleźć także u innych, uświadomić sobie, że nie jest się samemu z tym wszystkim, co się niesie.

Powiedz mi, jak można tym nie żyć!? A równocześnie jak można tym żyć? Poszłam na groby swoich dziadków na Okopową. Od lat nikt im nie położył kamyczka. Dopiero ja. To bardzo dziwne uczucie. Mam do nich tyle serdeczności. To jest przymus, który ty rozumiesz, ale czym to tłumaczyć? Zapełnianiem straty?

Pewnie inaczej jest na początku, inaczej potem?

Ja później coraz więcej wiedziałam, coraz więcej rozumiałam. Im dalej, tym było trudniej.

Myślałam, że powiesz: łatwiej...

Nie, wiesz, to jest taka odroczona żałoba. Tak to nazwał Jakub Gutenbaum, pierwszy przewodniczący Stowarzyszenia Dzieci Holocaustu, i to określenie dobrze oddaje to, co czułam. Najpierw byłyśmy młodymi dziewczynami, latałyśmy za chłopakami, wychodziłyśmy za mąż, potem pojawiły się dzieci, życie. A jak to się wszystko ustabilizowało, nagle się zaczęło. Oczywiście już znacznie wcześniej pracowało, myślenie na ten temat jest dynamiczne, pamięć jest dynamiczna nie dlatego, że człowiek zmyśla, tylko ma więcej doświadczeń, więcej wie na ten temat o sobie, o świecie i tropi cały czas. To jest jak kula śniegowa – dowiesz się jednej rzeczy, tropisz, potem drugiej rzeczy, trzeciej, czwartej, ktoś ci coś opowie, jest coraz więcej informacji w internecie, w archiwach, inaczej są przechowywane te informacje, są bardziej dostępne, kiedyś tak nie było.

Czym jest dla ciebie żydostwo?

Jak biją Żydów, to wszyscy powinni być Żydami. Tak jak gdy biją Ukraińców, wszyscy powinni być Ukraińcami. Lecz gdy to w dodatku dotyczy mojej rodziny, moich bliskich, którzy zginęli tylko dlatego, że byli Żydami, to nie godzi się powiedzieć o sobie: nie jestem Żydówką. Zrobiłam żydowskim rodzicom tablicę pamiątkową na cmentarzu żydowskim. Od razu poczułam się nielojalnie wobec polskich rodziców i pojechałam na ich grób zrobić podmurówkę. Kiedy odnalazłam i odnowiłam groby rodziny na cmentarzu żydowskim, to na nagrobku pod nazwiskami Sobolewskich dopisałam: „Sprawiedliwi wśród Narodów Świata" i umieściłam odlew medalu z Yad Vashem. Mam pretensje do siebie, że nie przyszło mi to do głowy wcześniej. Może bodźcem stało się to powszechne mówienie, że Polacy w czasie wojny nic innego nie robili, tylko ratowali Żydów. To potwarz w stosunku do tych, którzy robili to naprawdę.

Bo to było podwójne bohaterstwo. Ratujący bali się i Niemców, i swoich polskich sąsiadów. Tych drugich moi rodzice musieli obawiać się najbardziej. Wcześniej nie chciałam wyróżniać rodziców. Nie daje się ludziom medalu za bycie rodzicami. Ale teraz to gest polityczny. Uważam, że trzeba to robić, że to jest powinność. Zwykle, gdy staję przed jakąś trudną decyzją, myślę, że może mama mi pomoże, a potem, że może obie. I chyba właśnie to zrobiły.

Dziecko ze srebrną łyżeczką
(kolejna rozmowa z Bietą, Warszawa)

Miałam siedemnaście lat, kiedy wszystko, co o sobie wiedziałam, okazało się nieprawdą. Siedziałam z przyjaciółką i ona zapytała, jak mogłam tyle lat ukrywać przed nią, że jestem Żydówką. Wyśmiałam ją i powiedziałam, że plecie bzdury, ale potem zaczęłam sobie przypominać różne rzeczy z dzieciństwa – strzępy, fragmenty, niezrozumiałe sytuacje – i zaczęłam składać je w całość. Pamiętam, jak siedziałam na tarasie w Michalinie. Niania przynosiła mi piasek, a ja bawiłam się zupełnie sama. Bardzo chciałam iść do innych dzieci, a mama mówiła, że nie mogę się bawić z hołotą. Chodzili jacyś ludzie, pytali o dzieci. W domu była narada. Przyjechały ciocie, także Irena Sendlerowa. Rozmawiały o tym, co robić – oddać? ukryć? Nic z tego nie rozumiałam. Mama mówiła, że to nie o mnie, tylko o jakiejś innej dziewczynce. Nie pytałam dalej. Byłam tylko zła, że nie mogę wyjść i pobawić się z innymi dziećmi. Dziś wiem, że to chodzili przedstawiciele Komitetu Żydowskiego*, szukali dzieci, które przeżyły Zagładę. Po latach, w 1977 roku, w Nowym Jorku dowiedziałam się, że nie byłam przeznaczona do Izraela, tylko do Ameryki. Profesor Lucjan Dobroszycki z YIVO** pokazał mi listę naczelnego rabina Nowego Jorku. Byłam na niej wśród dzieci wytypowanych do wykupienia od rodzin katolickich. Aż mnie ciarki przeszły.

---

* Idzie o Centralny Komitet Żydów Polskich (CKŻP).
** YIVO – naukowy instytut judaistyczny z siedzibą w Nowym Jorku.

Jak to jest zobaczyć swoje nazwisko na takiej liście sprzed lat?

Hanka Krall robiła kiedyś ze mną wywiad dla Judith i Mitona Kestenbergów, amerykańskiego małżeństwa, które zbierało historie ocalałych. Podarowali jej dyktafon – a to było wtedy coś. Zadała mi to samo pytanie, które ty mi zadałaś, gdy pierwszy raz się spotkałyśmy: „Gdy mówisz »mama«, to o której mamie myślisz?". Odpowiedziałam: „O tej jednej jedynej, którą znam i kocham. Tamtej nie widziałam". Opowiedziałam jej o liście z YIVO, zapytała: „Co by było, gdyby cię wtedy zabrali?". Powiedziałam, że nie wiem, oprócz tego, że mówiłabym po angielsku, a Hanka na to: „Pewnie wyszłabyś za mąż za właściciela kopalni diamentów". Tymczasem w drzwiach stanął mój mąż i dopowiada: „Albo by pracowała w sklepie rybnym i na każdym tłustym palcu miałaby wielki pierścionek z brylantem". Na tym skończyło się gdybanie. Inne strzępy: zawsze na 1 listopada chodziłam z mamą na grób tatusia. I dopiero jak miałam piętnaście lat, zauważyłam, że mój tata umarł dwa lata przed moim urodzeniem. Zapytałam o to mamę, a ona bez mrugnięcia powiedziała, że się kamieniarze pomylili… To mi zupełnie wystarczyło. Nie dociekałam. Teraz już wiem. Mam metrykę, w której jest napisane, że jestem córką swojej mamy (tej drugiej) i jej męża, który umarł dwa lata przed moim urodzeniem…

Pozbierałaś te strzępy i poszłaś z nimi do mamy?

Najpierw uciekłam z domu. Włóczyłam się, cierpiałam, nie mogłam sobie poradzić. Ale nie z tym, że jestem Żydówką. W ogóle nie wiedziałam, co by to miało znaczyć, nic mi to wtedy nie mówiło. Cierpiałam, bo okazało się, że moja mama, którą kochałam ogromną miłością, moja ukochana mama nie jest moją mamą. Ta świadomość była najgorsza. Nie było mnie chyba dwa tygodnie. Gdy wróciłam, zaczęłam ją pytać i wszystko mi powiedziała. Wszystko, co wiedziała.

O srebrnej łyżeczce, która jest twoją metryką?

Ta łyżeczka leżała w moim polskim domu w szufladzie wśród innych łyżeczek. Po prostu było wiadomo, że ta jest moja. Jej historię poznałam o wiele, wiele później. Urodziłam się w warszawskim getcie. Gdy miałam pół roku, zostałam uśpiona luminalem, umieszczona w drewnianej skrzynce z otworami i przemycona na aryjską stronę na wozie z cegłami. Do skrzynki moja żydowska mama włożyła mi srebrną łyżeczkę z wygrawerowanym imieniem i datą urodzenia. Urodziłam się 5 stycznia 1942 roku. To wiem na pewno.

„Ocalały załącznik do ocalałego dziecka" – napisałaś o łyżeczce.

A reszta to skrawki, które przez lata składałam w to, co dziś wiem o sobie i swoich żydowskich rodzicach. Wiele lat żyłam nadzieją, że gdzieś tam kiedyś znajdę ich fotografię, że ktoś ją przechował, że dowiem się, jak wyglądali. Kiedyś przyśniło mi się, że jakaś kobieta przyniosła zdjęcie mojej mamy. Jak do legitymacji. Zdjęcie, którego nigdy w życiu nie widziałam. Przyglądałam mu się i w końcu powiedziałam: „To nie może być moja mama, to jest jakaś zwyczajna kobieta". Dokument zachowany z tamtej strony czasu to akt notarialny. Mój ojciec wydzierżawił w 1940 roku swoją garbarnię w Wołominie. Jest tam jego podpis: Josel Koppel. Odnalazłam tego pana, któremu mój ojciec wydzierżawił garbarnię. Opowiadał mi, że moja rodzona mama spotykała się z nim w sądach w Lesznie i pobierała od niego należności za dzierżawę zgodnie z umową. Moja dwudziestoczteroletnia mama zginęła 3 listopada 1943 roku w obozie w Poniatowej, razem ze wszystkimi więźniami. Ojciec rok wcześniej został zastrzelony na Umschlagplatz. Podobno dlatego, że odmówił wejścia do wagonu, podobno krzyczał, że nie może nigdzie jechać, bo zostawił tu swoją małą córeczkę. Podobno. Szukałam fotografii swojej mamy. Pewna kobieta z Izraela znalazła w gazecie anons zamieszczony przez mojego męża. Napisała, że prawdopodobnie ma zdjęcie mojej mamy, że musi je wygrzebać na pawlaczu. Nie mogłam czekać, pojechałam do niej. Grzebałyśmy razem, ale nie znalazłyśmy. Były tam inne fotografie z umarłych czasów, ale nie mojej mamy. Pani Regina – ta kobieta z Izraela – opisała mi mamę: była śliczną, szczupłą blondynką o dużych, zielonych oczach. Henia Koppel, z domu Rochman. Mój ojciec był starszy od niej o jakieś dwadzieścia lat. Czarnowłosy, czarnooki. Był jakiś bank włó-kienniczy, jakieś konto w Szwajcarii. Mama miała książeczkę czekową z tego banku. Mówiła, że jeśli los pozwoli im przeżyć, to będzie solidne zabezpieczenie, by odbudować nowe życie.

Twoja mama Stanisława Bussoldowa pomagała ci dotrzeć do tych informacji?

Powiedziała mi najpierw, co wiedziała. Potem starałam się unikać tego tematu, żeby nie było jej przykro. I w ogóle to było dla mnie za trudne emocjonalnie. Otworzyłam tę puszkę na chwilę, gdy miałam siedemnaście lat. Wypytałam, posłuchałam, przyjęłam, a potem na wiele lat to od siebie odcięłam. Bo przy-chodziła mi do głowy taka myśl: co bym zrobiła, gdyby moja rodzona matka się znalazła? To było dla mnie za trudne. Gdy w moim życiu pojawił się Jerzy, on zaczął szukać. Ja świadomie dopiero wtedy, gdy pojawiła się Ania, moja córka. Ale wracam do mojej mamy Stanisławy Bussoldowej: była położną, współ-pracowała z Żegotą. Organizowała pogotowie opiekuńcze, od-bierała porody Żydówek, umieszczała dzieci w bezpiecznych kryjówkach, w przygotowanych wcześniej domach. Współ-pracowała z Ireną Sendlerową, więc do jej pogotowia trafiały też starsze dzieci, które przygotowywała do życia po aryjskiej stronie, uczyła je nowych imion, dat, pacierza, czasem leczyła, gdy tego wymagały, i dopiero wtedy wysyłała dalej, do rodzin. Najpierw zawsze sprawdzała te rodziny. I tak do niej trafiłam. Miałam być przekazana jakiejś pani, to było już umówione, ale okazało się, że ta kobieta jest chora na gruźlicę. Wtedy mama podjęła decyzję, że zostaję z nią.

Ten moment podjęcia decyzji, która ratuje życie, ale i wiąże ze sobą wcześniej obce osoby, matkę i dziecko...

Moja mama miała wtedy pięćdziesiąt sześć lat, dorosłe, bli-sko czterdziestoletnie, odchowane dzieci i była wdową. Miałam szczęście, bo byłam wyjątkowo kochana przez mamę. Gdy już się dowiedziałam o swoich prawdziwych rodzicach, miałam problem z lojalnością wobec mamy, z myśleniem o pierwszych rodzicach. Co to znaczy „prawdziwych"? Moja mama była moją najprawdziwszą mamą! Zawsze gdy chciałam poszukać jakichś wiadomości o swojej żydowskiej rodzinie, miałam poczucie winy, czułam się nielojalnie wobec mamy. Pojechałam do ŻIH-u. Jego dyrektorem był wtedy profesor Bernard Mark. Zapytał, po co mi to żydostwo. „Żydostwo jeszcze nikomu nie przyniosło szczęścia. Zapomnij. Niech ci się wydaje, że przeczytałaś o tym w książce albo zobaczyłaś w kinie. To nie twoja historia". To pojechałam do TSKŻ-etu. Była tam stołówka, starzy Żydzi, którzy w niej jedli i rozmawiali, zapytali mnie: „Co ty tu robisz, dziecko?". Powiedziałam, że jestem tu, żeby zobaczyć, jak Żydzi wyglądają. „A gefilte fisz jadłaś?" – zapytał jeden. „Nie" – odparłam. „To cię zapraszam". Przyjeżdżałam tam potem często, by z nim rozmawiać. Był samotny. Zapytałam mamę, czy mogę zaprosić go na Wigilię. Mama uświadomiła mi, że Żydzi nie świętują Wigilii. Ale zaczął do nas regularnie przyjeżdżać na niedzielne obiady. Po rozmowie i jedzeniu zawsze siadał w fotelu i zasypiał. Raz na moje życzenie mama urządziła Wigilię, na której byli sami Żydzi. Wspaniałą miałam mamę! To mi wystarczało. Nie miałam powodów, by drążyć temat żydostwa głębiej. Miałam tak cudowne życie i dostałam tyle miłości, że całą tę historię, którą mi opowiedziano, gdy miałam siedemnaście lat, zepchnęłam do podświadomości. Miałam swoje uporządkowane życie, cudowne, pełne miłości, nie chciałam niczego zmieniać.

Opowiedz o niani.

Ją też bardzo kochałam, a ona mnie. Moja ukochana niania strasznie mnie rozpuszczała. Karmiła czekoladą, którą moja mama nawet w trudnych czasach skądś dla mnie zdobywała. Łączyła nas silna więź. Gdy wychodziła za mąż, mama szyła jej po nocach sukienkę, a ja – jako że naprawdę byłam dzieckiem spod ciemnej gwiazdy – klękałam przed wiszącym nad łóżkiem obrazkiem Maryi i się modliłam: „Boziu, spraw, by ten mąż pił wódkę i ją bił i żeby ona do mnie szybko wróciła". I tak było. Pił, bił i wróciła. Ale nie sądzę, by to była wina Matki Boskiej.

Od niani wiem, że moja rodzona mama telefonowała do mnie z getta, póki mogła. Niania przystawiała mi słuchawkę do ucha, a ja gaworzyłam. Mama słuchała mojego głosu i była szczęśliwa. Tyle wiem. Bo nic przecież nie pamiętam. Ani głosu mamy, ani słów. Pytasz, co mama mogła czuć wtedy, gdy mnie oddawała... Nie wiem. Wiem, co mówiła. Że jej mąż ma pieniądze ulokowane w szwajcarskim banku i że to im wynagrodzi. Pewnie mówiła różne inne rzeczy. A może nie, bo pewnie było mało czasu. Niania wsadzała mnie do wózka i chodziła ze mną na spacer ulicą Ogrodową. Była umówiona z moim dziadkiem, który wychodził z getta pod eskortą z grupą innych robotników do pracy i mógł mnie wtedy zobaczyć, dowiedzieć się, co u mnie słychać. Aron Pejsach Rochman, tata mojej młodziutkiej mamy. Przed wojną miał garbarnię, jak mój tata. Podczas jednego z tych spacerów niania powiedziała mu, że zostanę ochrzczona. Następnym razem dziadek wręczył jej zawiniątko. Było tam białe ubranko, świeca i... złoty krzyżyk! Nawet to naszykował. Czy ty sobie wyobrażasz, jaki to gest?

Zgoda na uratowanie życia jego wnuczki kosztem porzucenia spuścizny, tradycji?

Cicho, łamiącym się głosem powiedział: „Elżunia już nie nasza". Odwrócił się i płakał... Takiego miałam dziadka. I takie dwie mamy, którym zawdzięczam życie. Ich dobroci, która nie znała strachu. Moja mama Stanisława była niezwykle dzielna, odważna, taki miała charakter. Moja mama Henia podjęła decyzję – nie chciała zostawić rodziców, postanowiła, że zostanie z nimi, porzuciła mnie, bym mogła żyć. Długo nie myślałam o tym, czym był ten jej niezwykły gest, ani o tym, co mogła wtedy czuć, gdy zdecydowała się oddać swoje maleńkie dziecko... Jeśli chodzi o moją tożsamość – mam ją od polskiej mamy – to wszystko, co dostałam, jest polskie, nie żydowskie. Nie chciałam się potem uczyć bycia Żydówką. To byłoby sztuczne, a ja nie lubię złego teatru. Ten, kto przeżył z kimś z rodziny, jest w zupełnie innej sytuacji, nawet jeśli jego żydostwo było ukrywane i się o nim nie mówiło. Albo tak jak w twojej rodzinie, jak wspominałaś – wszystko było wymieszane: polskie, żydowskie, litewskie. U mnie tak nie było. Ja zostałam zupełnie odcięta od żydostwa. Miałam chrzest, potem pierwszą komunię. Do synagogi po raz pierwszy zaprowadził mnie mój mąż, na początku naszego małżeństwa. Kupił świece, wytłumaczył mi, czym jest Jom Kippur. Powiedział, że moi rodzice i dziadkowie zawsze tego dnia chodzili do synagogi i palili świece. „Chodź, zapalimy świece". Poszłam. Zapaliłam. I nic tam nie mogłam zrozumieć. Wszystko, co się tam działo, nie było moje. Miałam jednak poczucie, że jestem wysłannikiem, że przyszłam w imieniu tych, którzy przychodziliby tu, gdyby nie zginęli, i tu by się modlili. Nie umiałam się modlić. Bardzo chciałam, próbowałam się modlić po swojemu. Wyszłam z założenia, że Pan Bóg jest jeden i wszystko Mu jedno, jak się będą do Niego modlić. Kiedy wróciliśmy do domu, zadzwoniła znajoma i śmiała się do słuchawki: „Wiesz, co się mówi w Warszawie? Że ten stary Żyd Ficowski ożenił się z jakąś młodą gojką i prowadza ją do synagogi". To był mój pierwszy kontakt z synagogą.

Nadal co roku obchodzisz Jom Kippur...

Ze względu na pamięć o moich rodzicach i dziadkach, ale i mojego męża. Ze względu na tamten pierwszy raz. Natomiast w dalszym ciągu, choć minęło tyle lat, nie czuję, by to było moje. Co innego, gdy wchodzę do kościoła, gdy czuję zapach kadzidła. To mi się kojarzy z dzieciństwem, z bezpieczeństwem, z moją mamą, która zresztą nie chodziła do kościoła, tylko pilnowała, żebym chodziła z nianią. Do tej pory jestem wierząca, ale już nie mam prawa powiedzieć o sobie, że jestem katoliczką. Modlę się po swojemu, tam, gdzie chcę. W kościele, w synagodze. Niektórzy mieli mi to bardzo za złe. Dla mnie żydostwo to sprawa pamięci, czasem sumienia, honoru – gdy trwały antysemickie protesty w całej Polsce, chodziłam z wielką gwiazdą Dawida na szyi i mówiłam, że jestem Żydówką. Powtarzałam po swoim mężu: jestem Żydówką wtedy, gdy biją Żydów. Na co dzień nie jestem Żydówką. Nie mam do tego instrumentów. Nie czuję tego.

Ale z tego, co opowiadasz, twoi żydowscy rodzice i ich dziedzictwo są wciąż obecne w twoim życiu...

Tak, rodzice są mi bardzo bliscy. Wyobrażam sobie mamę, młodziutką dziewczynę, która zginęła. I ojca. Ale wiesz, to się zaczęło, dopiero gdy urodziła się moja córka. Wcześniej to mój mąż Jerzy szukał śladów mojej rodziny. Mówił, że czuje się jak zdun, który buduje nikomu niepotrzebny piec. Pisał anonse do zagranicznych gazet, miał też wielu znajomych na świecie i przez nich szukał. A ja słuchałam, słuchałam. Niech szuka. Gdy sama zostałam matką, poczułam to. Rozumiałam wcześniej, ale co z tego, skoro tego nie czułam. I dopiero gdy moja córeczka skończyła pół roku, to do mnie dotarło. Co by było, gdybym musiała się z nią rozstać. To był ten moment. Wyobrażam sobie, że moja córka Ania jest podobna do mojej mamy. Gdy patrzę na córkę, widzę w niej też swoją mamę.

Moja córka dowiedziała się, jak miała osiem czy dziewięć lat, gdy do Jerzego Ficowskiego przyjechała telewizja. Był z nią Martin Pollack i zaproponował mi, żebym coś powiedziała – to pójdzie w świat i może dowiem się czegoś o rodzinie. Mówiłam, a Ania słuchała. Nie zrobiło to na niej specjalnego wrażenia – w jej rodzinnym domu bywali różni ludzie: Cyganie, Chińczycy, Japończycy, a tu po prostu jacyś Żydzi i tyle. Była przyzwyczajona. Z kolei gdy jej syn miał osiem lat, przyszłam do nich w odwiedziny, a po drodze miałam taką oto przygodę: spotkałam biedną staruszkę, która mówiła, że jest głodna, po czym zaraz zapytała, czy wiem, dlaczego Polacy nie mają pieniędzy. Otóż dlatego, że wszystko oddają Żydom. Na to wyjęłam z kieszeni jeansowej kurtki sto złotych, które akurat miałam, i dałam jej, mówiąc: „To w takim razie, proszę bardzo, od Żyda na obiad". Uściskałyśmy się i rozstałyśmy. Opowiedziałam rodzinie o tym spotkaniu, a była z nami też druga babcia moich wnuków. Wnuk zapytał: „Babisiu, to ty jesteś Żyd?". Odpowiedziałam, że mam żydowskie korzenie, jak jego mama, on i jego brat. Chwilę pomyślał i powiedział: „Ja nie chcę być żydowskim korzonkiem". W końcu zapytał: „Czym się różnią Żydzi od normalnych ludzi?". Wtedy druga babcia pospieszyła z odpowiedzią: „Karolku, są po prostu mądrzejsi". Przez lata musiałam to odkręcać. A dziś on się cieszy, że ma żydowskie korzenie. Robi się fala i nie wiadomo, czym się skończy. On mówi, że czuje się Żydem.

Doskonale to rozumiem.

Wyobrażasz sobie, ile musiałam mieć szczęścia, że to właśnie ja przeżyłam? Moja niania zawsze powtarzała, że lepszy w życiu łut szczęścia niż worek złota. Ja miałam szczęście. Co nie znaczy, że mając szczęście, jest się nieśmiertelnym. Zdaję sobie sprawę z tego, że każdy człowiek ma jakąś granicę, której się nie da przekroczyć. Zostanie moja córka i trójka wnuków. I jeszcze wspaniały zięć. Na pewno będą pamiętali moją historię, ale bez przesady. Ich obowiązkiem jest pamiętać, lecz nie daj Boże, żeby popadli w jakieś szaleństwo, które widzę u wielu ludzi z drugiego i trzeciego pokolenia po Holocauście...

Uważasz, że jestem szalona?

Nie, ty jesteś jeszcze w normie. Wiesz dlaczego? Bo słuchasz, szukasz, ale nie nosisz w sobie goryczy. Te wszystkie nasze historie. Te tajemnice. Żydostwo. Jakie to ma znaczenie? Dlaczego o tym rozmawiamy? Dlatego, że ważna jest pamięć. Dla nas i kolejnych pokoleń. Przysłano mi komiks *Irena Sendlerowa i łyżeczka życia** – jest w nim moja historia. Wczoraj przyszła do mnie moja wnuczka Lili. Natychmiast sięgnęła po leżący na stole zeszyt i zagłębiła się w lekturze. Kiedy skończyła, zaczęła zadawać pytania. W końcu powiedziała: „Teraz rozumiem, dlaczego na medalu Sprawiedliwy wśród Narodów Świata jest napisane: »Kto ratuje jedno życie, ten jakby cały świat ratował«. Przecież tak to jest, babisiu, twoja mama ocaliła ciebie, ty urodziłaś naszą mamę, nasza mama urodziła nas i my też urodzimy dzieci".

* O. Gałka-Olejko, J. Wyrzykowski, *Irena Sendlerowa i łyżeczka życia*, Gdańsk 2018.

Wszystkie moje mamy
(rozmowa z Marysią, Fairfax, Wirginia)

Urodziłam się w Białymstoku 19 czerwca 1941 roku. Trzy dni później Niemcy zaatakowali Rosję, a moje rodzinne miasto było jednym z pierwszych, które zajęli. Ktoś robił ze mną wywiad i poprosił: „Opowiedz mi o swoim domu", a ja spytałam: „Ale o którym?". Miałam cztery domy i sytuacja jest o tyle skomplikowana, że miałam trzy mamy oraz jedną macochę po drodze.

Pierwsza mama?

Bela Kaufman, w czasie wojny Pakulska. Miała „dobry" wygląd. Ty od razu rozumiesz, o co chodzi, ale jak tu, w Ameryce, opowiadam to komuś, zawsze muszę tłumaczyć, co to właściwie znaczy. Wysoka, włosy jasnobrązowe, szare oczy. Miała nadzieję, że uda nam się przechować. Ja, niestety, coraz bardziej wyglądałam na żydowskie dziecko. Raz na ulicy mama zobaczyła, że robotnik z fabryki, w której pracowała, rozmawia z żandarmem i pokazuje na nią palcem. Hardo podeszła do żandarma. Nie dałyśmy się zaprowadzić – same poszłyśmy do getta. Mama była silna i zdrowa, wypuszczali ją do pracy na zewnątrz. Tam nawiązała kontakt z podziemiem, wyrobiła sobie kenkartę i po półtora roku, na trzy miesiące przed sierpniowym powstaniem w getcie białostockim, wyszłyśmy stamtąd i na piechotę dotarłyśmy do Tykocina. Zamieszkałyśmy u dwóch pań, które były szwagierkami. Oprócz nas przechowywały jeszcze jedną

Żydówkę. Pewnego słonecznego dnia do domu wparowali żołnierze NSZ. Zamordowali obie gospodynie i Żydówkę. Mamę oszczędzili, bo myśleli, że jest polską sprzątaczką, a mnie nawet nie zauważyli, bo się bawiłam w trawie w ogrodzie. Po wojnie znajomy znalazł w aktach potwierdzenie, że to się naprawdę zdarzyło – notatkę NSZ: „Wykonaliśmy rozkaz". Zostałyśmy z mamą we dwie. Ale nie na długo, bo podziemie zamordowało niemieckiego żandarma i Niemcy w odwecie zorganizowali łapankę. To jest jedno z najsilniejszych wspomnień, które do mnie wraca. Straszny warkot silników, pakowanie ludzi na ciężarówki. Mamę szarpali, a ja płakałam, lgnęłam do niej, a ona mnie od siebie odpychała, żeby i mnie nie dopadli. Tylko że ja tego nie rozumiałam, bo miałam niecałe trzy lata. Mamę zabrali do Ravensbrück, na szczęście jako Polkę, a nie Żydówkę. Zostałam zupełnie sama na ulicy.

Pojawiła się druga mama?

Drudzy rodzice. Nie jestem pewna, czy od początku wiedzieli, że jestem Żydówką. Raczej tak, bo wyglądałam już wtedy bardzo „typowo". Domyślam się, że to sformułowanie też znasz. W każdym razie zgarnęli mnie z ulicy i zabrali do swojego domu. Byli dla mnie bardzo dobrzy, przywiązali się do mnie. Pozwolili mi mówić do siebie: „mamo" i „tato". Na głowie musiałam nosić chusteczkę, a gdy chodzili żandarmi, chowałam się do skrzyni. Ale ogólnie dali mi szczęśliwe dzieciństwo. Bawiłam się, pływałam, nie wiedziałam, że są wokół te straszne problemy. W 1945 przyszli Rosjanie. Uciekliśmy z rodzicami w pole przed bombardowaniem. Rosyjski żołnierz na mój widok zakrzyknął: „Jakim cudem ta Żydóweczka się tu uchowała?!". Miałam cztery i pół roku. Biegałam gdzieś z dzieciakami, jak to na wsi. Wróciłam do domu, a tam siedziała jakaś pani. Bardzo brzydka. Rodzice powiedzieli: „To jest twoja mama". Zaczęłam płakać: „Jak to? Ty jesteś moją mamą! To nie może być moja mama!". Uciekłam, bo ona wyglądała naprawdę okropnie. A poza tym przecież już miałam mamę. Ile mam można mieć?

Wróciłaś do pierwszej mamy?

Rodzice, którzy mnie uratowali, byli bardzo porządnymi ludźmi i zaproponowali mamie, żeby pomieszkała z nami. Po kilku miesiącach przekonano mnie, że to ona jest moją prawdziwą mamą. Dopiero wtedy mnie wzięła i razem pojechałyśmy do Warszawy. Zamieszkałyśmy w na wpół zniszczonym budynku koło kina Polonia. Nie wiem, jak oni nam, dzieciom, pozwalali bawić się w tych gruzach. Pamiętam, że mama była bardzo zajęta, że u nas w domu odbywały się zebrania, a ja siedziałam jej na kolanach i ją zaczepiałam. Nie miała dla mnie czasu, ale dawała mi ciepło i oparcie. Poszłam do przedszkola, potem do szkoły. Pojechałyśmy na wakacje. Zaraz na początku roku szkolnego mama zostawiła mnie z kuzynami i pojechała na konferencję. W drodze na nią zginęła w wypadku samochodowym. Słyszałam także plotkę, że to nie był wypadek, bo mama wciąż była zaangażowana politycznie. Miałam siedem lat. Nikt mi nic nie powiedział, ale bawiłam się pod stołem i słyszałam, jak rozmawiali. Nie do końca rozumiałam, co to znaczy, że mamy nie ma. Stała się dla mnie ważna, była dla mnie wszystkim, myślałam, że będzie jak poprzednio – teraz jej nie ma, ale potem znowu wróci. Jedyną oprócz mamy osobą z bliskiej rodziny, która przeżyła wojnę, był jej brat, czyli mój wuj. Wziął mnie do siebie. Miał młodą żonę, której niespecjalnie chciało się mieć takie duże dziecko.

To ta macocha?

Wspomogli mnie przyjaciele mamy. Wzięli mnie na wakacje i tam poznałam miłych ludzi. Spędziliśmy ze sobą dużo czasu. W końcu zapytano mnie, czy chciałabym, żeby zostali moimi rodzicami. Zgodziłam się.

Trzecia mama.

Miałam wtedy dziesięć lat. Zawsze mówię, że jedna mama mnie urodziła, druga mnie wychowała, a trzecia zrobiła ze mnie człowieka. Ona i jej mąż, który z kolei był dla mnie jak tata. Wzięłam ich nazwisko, żyło nam się normalnie. Do 1968 roku było dobrze. Mimo nagonki rodzice doszli do wniosku, że nie wyjadą, bo już są za starzy. Ojciec powiedział, że gdyby miał wyjechać, to tylko do Izraela. Mama z kolei bała się wojny i tego, że mogliby mnie tam, w Izraelu, wziąć do wojska. Chciała jechać do Szwecji. Nie doszli do porozumienia. Nie sądziłam, że wyjadę bez nich, ale oni mnie właściwie wypchnęli. Przez Wiedeń i Rzym udałam się do Stanów Zjednoczonych, gdzie do dziś mieszkam. Nie pozwalano mi przyjeżdżać do Polski przez piętnaście lat. Na szczęście rodziców puszczali. Spotykaliśmy się w Rumunii, Bułgarii. Zwiedziliśmy sobie razem wszystkie kraje demokracji ludowej. Gdy w latach siedemdziesiątych adoptowałam moją córkę Anię, tata już nie żył. Mama przyjechała do mnie na pół roku i potem już odwiedzała nas regularnie. W 2004 roku miała dziewięćdziesiąt trzy lata i oznajmiła: „Mam dosyć lotu przez Atlantyk". W związku z tym przez kolejnych dwanaście lat to ja co pół roku jeździłam do Polski. Mama zmarła w wieku stu czterech lat. Moja trzecia mama.

Kiedy dziś myślisz „mama", to o której?

Najczęściej o tej ostatniej. Najdłużej z nią byłam. Ale wszystkie trzy dały mi coś ważnego. Uważam, że dziewczynce po takich komplikacjach życiowych – w tym, żeby nie była prześladowana przez to wszystko – to chyba najwięcej pomogli trzeci rodzice. Jestem chyba względnie normalna, jak myślisz?

Rozmawiałam z ludźmi, którzy mieli dwie matki. Wszyscy oni mieli lub mają pewien kłopot z określeniem swojej tożsamości...

Wiem o waszym spektaklu *Matki*. Chciałam na niego pójść. Znam Inkę i Bietę. U nich było zupełnie inaczej. Zauważam te różnice przy rozmowach. U mnie skończyło się na żydowskich rodzicach. Po drodze miałam rodziców katolików i oni mnie nawet ochrzcili, ale nie zdołali zmienić niczego w moim życiu. Mam przyjaciół wśród członków Dzieci Holocaustu w Polsce. Różnica między większością z nich a mną jest taka, że ja o wszystkim wiedziałam. Gdy mieszkałam z pierwszą mamą w Warszawie, wakacje spędzałyśmy u moich wojennych rodziców w Tykocinie. Potem z trzecimi rodzicami też tam jeździliśmy. Sąsiedzi w Tykocinie wiedzieli. Choć nie wszyscy patrzyli na to życzliwie. Medal Sprawiedliwy wśród Narodów Świata załatwiłam im dopiero w 1991 roku. Wcześniej nie byli przychylni temu pomysłowi. W końcu powiedzieli: rób, jak chcesz. I wtedy wystąpiłam do Yad Vashem. U trzecich rodziców to była już pełna otwartość. No i miałam kontakt z biologicznymi krewnymi ze strony ojca. Wiadomo było, że jestem adoptowana, kim była moja mama i kolejne mamy. Miałam przyjaciółkę w Izraelu, która dowiedziała się o sobie, będąc tu, w Stanach, z wizytą. Siedziała przy stole z ludźmi, którzy byli przyjaciółmi jej matki. I ktoś powiedział: „Przecież wiesz, że to nie twoja mama". Miała sześćdziesiąt lat. Była już babcią. Ja, gdy się dowiedziałam, miałam dziesięć. A moja córka z kolei skończyła pięć lat, gdy jej powiedziałam.

Twoi rodzice z Tykocina…

Już nie żyją. Ale gdy jestem w Polsce, zawsze jeżdżę na tykociński cmentarz na ich groby. Jak się zaczął 1968 rok, to wujek (tata) z Tykocina powiedział, że jest tam dla nas wszystkich miejsce: i dla mnie, i dla moich rodziców.

Nie miałam żadnych problemów z tożsamością, nie miałam żadnego poczucia rozdwojenia. Miałam trzy matki. Jedna mnie urodziła, druga mnie uratowała, a trzecia mnie wychowała. Myślę, że one się uzupełniały. Miały ze sobą dobre stosunki. Gdy myślę o swoich przyjaciołach z Polski, uderza mnie, że u nich jest taka rozpaczliwie przerwana ciągłość. Ja nie odczuwałam jej braku, choć oczywiście była śmierć. Niejedna. Jest sporo rzeczy, których nie wiem. Wciąż czegoś szukam, na przykład dowiedziałam się, że w Instytucie Pamięci Narodowej jest teczka mojego wujka. Chciałabym ją wyciągnąć, może znajdę tam coś o swojej rodzinie. Ale w tym moim szukaniu nie ma obsesji. Moi przyjaciele ją mają. Na początku tego dobrze nie rozumiałam. Teraz rozumiem, że to normalne, gdy trzeba zapełnić ogromny brak wiedzy o swoich korzeniach.

Gdy patrzę na swoje dzieciństwo, to nie z przerażeniem, że najpierw miałam jedną, potem drugą, a później trzecią mamę. Bo zawsze miałam matkę. Oprócz tych trzech lat, kiedy byłam z wujkiem i jego żoną, zawsze byłam z mamą, po prostu nie zawsze z tą samą. Moi trzeci rodzice bardzo się cieszyli, że będą mieli dziecko. A ja się cieszyłam, że będę z nimi. Bardzo szybko zaczęłam do nich mówić: „mamo", „tato". To była formalna adopcja. Dlaczego ty właściwie z nami rozmawiasz?

Bo sama jestem mamą i muszę wiedzieć. Potrzebuję wypełnić luki, oswoić lęki, które sobie przekazujemy z pokolenia na pokolenie w naszych rodzinach. Kogo miałam pytać, jak nie was?

Dobrze, że piszesz. Nasi rodzice już nie żyją, a my jesteśmy ostatnim pokoleniem dzieci Holocaustu. Na nas koniec. Pisz, bo to są ostatnie momenty. Sama też piszę. Chcę, żeby wnuczka mogła to przeczytać.

Mamo, załatw to z nim
(rozmowa z Leną, Warszawa)

Znalazła pani to, czego szukała? Jakieś podobieństwa? Sposoby myślenia tych matek byłyby ciekawym wątkiem. Co w nich takiego było, że wbrew wszystkiemu ratowały swoje dzieci?

A jak pani sądzi, co myślała pani mama?

Że ona musi żyć. Że wszyscy inni na ulicach getta, wszyscy wokół niej wkrótce umrą, ale ona ma żyć. I już. Ona i jej córki. A może, jeśli będzie trzeba, musi żyć za cenę życia dzieci? Tego nie wiem. Była w niej taka determinacja. Z dużej rodziny przeżyłyśmy trzy: mama, moja siostra i ja. Już po wojnie mama powiedziała mi: „Wiesz, chodziłam po getcie i we wszystkich widziałam żywe trupy. A jednocześnie czułam, że mnie to nie dotyczy". Podobno Żydów Niemcy rozpoznawali po lęku w oczach. Mama mówiła po niemiecku (chodziła do szkoły w Wiedniu, gdzie dziadkowie uciekli podczas I wojny światowej) i żeby pokonać strach, podchodziła do żandarmów czy gestapowców i pytała o cokolwiek: o ulicę, o adres urzędu. Wtedy im do głowy nie przychodziło, żeby ją podejrzewać. Te matczyne działania musiały być spowodowane różnymi przyczynami. Różnymi, bo matki były z tak różnych środowisk, o różnych charakterach. Bo tyle w tym było przypadków i zbiegów okoliczności. Wyobrażam sobie, co czuła moja mama, wychodząc ze mną z getta i zostawiając starych rodziców. Właściwie w pustym getcie. Już było wiadomo, że to są ostatni snujący się tam ludzie. Co czuła moja mama w stosunku do swojej mamy? Te wszystkie pytania przychodzą za późno. Kiedy już nie ma z kim rozmawiać. Na wiele z nich muszę sobie sama odpowiedzieć. Najbezpieczniej jest nie ruszać tych spraw. I mnie się to przez kilkadziesiąt lat udawało. Postawiłam taką szklaną ścianę. Działała, a potem przestała. Budziłam się w nocy. A żyję dzięki temu, że dobrze śpię. Jako dziecko potwornie chorowałam, a potem przyszły studia, praca, życie. Regenerowałam się w nocy. A tu nagle te obrazy z przeszłości zaczęły do mnie przychodzić. Miał się wtedy urodzić mój wnuk. Przyjaciółka doradziła mi, bym to komuś opowiedziała albo spisała. Usiadłam i napisałam. Nie bardzo wierzyłam w takie czary-mary, ale ten sposób okazał się skuteczny: wyrzuciłam to z siebie i zrobiło mi się lżej. Pomogło.

Opowie mi pani o tych obrazach?

Widziane oczami sześcio-, siedmioletniego dziecka nie są chronologiczną opowieścią. Trochę je poukładam. Krótko po wkroczeniu Niemców do Lwowa wyrzucili nas z naszego mieszkania. Wprowadził się do niego Ukrainiec z rodziną. Mama prosiła, by pozwolił jej zabrać chociaż moje dziecięce łóżeczko, a on odpowiedział, że już się na miękkich naspaliśmy. Wysiedlili nas do getta, jeszcze wtedy nie było zamknięte. Z tego czasu pamiętam akcje, łapanki i strach. Wpadali, brali wszystkie dzieci, czasem całe rodziny, ładowali na ciężarówki i wywozili nie wiadomo dokąd. Mama kładła mnie w łóżku pod pierzynami. Mój ojciec i dziadek chodzili pracować po stronie aryjskiej. Codziennie przed wyjściem, o świcie, wszystkie kobiety ze starszymi dziećmi (takimi, którym już można wytłumaczyć, by nie płakały) schodziły do piwnicy, gdzie był długi korytarz, a mężczyźni zamurowywali wejście i siedziałyśmy tam aż do ich powrotu. Gdy zamknęli getto, wtłoczyli nas wszystkich do jakiegoś baraku. Wszy i tyfus. Pamiętam ten straszny głód. Do dziś mam obsesję na punkcie chleba. Wyrzucę łososia, ser czy cokolwiek innego, ale chleba nie. Mężczyźni nadal wychodzili na zewnątrz. Za pracę dostawali kawałek chleba. Mama kładła go wysoko na szafie, żebym go w nocy nie ściągnęła, a śnił mi się ciągle. Patrzyłam na ten chleb i zastanawiałam się, jak by się do niego dostać. A ojciec szedł do pracy i zamieniał go na papierosy. Mama nigdy nie paliła. Jedyne awantury, jakie pamiętam ze Lwowa jeszcze sprzed wojny, to o palenie. Ojciec budził się i zaraz sięgał po papierosa. Palił w pięknej pościeli z ich ślubnej wyprawy. Mama nie mogła tego znieść. Ja dziś też palę. Myślę, że po ojcu. Wiem, że to nie jest ani mądre, ani zdrowe, ani estetyczne, ani tanie. Wszystko to wiem, ale jakąś przyjemność muszę mieć. Kawę i papierosa. Coś mi się należy. Pod innymi względami to siostra jest bardziej podobna do ojca. Jest miękka w stosunku do ludzi i w stosunku do siebie. Ja na przykład nie wyobrażam sobie, by coś zacząć i tego nie skończyć. Zdechnę, ale doprowadzę to do końca. Rano idę do łazienki, myję zęby, patrzę w lustro i myślę o mamie. Starzeję się „na mamę".

Tata nie przeżył?

Któregoś dnia nie wrócił z robót do domu. Ani tata, ani wujek. Po jakimś czasie przyszedł do nas mężczyzna, który uciekł z transportu. Przyniósł list od ojca. Pamiętam każde słowo z tej karteczki. Tata żegnał się z nami. Wiedział, że jedzie do Bełżca.

W naszym baraku w nocy dziadek z kilkoma innymi mężczyznami kopali dół pod podłogą. Maskowało się go na dzień deskami. Był niewielki, ale przesiedzieliśmy w nim schowani kilka akcji. Po którejś z nich nad naszymi głowami zapanowała cisza. Wyszliśmy, w naszym i w sąsiednich barakach nie było już nikogo. Po kilku dniach zjawili się inni, którym udało się ukryć. Uciekałyśmy z mamą z getta dwa razy. Mama zdobyła fałszywe papiery – marne, bo na lepsze nie było nas już stać. Ja byłam kurierem na stronę aryjską – miałam „dobry" wygląd. Siostra jest ode mnie osiem lat starsza. Była wtedy nastolatką. Wydostała się z getta już wcześniej, ukrywała się na lewych papierach i udało jej się wyjechać na przymusowe roboty do

Niemiec. My wyszłyśmy z getta z jeszcze jedną kuzynką. Pojechałyśmy od razu na dworzec. We Lwowie ktoś mógłby nas rozpoznać. Na dworcu złapał nas mężczyzna, zastąpił nam drogę, zabrał na posterunek, gdzie był tylko on. Interesowały go nasze walizki. Zabrał nam wszystko, co miałyśmy, po czym odesłał z powrotem do getta. Mama znała jego nazwisko. Jego brat przed wojną wynajmował u nas pokój. Po wojnie mama go odnalazła, ale przyjaciele poradzili jej nie ruszać tej sprawy. Była samotną matką z dwójką dzieci, a on i jego brat piastowali stanowiska w Urzędzie Bezpieczeństwa. Drugi raz uciekłyśmy po kilku dniach. Udałyśmy się do dozorcy naszego przedwojennego domu. Przechował nas w piwnicy i znalazł starą kobietę, która zgodziła się mną zająć, póki mama czegoś nie znajdzie. Mama pojechała do Warszawy. Chciała się dostać na roboty do Niemiec. Polskim Żydówkom było najłatwiej przechować się w Niemczech. Niemcy nie odróżniali tak dobrze Żydówek od Polek nie-Żydówek. Siostra już tam była i pisała: „Przyjeżdżajcie, jest świetna pogoda" (czyli: „Przyjeżdżajcie, tu jest bezpiecznie"). Niestety, ta starucha wyrzuciła mnie z domu na bruk, gdy tylko zorientowała się, że mama opuściła Lwów. Poszłam pod jedyny adres, który znałam, do Nuśki Węgrzyn, przyjaciółki mojej siostry. Nakarmiła mnie i odwszawiła.

Mama po panią przyjechała?

Nuśka mnie do niej zawiozła, ale nie byłyśmy długo razem. W obozie przejściowym przy Skaryszewskiej w Warszawie trzymali ludzi z łapanek. Zbierano ich tam do wysyłki do Niemiec. Wśród nich moją mamę. Niemcy są bardzo dokładni. Zrobili mamie badania lekarskie i coś jej znaleźli w płucach. Orzekli, że nie może jechać. Obok mamy siedziała kobieta, chłopka. Płakała okropnie, że ją złapali i wysyłają do Niemiec. Mama powiedziała jej wtedy: „Zamienimy się, ja pojadę za panią. A w zamian pani weźmie moją córeczkę i przechowa ją do mojego powrotu". I nazajutrz przyszła do nas ta chłopka. Miała tłumok z prześcieradła, w którym woziła śmietanę i masło.

Zabrała mnie na wieś, a mama pojechała do Niemiec. Spotkała się z moją siostrą. Tyle że tam zrobili jej drugie prześwietlenie i znowu jej coś wykryli w płucach. Odesłali ją z powrotem do Warszawy, gdzie znalazła pracę jako niańka do dzieci, właściwie służąca, bo robiła wszystko: prała, prasowała, sprzątała i bawiła dzieci. Ja byłam na wsi. Też na robotach. Pasłam krowy, świetny zawód mam. Umiałam też macać kury. Moim chłopom było ze mną wygodnie. A z tym prześwietleniem to ciekawe, bo mama żyła długo, dziewięćdziesiąt siedem lat, i nigdy nie chorowała na płuca. Mało tego, zrobiła dyplom pielęgniarski. Po wojnie pracowała przy wykonywaniu badań rentgenowskich. Zaprzyjaźniony lekarz, który opisywał zdjęcia, sprawdził ją – nic nie znalazł. A Niemcy dwa razy znaleźli. Tak widocznie było zapisane. Do końca wojny dotrwałyśmy: mama w Warszawie, siostra w Niemczech, a ja na wsi pod Mińskiem Mazowieckim.

Rozumiała pani coś z tej sytuacji?

Czy rozumiałam? Kochanie, ja już wtedy byłam starym człowiekiem! Moja siostra mieszka dziś w Australii. Ja nie jestem, jak pani widzi, młoda, a ona jest jeszcze starsza. Staram się co roku do niej jeździć, dużo rozmawiamy i czasami gdzieś chodzimy. Jednego razu byłyśmy tam w restauracji węgierskiej, obok siedzieli jacyś znajomi siostry, dwie pary małżeńskie. Podeszli do nas, zaczęliśmy rozmawiać, powiedziałam, że przyjechałam z Polski. Na to jedna z tych kobiet odparła: „Aaa, mój mąż jest z Polski", on się wtrącił: „Przepraszam, ja źle mówię, bo byłem dzieckiem, jak wyjechałem z Polski. Miałem może dwanaście lat". Pomyślałam: dwanaście? Dzieckiem? Ja miałam osiem i byłam zupełnie dorosła. Doskonale wiedziałam, co mogę powiedzieć, czego nie. Musiałam nauczyć się swoich nowych danych. Imię mam swoje. To jedyne, co mi zostało. Całe życie wszyscy mówili do mnie Lena. Gdy szykowałam się do operacji, przyszła anestezjolog na wywiad. Poprosiłam ją, żeby kiedy będą mnie wybudzać, wołali do mnie „Leno", nie „pani Heleno", bo inaczej nie zareaguję. Jestem Lena. Przez siedemdziesiąt lat żyłam na okupacyjnych papierach. Trzy lata temu postanowiłam, że zejdę z tego świata jako ja. Sądownie przeprowadziłam zmianę: daty urodzenia, imion rodziców, wszystko tak, jak było naprawdę. To wywołało zdziwienie w chyba dziesięciu różnych instytucjach. Zmieniałam dane w banku, kasie chorych, ZUS-ie, urzędzie skarbowym, spółdzielni mieszkaniowej, u dostawców prądu, gazu, w urzędzie dzielnicy w związku z dowodem i w wydziale komunikacji w związku z prawem jazdy. Młode urzędniczki wołały: „Patrz, pani zmieniła PESEL. Co, pani nie wiedziała, kiedy się urodziła?". Wiedziałam bardzo dobrze, tylko to nie jest na wasze głowy! Zaszłości wojenne, nie ma co… Dodałam sobie rok, bo moja przezorna mama, gdy legalizowała papiery, zostawiła mi fałszywą datę urodzenia. Pytałam dlaczego. „Bo kobiecie zawsze lepiej, jak ma rok mniej". Mama pilnowała takich rzeczy. Jak mnie szczepiła na ospę, to nie na ramieniu, tylko tu, gdzie nie widać. Mówiła: „Dziewczynka będzie chodziła bez rękawów i będzie nieładnie". Taka przewidująca była. I szalenie konsekwentna. To jej pomogło w tej zawierusze.

Jak się odnalazłyście z mamą i siostrą?

Po wojnie mama przyszła do mnie na wieś. Sto kilometrów z Warszawy piechotą. Zastała mnie w fatalnym stanie, zawszoną, całą w strupach, z parchem na głowie. Ale Warszawę wyburzono, nie było gdzie mieszkać, więc jeszcze na trochę mnie tam u chłopów zostawiła. Mówiła, że wróci do Warszawy szukać lokum, a jak tylko moja siostra się pojawi, pojedziemy razem do Lwowa. Wieszało się kartki na słupach, na ruinach, rodziny próbowały się odnaleźć. Gdy siostra wróciła z Niemiec, mama ją wysłała po mnie na wieś. Tymczasem moi chłopi powiedzieli, że jak zostanę z nimi, to mi dadzą pięć kur na własność. Przyjechała moja siostra, już dorosła kobieta – miała dziewiętnaście lat, ja jedenaście. Powiedziałam jej, że nigdzie nie jadę, bo będę miała swoje gospodarstwo. Siostra spytała: „A co ja powiem mamie?". Pojechałam. Nie dorobiłam się fermy kurzej.

I już byłyście we trójkę.

Na jednym polowym łóżku spałyśmy we trzy. To był pokoik w oficynie przy Hożej. Nie było dachu, zostały tylko ściany, jak padał deszcz, spałyśmy pod parasolem. Mama się bała, że ja taka anemiczna, chuda jak zapałka, przed oknami kupa gruzów, pod nimi trupy, złapię gruźlicę i koniec. Więc znów mnie odesłała, tym razem do żydowskiego domu dziecka w Zatrzebiu. To był najszczęśliwszy okres w moim życiu. Po latach wojny, kiedy na każde słowo musiałam uważać i polowano na mnie jak na szczura, wylądowałam w miejscu, gdzie były inne dzieci, lekcje, zeszyty, ołówki. Miałam siedem lat, gdy zamiast do szkoły poszłam do getta. Szczęśliwie przewidująca mama nauczyła mnie czytać i pisać. Babcia mówiła, że trzeba kupować chleb, a nie podręczniki, a mama na to: „Nie wiem, czy nie zostanie kiedyś w życiu sama, musi się umieć porozumiewać ze światem". Oczywiście pisałam z błędami, ale pisałam! Po tych paru latach oglądania tylko ogona krowy były piosenki, tańce. Ale byłam tam krótko – po pół roku mama mnie stamtąd zabrała i dopiero wtedy naprawdę zamieszkałyśmy razem.

Miała pani żal do mamy, że ciągle panią gdzieś zostawiała?

Kiedy o tym opowiadam, to uczucie wraca. Co ona sobie wyobrażała? Przecież miałam osiem lat! Moja siostra powtarza, że mama chciała mnie ratować. Czy ona myślała, że potem ściągnie mnie do Niemiec? Nie wiem. Mało prawdopodobne, bo polskim robotnikom nie pozwoliliby ściągnąć dziecka. O to nigdy jej nie zapytałam. Jak się miałam urodzić, mama miała już podchowane ośmioletnie dziecko. I nie chciała drugiego. Poszła do lekarza, żeby je usunąć. Ale moja babcia i wszyscy dookoła mówili: „Nie, musisz urodzić, bo to na pewno będzie chłopczyk". A tu się urodziła dziewczynka. Prawie na prima aprilis, 31 marca. Łysa. Nikt nie przyszedł mnie obejrzeć. Ale moja siostra ma rację. Mama za wszelką cenę chciała mnie ratować. I właśnie taka była cena.

Potem pojechałam studiować do Warszawy. Mama została w Katowicach, siostra już była w Australii. Po paru latach siostra ściągnęła mamę do siebie. Humanistom trudniej jest się przenieść. Ja w ogóle się nie nadaję na emigrantkę. Tu jestem u siebie, dobrze znam język. W obcym języku, nawet kiedy się nim umiem posługiwać, jeśli ktoś powie coś w stylu: „jak za króla Ćwieczka", to nie będę wiedziała, o co chodzi. A tu wiem. Dobrze się z tym czuję. Nie chciałam wyjeżdżać. Mama pomagała siostrze w Australii przy dzieciach i w domu, a mnie przesyłała pieniądze odłożone z emerytury. Mieszkanie kupiłam dzięki mamie. Odkładała też na mój bilet lotniczy do Australii, jeździłam tam przynajmniej raz na dwa lata. Po śmierci mamy najpierw przestałam, a teraz co roku znów latam do siostry. To jest krótka historia wielkiej rodziny, z której zostały trzy osoby.

Brakowało pani mamy i siostry?

To one wyjechały. Ja zostałam na miejscu. W codziennym życiu mi ich nie brakowało. Już wcześniej byłam w Warszawie, one w Katowicach. Bardzo się kochałyśmy, ale nie supłałyśmy węzłów gordyjskich. Mama obłędnie mnie kochała, co nie przeszkadzało jej bez przerwy mnie pouczać (a może wiązało się jedno z drugim). Wszystko robiłam źle. Instruowała mnie z tej Australii, musztrowała, opieprzała. W końcu powiedziałam: „Mamo, nie może być tak, że ja nie otwieram listu od ciebie, bo się boję. Mam pięćdziesiąt lat, jestem stara baba. Przestań mnie pouczać". Troszkę pomogło. Wynajmowaliśmy kiedyś mieszkanie na Starym Mieście, przy Szerokim Dunaju. Numer mieszkania: 1. Mama w liście do mnie ostrzegała: „Piszesz, że mieszkanie numer 1, więc na pewno jest na parterze, pamiętaj, żeby zawsze zamykać okna, jak wychodzicie z domu". Tak czuwała nade mną. Męczące. Ale dzielna była. Mądra, dzielna. Miała szósty zmysł. Kiedyś, gdy miałam jakieś szesnaście lat i chodziłam do szkoły w Katowicach, cała grupa moich koleżanek i kolegów wybierała się na kajaki na jeziora. Moja mama powiedziała: „Nie pojedziesz". Ja ryczałam. Przyszedł nasz kolega Staszek i przekonywał ją: „Proszę pani, jestem ratownikiem, ona będzie ze mną w kajaku, będzie bezpieczna".

Mama się uparła i nie pojechałam. A Staszek w czasie tamtych wakacji utopił się w jeziorze.

Mojej wnuczki mama nie uratowała… Ola miała szesnaście lat, gdy rozchorowała się i umarła na sepsę. Moja pierwsza nieracjonalna myśl była taka: „Mamo, dlaczego nie dopilnowałaś naszego dziecka!".

[*długie milczenie*]

W porównaniu z wieloma moimi koleżankami miałam dużo szczęścia. Miałam po wojnie mamę. Wiele z nich miało mamy przyszywane albo żadnej. I stąd te ogromne problemy z tożsamością…

Pani ich nie miała?

Nasze żydostwo było oczywiste, ale mama miała fatalne wspomnienia z gminy żydowskiej w Katowicach. Ciężko pracowała i kończyła szkołę pielęgniarską. Żyłyśmy w koszmarnej biedzie. A do gminy raz w miesiącu przychodziły paczki z Jointu. Stanowiska w gminie obsadzali głównie ci, którzy wrócili z Rosji. Mama przychodziła po paczkę we wtorek, a ta jedna pracowniczka mówiła: „Paczki będą w czwartek". Mimo że mama nie zawsze mogła się urwać z pracy, przychodziła w czwartek, a tamta do niej: „Oj, dzisiaj pani przychodzi? Paczki były wczoraj". Po latach się dowiedziałyśmy, że przez całą szkołę i studia powinnam była dostawać od nich stypendium. Jakoś zapomnieli. Po wojnie się mówiło, by wrócić do swoich papierów, nazwiska. Dostawałam na to histerii. Tupałam i krzyczałam: „Dosyć tego nieszczęścia! Już nigdy więcej nie chcę słyszeć o żydostwie!". Tak było do momentu, kiedy spotkałam Nataszę. Mieszkała w Katowicach w sąsiedniej kamienicy. Przyjechała z rodzicami z Rosji. Bardzo się zaprzyjaźniłyśmy. Zaczęłyśmy razem chodzić do gminy. Mówiło się: „do Żydów". Ona była bardzo uzdolniona muzycznie, ja recytatorsko. Śpiewałyśmy w chórze po żydowsku, nie rozumiejąc ani słowa. I ona, Natasza Zylska, rozwinęła się potem w tym kierunku. Stała się sławna, nagrywała płyty. Odwiedzałam ją w Izraelu. Gdy wiedziała już, że umiera – poprosiła, bym przy niej była. Praktycznie się tam wtedy przeniosłam. Przez nią zaczęłam mieć znów kontakty z gminą żydowską, tym razem warszawską. Płacę składki, ale nie chodzę na szabasowe kolacje. Nie mam cierpliwości. Nudzą mnie modlitwy, których nie rozumiem, i to siedzenie przy stole pół godziny, zanim się zacznie jeść. Źle mi się kojarzy leżące jedzenie, którego nie można tknąć. Z żydowskiej kuchni lubię zresztą tylko gefilte fisz. Kupuję sobie czasem gotową w koszernym sklepie. Nigdy nie byłyśmy religijne, nie obchodziłyśmy żydowskich świąt, nie przestrzegałyśmy zwyczajów. W Australii, gdzie kultywowało się piątkowe wieczory, urządzano kolacje szabasowe. Zorientowałam się, że moja mama krzątała się i przygotowywała wszystko jak trzeba. Spytałam: „Skąd ci się to wzięło?". Jej odpowiedź rozbawiła mnie do łez: „Wiesz, uprzytomniłam sobie, że w czasie wojny Pan Bóg tyle spraw mi załatwił". Załatwił jej! Jak urzędnik! To ona Mu się odwdzięczała. Od tamtej rozmowy zawsze, gdy miałam w życiu jakąś trudniejszą sytuację, mówiłam: „Mamo, załatw to z Nim". I często załatwiała.

Ostatnio wymieniłam kręgosłup i samochód. Przyjaciółka zapytała: „Co za pomysł z tym samochodem? Ile ty nim jeszcze pojeździsz?". Mówię: „Może pięć dni, może pięć lat. Tego nikt nie wie". Zobaczymy, ile mama „załatwi".

Wyjście z magicznej szafy
(rozmowa z wujkiem Ariem, Waszyngton)

Znałeś historię kuzynki Fanni?

Dowiedziałem się jej od ciebie. Moja mama, czyli twoja ciocia Ola, nie wracała do wojny. Gdy ktoś przy niej wspomniał getto, od razu dostawała silnej migreny. Nigdy o to nie pytałem. Przeżyliśmy. Nie pamiętam grozy ani głodu.

Jak to możliwe?

Musiałem do pewnego stopnia rozumieć, że ktoś na nas czyha, że chce nam zrobić krzywdę, ale to dla mnie była codzienność. Nie znałem niczego innego. Prawie przez cały czas byłem z rodzicami. Polegałem na nich. Wiesz, że to twoja babcia Donia ukryła mnie w czasie wielkiej szpery w szpitalu, w którym pracowała jako pielęgniarka? Tymczasem Ola, moja mama, schowała u siebie, we wcześniej dla mnie przygotowanej skrytce, innego chłopca – syna dozorcy. I on też ocalał. Myślę, że to coś niezwykłego – jej dziecko już było bezpieczne, ale (więc?) ona uratowała cudze dziecko.

Nie odczuwałeś strachu?

Póki jeszcze w łódzkim getcie były dzieci, bywały sytuacje, gdy oddalałem się od rodziców i tak – kilka razy się bałem. Na przykład gdy z chłopakami zbieraliśmy poziomki na cmentarzu i pojawili się niemieccy żołnierze. Uciekaliśmy tak szybko jak nigdy w życiu. Potem w Litzmannstadt nie było już dzieci.

Te, których nie wywieźli na śmierć, żyły jak ja – pochowane w kryjówkach. Ja za wielką gdańską szafą, tak ciężką, że nie dało się jej przesunąć. Rodzice stworzyli mi tam świat równoległy – oddalony od okropności wojny.

Ale oni w tym czasie musieli bardzo się bać?

Już ci mówiłem – nie rozmawialiśmy o tym z mamą. Zresztą przecież żadna z sióstr nie chciała do tego wracać. W naszej rodzinie nie żyliśmy w cieniu Szoah. One uważały, że nie wolno tej tragedii pozwolić definiować naszej rzeczywistości, że jeśli się na to pozwoli, to znaczy, że tamci wygrali. Trzeba wreszcie wyjść z tego okropnego czasu. I żyć.

Drzewa na piaskach
(rozmowa z Haną, Holon)

Z Haną Svirsky spotkałyśmy się po raz pierwszy w Łodzi w sierp-
niu 2014 roku w siedemdziesiątą rocznicę likwidacji łódzkiego
getta, na uroczystości otwarcia parku Ocalałych – inicjatywy
zapoczątkowanej przez Halinę Elczewską, a powołanej do życia
przez jej córki Alę i Majkę. Tam po raz pierwszy usłyszałam o Zosi.
Do parku każdy przyjechał z historią. Historii było o wiele wię-
cej niż drzew, które sadziliśmy, bo sadziliśmy je dla tych, którzy
przeżyli, a każdy, kto tamto przeżył, niesie ze sobą dziesiątki in-
nych pamięci, którymi zobowiązał się opiekować. Potem nie wie-
działam, jak odnaleźć Hanę, aż w Nowym Jorku, w czasie innej
podróży i innej rozmowy, Elżbieta Sachs opowiedziała o swojej
kuzynce z Izraela. Tak się znalazłyśmy. Pojechałam do Holonu
kilka miesięcy później.

Pamiętasz tamten dzień w Łodzi, gdy opowiadałaś o Zosi Libich,
swojej mateńce?

Hana: Miesiąc wcześniej był gorący, upalny lipiec. Nasz przyjaciel Mirosław Zbigniew Wojalski, który od lat zajmuje się historią Żydów w Łodzi i cmentarzem i który dużo pisał o moim
wujku Arym Szternfeldzie, światowej sławy astronomie, pre-
kursorze kosmonautyki (w Łodzi i Sieradzu są ulice i instytucje
jego imienia), przez lata mnie namawiał, żebym napisała coś

o Zosi. Uroczystość miała być do tego dobrą okazją. Ja wcale nie chciałam niczego pisać. Do 28 sierpnia było coraz mniej czasu. A jeszcze redakcja i druk. I wtedy u nas wybuchła wojna. Kilka dni przed zaostrzeniem konfliktu mój syn wyjechał na wakacje i podrzucił mi trójkę swoich dzieci i psa. Zaczęły się alarmy przeciwlotnicze, bieganie do schronu, wychodzenie na klatkę, pies to bardzo przeżywał, nie chciał wyjść z mieszkania, gasły światła, sąsiedzi się niepokoili. Wojalski znów zadzwonił i powiedział, że to właściwy czas, by ludzie się dowiedzieli o Zosi. W końcu w piątek mój syn wrócił, zabrał dzieci i psa.

Jak z tą kozą w kawale...

Hana: W sobotę rano obudziłam się wcześnie, siadłam do komputera i pisałam, póki nie skończyłam. Nic do mnie nie docierało, tylko pisałam. Wysłałam to Mirosławowi bez czytania. Zrobił za mnie redakcję.

Pierwszy raz wtedy o niej opowiedziałaś?

Hana: Nie pierwszy, ale wiele lat z tym czekałam. Wojna się skończyła, a ja zostałam z Zosią. Ona mnie wychrzciła, dała mi nazwisko. Zostałam bardzo wierzącą katoliczką. Bardzo! Po wojnie z mojej rodziny od strony matki przeżyli w Moskwie wujek Ary Szternfeld, ciocia Ada, młodsza siostra mamy, i jej mąż Michał Kalecki, którzy wyjechali do Anglii w latach trzydziestych. Tam zastała ich wojna. Potem dużo jeździli po świecie, byli zapraszani przez rządy krajów rozwijających się. On był kierownikiem sekcji krajów Trzeciego Świata w ONZ. Do Izraela zaprosił ich sam Ben Gurion. Podarował im piękną książkę *Szir Haszirim* (Pieśń nad Pieśniami). Wydanie francuskie, niesłychanie eleganckie. Mieszkali w Kanadzie, Nowym Jorku. Nie mieli dzieci. Postanowili mnie adoptować, dać mi dobry start. Zosia, która nie wyobrażała sobie życia beze mnie, pomyślała, że tak będzie dla mnie lepiej. Bo to rodzina, ludzie na wysokich stanowiskach, bardzo kulturalni, wykształceni. Była dla mnie gotowa na wszystko. Nawet na rozstanie! Zgodziła się i oni przyjechali już z paszportem i biletem lotniczym dla mnie, żeby mnie zabrać. W ostatniej chwili powiedziałam jednak, że nie zostawię Zosi. Nie pojechałam. Na pewien czas zerwaliśmy kontakty. Byli na mnie mocno obrażeni. Nie mieli swoich dzieci – nie mogli zrozumieć tak głębokiego związku z drugą osobą. To był 1946 rok, a w 1950 roku Zosia zmarła. Zachorowała na raka. Miała czterdzieści dziewięć lat. Byłam z nią przez cały czas, do końca. Potem tyle razy opłakiwałam jej śmierć. To takie trudne…

Dlatego nie mówiłaś?

Hana: Gdy Zosia umarła, byłam w klasie maturalnej. Zaczęło się dorosłe życie. Kaleccy przyjechali do Polski w 1951 roku. Wujek nie mógł pracować w Stanach za czasów maccartyzmu, bo był znanym lewicującym ekonomistą. Mam w domu sporo jego książek. W czasie wojny to on wprowadził w Anglii kartkowy system rozdziału dóbr. Współpracował z późniejszym laureatem Nagrody Nobla Ronaldem Coase'em. W Polsce został doradcą finansowym premiera Józefa Cyrankiewicza. Dostali piękne mieszkanie w alei Szucha. Kaleccy zajęli się mną. Bardzo się do nich zbliżyłam. Zrozumiałam ich podejście, oni zrozumieli moje. Poszłam na studia, poznałam mojego Marka. Nazywałyśmy go Rozprężnik, bo jak się uczyłam z koleżankami do sesji, zawsze przychodził i sypał anegdotami. Kaleccy uwielbiali go. W 1959 roku z nim i jego rodzicami wyemigrowaliśmy do Izraela. Ja wcale nie chciałam wyjeżdżać. Rodzice Marka tak i od dawna się o to starali. W końcu, gdy i ja podjęłam decyzję, wszystko potoczyło się szybko. Już taka jestem – gdy się do czegoś przekonam, potrafię się zorganizować natychmiast. Droga do Izraela to było coś strasznego. Jechaliśmy z małą Beatką, naszą córką. Mama Marka przygotowała się jak na wojnę. Miała swoje doświadczenia. Jej rodzina ocalała z wileńskiego getta. Teściowa bardzo o mnie dbała. Byłam jej wymarzoną dziewczynką. Przed wyjazdem zabrała mnie do krawca i do szewca. Ubrała mnie w eleganckie sukieneczki i śliczne pantofelki. Po przybyciu do Kraju zameldowali nas w baraku. Pierwszego dnia w tych pantofelkach wyszłam prosto z tego baraku w wielkie błoto. To już opowieść na inną książkę. Na początku nie było łatwo, nikt w 1959 roku nie potrzebował inżynierów (fala emigracji 1956 roku zapełniła wszystkie „inteligenckie" miejsca pracy), ale byliśmy młodzi, radziliśmy sobie coraz lepiej. Nauczyliśmy się hebrajskiego, zostaliśmy nauczycielami. Przez wiele lat uczyłam w szkołach matematyki, prowadziłam najstarsze klasy. W każdym razie nie myśleliśmy za bardzo o przeszłości. Żyliśmy. Dlatego nie chciałam wracać do tych rzeczy. Miałam tylko sny. Że nas pakują do transportu, rozdzielają nas, osobno mnie, Marka, dzieci...

Co się takiego stało, że zaczęliście o tym mówić?

Hana: Starość. To starość.

Chyba nie tylko?

Hana: Opowiem ci. Był 1988 rok. Przyszli nagrać nasze wspomnienia. Wtedy się na to nie zgodziliśmy. Dopiero niedawno nagraliśmy wywiad dla Yad Vashem. Trzeba coś pozostawić po sobie. Choć najważniejsze, żeby dobrze żyć. I tak się staram to robić. Tam gdzieś były moje okulary, leżą na stole, podaj mi je, kochana. O, tu na zdjęciu jesteśmy Zosia i ja przed wojną. A to bardzo ciekawa kartka pocztowa, którą wysłaliśmy z Dębicy w 1940 roku do wujka Szternfelda do Moskwy. Tu ja się podpisałam, a tu mój tatuś. Jest jeszcze dopisek od mamy. Też do wujka.

Twoje dzieci pytały?

Hana: Córka bardzo chciała wiedzieć. A syn nie. Nasi wnukowie, synowie Beaty, zawsze byli zainteresowani. Czasem coś opowiadaliśmy. Lekko. Na przykład Marek o tym, jak był chowany w środku w stole z podwójnym blatem i godzinami tam leżał. Taka zabawna historia. A chowali go tam, bo w getcie w Wilnie była akcja na dzieci, Kinderaktion, wyłapywano je i mordowano... Wiecie, dzieci: chodzili, nie znaleźli, dziadek leżał spokojnie i wszystko się pięknie skończyło. Tylko opowiadać i opowiadać. W którymś momencie zaczęli nas zapraszać do szkół na Jom ha-Szoa, Dzień Holocaustu. Organizuje się wtedy akademie, zaprasza świadków Zagłady do klas, żeby opowiadali. Ja nigdy nie poszłam. Dopiero później, bo byłam wychowawczynią ostatnich klas w szkole, od czasu do czasu coś im opowiadałam. A tu, w Izraelu, była bardzo rozhukana młodzież. Chodziło o to, żeby stworzyć nowy typ Żyda, który się niczego nie boi. Grzeczność gdzieś im się zgubiła przy okazji. Ale gdy zaczynałam mówić, byli zupełnie zahipnotyzowani. Przerwa nie przerwa siedzieli dalej, prosili, żeby opowiadać, i słuchali. Dwa razy zmusili mnie, żebym opowiedziała przed całą szkołą. Półtora tysiąca młodych ludzi, każdy lubiący pokrzyczeć. Też słuchali. Na przykład taka historia: rodzice Marka w getcie zrobili kryjówkę pod ubikacją, wchodziło się do niej przez klozet. Podnosiło się deskę i była kryjówka. Takie ładne opowiadanie dla dzieci. Przecież dzieci lubią się chować.

Zwykła historia z dzieciństwa – tak mój wujek Arie skwitował kiedyś swoje wspomnienia o ukrywaniu się za szafą... Wróćmy do Zosi: to ty wystąpiłaś o przyznanie jej medalu Sprawiedliwy wśród Narodów Świata i posadzenie dla niej drzewka w Yad Vashem?

Hana: Oczywiście! Ale dopiero w 2008 roku. Pięćdziesiąt osiem lat po jej śmierci... Długo czekałam.

Bo traktowałaś ją jak mamę. Mama to mama, nie myślisz o mamie: „bohaterka". Może dopiero potem.

Hana: Tak, ona była dla mnie mamą. Bardziej niż moja mama. Biedna. Wyobrażam sobie, jak cierpiała, jak się martwiła, co się ze mną stanie, gdy ją wzięło Gestapo, a ja zostałam sama na ulicy.

Mówisz o mamie mamie czy mamie Zosi?

Hana: Teraz myślałam o Zosi. Była nieprawdopodobna. Dzielny człowiek...

Na jej grobie kazałaś napisać: „Umarłaś, ale żyjesz we mnie. Kochanej Mateńce, Nulka".

Hana: Nulka-Hanulka – tak mnie zawsze nazywała. Pokażę ci zdjęcia z Yad Vashem. Drzewko się już rozrosło. To moja wspaniała rodzinka, która mnie nazywa Napoleonem. A tu wyryte na ścianie imię Zosi. W czasie gdy nadawano jej tytuł Sprawiedliwej, zadzwoniłam do Yad Vashem, żeby zrobić dla niej małą uroczystość. I wiesz, co oni powiedzieli?! Że organizują takie uroczystości tylko dla rodziny Sprawiedliwej. Tłumaczyłam, że przecież ona nie ma innej rodziny oprócz nas. Nie zgodzili się.

Twoja biologiczna mama nie ma grobu. Wiesz, co się z nią stało?

Hana: Zginęła w Bergen-Belsen. Bardzo szybko. [*długie milczenie*] Franka (Frajda) Szternfeld. W młodości była komunizująca. Mam nawet jej zdjęcie z aresztowania. Wyciągnęłam je z archiwum łódzkiego. Sanackiej policji była znana jako „Krwawa Franka". Krwawa Franka! Ha! Moja biedna mama. Mój tatuś Jakub Ostern był bardzo pięknym mężczyzną. Sportsmenem. Mam to po nim – uwielbiam wspinaczki. Ojciec studiował razem z Adą, siostrą mamy, na Uniwersytecie Jagiellońskim. Ada ich ze sobą poznała. To była podobno wielka miłość.

Kiedy myślisz „mama", to o której?

Hana: Jak chcesz rozmawiać ze mną o mamie, to bardziej o Zosi. Moja rodzona mama w pewnym momencie w getcie zwariowała. Była przejęta, przerażona, że wezmą mojego tatusia, że ich rozłączą. Oni się bardzo kochali. Na mnie nie zwracała uwagi. Byłam małą dziewczynką, a dla niej jakby mnie nie było. To jeden z pierwszych szoków mojego życia. Poczułam się taka bardzo sama, samiutka. Mogłam mieć wtedy jakieś osiem lat. To Zosia stała się dla mnie mamą.

Masz jakieś wspomnienia sprzed Zosi?

Hana: Zosia przez siedem lat pracowała u moich rodziców, zanim się urodziłam. To była samotna, garbata kobieta. Bardzo chciała mieć coś swojego. Nie wyszła za mąż, ale chciała mieć dziecko. Wcześniej urodziła chłopca. Zmarł, gdy miał rok. Nie miała warunków na rodzenie i wychowywanie dzieci. Ciężko pracowała w fabryce, dziecko pętało się u jakiejś baby. Zosia zaszła drugi raz w ciążę i miała dziewczynkę, która zmarła po trzech miesiącach. Wtedy Zosia rzuciła pracę w fabryce i przyszła do moich rodziców. *De facto* od początku byłam jej ukochanym dzieckiem. Moja mama była w ciąży, a ja już duchowo byłam dzieckiem Zosi. Wszystkie moje wspomnienia od najmłodszych lat są związane z Zosią. Robiła mi piękne zdjęcia i prezenty, chodziła ze mną na spacery. Kochała mnie. Była centrum mojego życia, a ja byłam centrum jej życia. Rozumiesz?

Aż was wzięli do getta...

Hana: To bardziej skomplikowane. Przed wojną mieszkaliśmy w Łodzi przy Lipowej 31. To był duży dom. Przechodni na dwie ulice. Było siedem klatek schodowych, bramy zamykały się z obu stron. Mieszkali tam sami Żydzi. Z Polaków byli dozorca z rodziną, którzy mieszkali na samym dole, i moja Zosia. Po dwóch, trzech, może czterech miesiącach przyszli Niemcy. Z obu stron podwórka zamknęli bramy, wszystkich Żydów wygnali na dół. Cały dom, jak przeliczyłam, w każdej klatce schodowej było osiem mieszkań, siedem klatek schodowych, czyli pięćdziesiąt sześć mieszkań, w każdym mieszkaniu przynajmniej cztery osoby. Dwieście ileś osób. Żydowska inteligencja. Mówiło się po polsku, nie po żydowsku. Mój ojciec był przed wojną profesorem przyrody w bardzo znanym w Łodzi polskim Gimnazjum imienia Marii Konopnickiej, dodatkowo pracował też w gimnazjum żydowskim. Moja mama, jak wiele młodych kobiet i mężczyzn, wierzyła, że tylko komunizm przyniesie szczęście i równouprawnienie. Mieliśmy duże mieszkanie w dużym domu. I ten dom został otoczony, a Żydzi zgromadzeni na dole. Zosia miała niemieckie nazwisko, pisało się je najpierw Liebich*. Zamknęła mnie na poddaszu. W swoim pokoiku.

Miała oddzielny pokój?

Hana: Jak się zaczęły te wszystkie historie, rodzice na wszelki wypadek wynajęli jej mały pokoik na poddaszu. Zamknęła mnie tam na wielką kłódkę. Do dziś doskonale pamiętam, jak

---

* Po wojnie Zofia zapisywała już swoje nazwisko „Libich" – w tej wersji znajduje się na nagrobku, tablicy pamiątkowej i na medalu Sprawiedliwy wśród Narodów Świata.

ta kłódka wyglądała. Sama zeszła na dół, tam się wzięła pod boki i krzyczała: „No nareszcie bierzecie tych Żydłaków! Całe szczęście, że nas od nich uwolnicie!". „A pani to...?" „Zofia Liebich! Niemka!"

I nie poszli sprawdzić jej mieszkanka. Tak Zosia uratowała mnie po raz pierwszy. Rodziców wywieźli. Najpierw do obozu przejściowego zorganizowanego w fabryce w Łodzi. Chodziłyśmy z Zosią pod tę fabrykę patrzeć, czy przypadkiem ktoś z nich nie wyjrzy – tatuś czy mama. Ale nie widziałam ich. Zostali wywiezieni transportem. Udało im się uciec i przedostać do Generalnej Guberni. Bo wtedy był podział: Rzesza i Generalna Gubernia. Łódź należała do Rzeszy. Mój tata pochodził z zasymilowanej rodziny z Dębicy. Dziadkowie mieli sześcioro dzieci: trzech synów i trzy córki. Wszyscy, mimo *numerus clausus*, pokończyli wyższe studia w Krakowie. Mieli polskie imiona: Janka, Franka, Hela, Olek. Bardzo kulturalna i bardzo spolszczona rodzina. Średnia córka wyszła jeszcze przed wojną za mąż za Polaka. On ją w czasie okupacji uratował. Z moich dwóch kuzynów, ich dzieci, jeden jest Żydem, a drugi zupełnie nie i nie wolno przy nim na ten temat rozmawiać. Gdy rodzice, bosy i nadzy, bez niczego uciekli z transportu, dobrnęli jakoś do Dębicy do domku mojego dziadka. Przypomniało mi się, że przed wojną jeździłam z nimi do tego domu na wakacje. I do Ciechocinka. I do Zakopanego. A Zosia zawsze z nami. Rodzice chodzili za ręce, zakochani, ja z Zosią też za ręce. Ale wracając do opowieści...

Dostali się do Dębicy...

Hana: ...I bardzo chcieli, żeby Zosia przewiozła mnie znów przez granicę i dowiozła do nich. Mieli nadzieję uciec do Moskwy. Wtedy jeszcze nie było wojny z Rosją. Tam był mój wujek, Ary Szternfeld, brat mamy. Mogę jeszcze jedną dygresję?

Oczywiście.

Hana: W 1935 roku Ary pojechał z żoną na zaproszenie do Moskwy. Najpierw bardzo im się podobało. Po tygodniu ukradli im wszystkie papiery i pieniądze. Musieli tam zostać.

Początkowo wydawało się, że to przypadek i że służby są pomocne. Potem już było wiadomo, że nie odzyskają dokumentów i pieniędzy. Zatrzymali wujka razem z żoną. Gdy dostał doktorat *honoris causa* w Nancy, gdzie wcześniej studiował, nie dali mu wyjechać ze Związku Radzieckiego. Ambasador odbierał za niego dyplom, by jemu nie przyszło do głowy uciec.

Wracam do rodziców, którzy mieli nadzieję na ucieczkę na Wschód. Myśleli, że będą mogli dostać paszporty beznarodowościowe i wyjechać. W czerwcu 1941 roku wybuchła wojna między Rosją a Niemcami. Zamknęły się granice i nie było już żadnej nadziei. Zostaliśmy prawie bez środków do życia, aż wzięli nas wszystkich do getta. Pamiętam pokój w drewnianym domu, skrzypiące schody na górę. W tym pomieszczeniu upchnięto pięć kilkuosobowych rodzin. Ja miałam łóżeczko. Tata spał na stole, mama pod stołem. Dziadkowie nagle zniknęli. Więcej ich nie widziałam. Wtedy moja mama zwariowała. Zosia jakoś się o tym dowiedziała. I znowu przeszła granicę.

To chyba było niebezpieczne?

Hana: Byliśmy w getcie i przyjechała Zosia. Nie wiem, jak się tam dostała, jak się wcześniej skontaktowała z rodzicami. Tego nie potrafię ci powiedzieć. Miała kenkartę z Litzmannstadt. Wiem, że wynajęła dorożkę i dosłownie wykradła mnie rodzicom. Pamiętam, jak leżałam przykryta plandeką na dole dorożki. Nie wiem, dokąd ani jak mnie wywiozła, nie pamiętam. Byłam małą dziewczynką. Podobno po tym wydarzeniu moja mama na chwilę odzyskała rozum. Znów trafiłyśmy z Zosią do Łodzi na poddasze. Mieszkałyśmy razem. Ona pracowała w fabryce. Dzieliła się ze mną swoimi kartkami żywnościowymi. *De facto* nie dzieliła, tylko oddawała mi swoje racje, a sama prawie nie jadła. Miałyśmy jedno wąskie, składane łóżko, na którym spałyśmy wciśnięte w siebie. Tak żyłyśmy. Ona w pracy, a ja zamknięta na wielką kłódkę. W naszej kamienicy były dwie zwykłe klatki i jedna przejściowa, za nią stał drugi budynek. Nad mieszkaniami był strych. W pokoju mojej Zosi znajdowała się kiedyś pralnia. To był pokoik z kamienną podłogą, bez ubikacji, robiło się na papier albo do wiaderka. Ona to jakoś wynosiła. Była bardzo mądrą kobietą. Dopiero teraz rozumiem, jaka była dzielna i mądra. Gdy Zosia wychodziła, zamykała drzwi na skobel, na skoblu wisiała kłódka. Tak to zorganizowała, że mogłam go jednym palcem przesunąć i otworzyć sobie drzwi. Nauczyła mnie, że gdybym usłyszała Niemców na dole, miałam spojrzeć, w którą wchodzą klatkę. Jeśli w naszą, miałam wyjść i zamknąć drzwi. Potem przejść na drugą klatkę schodową i wyjść z budynku. Jeśliby weszli do drugiej klatki, mam się schować na naszej klatce. Codziennie gdy wychodziła, sprawdzała, czy nikt nie zamknął przejścia na strychu.

Prawdziwa konspiracja.

Hana: Tak. W tym domu został już tylko dozorca z rodziną. Ich córka była konfidentką Gestapo, ale przed wojną mój tatuś załatwił jej stypendium w Gimnazjum imienia Konopnickiej, żeby się mogła uczyć za darmo. Ona o tym pamiętała. Dozorca wiedział o mnie. Przed nim trudno by to było bezpiecznie ukryć. Inni sąsiedzi nie wiedzieli. To byli nowi lokatorzy, nie znali mnie. Czasem wychodziłam wieczorami. Zosia wpadła na pomysł, że będziemy pędzić wódkę. Na czarnym rynku kupowałyśmy drożdże i cukier, miałyśmy beczkę. Kilo cukru, cztery litry wody, pięć deko drożdży. Przez tydzień to stało i fermentowało. Raz na tydzień w nocy gotowałyśmy wódkę w kotle na bieliznę. Uszczelniałyśmy chlebem. Gotowałyśmy, skraplałyśmy, miałyśmy hydrometr. Najpierw szedł spirytus dziewięćdziesiąt sześć procent, potem kolejne frakcje. I się to sprzedawało. Jak się ta wódka nazywa?

Marek: Bimber!

Hana: Dobrze, że mam męża. Na ogół to ja wieczorami chodziłam z koszyczkiem i roznosiłam ten bimber, komu było trzeba. Nie zapomnę do końca życia, jak raz szłam z tym pakunkiem, a z naprzeciwka kogutek, żandarm. Podszedł do mnie i… pogłaskał mnie po policzku. Myślałam, że umrę. Ale nie umarłam, uśmiechnęłam się do niego i poszłam dalej. Może przypomniał sobie, że ma w domu takie dziecko jak ja? Polacy wypatrywali Żydów lepiej niż Niemcy. Niemcy nas nie rozróżniali. Innym razem był sabotaż w fabryce, w której Zosia pracowała. Córka dozorcy, konfidentka, ostrzegła Zosię, że będzie nalot. Wtedy połamałyśmy sprzęt do wódki i wyrzuciłyśmy go. Zosia zaprowadziła mnie do swojej przyjaciółki Marysi. Byłam tam kilka dni, aż wszystko ucichło. Wieczorami wychodziłam pod fabrykę, czekałam na Zosię i razem wracałyśmy do domu. I teraz widok, którego nie zapomnę do końca życia: w skórzanych płaszczach, wysokich butach kilku gestapowców stało pod naszą bramą. Zosia sama przeszła na tamtą stronę ulicy, ja zostałam. Dawała mi znaki. Rozumiałam, że mam czekać. Podeszła do nich, wzięli ją na górę. Czekałam. Zeszli, ona znów dała znak, żebym się nie odzywała. Zabrali ją. Nie miałam jak się dostać do domu. Zostałam na ulicach Łodzi.

Jak taka mała dziewczynka z semickim wyglądem mogła sobie poradzić na ulicach Łodzi?

Hana: W getcie by było bezpieczniej! Tam ktoś by mi pomógł. A tu? Ale choć nie jestem wierząca, widać, że „coś mi jeszcze było pisane". Zosia miała tę przyjaciółkę. Marysia przed wojną pracowała w rodzinie zaprzyjaźnionej z moimi rodzicami. Świetnie tam u nich było, Marysia robiła wiśnie w alkoholu. Córka tych państwa, Rysia, gdy wybuchła wojna, od razu powiedziała, że nie chce iść do getta. Kiedy jej mama umarła, Rysia pojechała sama do Warszawy. Miała szesnaście lat. Żyła na aryjskich papierach, pracowała u kogoś. Poszłam do Marysi i ona się mną zajęła. Tymczasem Rysia przeszła granicę i nielegalnie dostała się do Łodzi, by odebrać jakieś pieniądze czy rzeczy chyba od Niemca, który przed wojną był wspólnikiem jej ojca. I ona też zjawiła się u Marysi. Marysia wtedy powiedziała: „Słuchaj, u mnie jest dziecko, Hania, pomagam jej, ale długo tak się nie da, ona zginie". I wyobraź sobie, że Rysia, sama Żydówka na aryjskich papierach, przygarnęła mnie – dziecko bez żadnych papierów. Rysia, tak jak wcześniej Zosia, przeprowadziła mnie przez granicę. Długo nie mogła jednak ze mną jeździć. Semickie rysy miałam zawsze, może nie takie ostre jak teraz, ale miałam. Zawiozła mnie więc do Dębicy. Dowiedziała się, gdzie mój ojciec pracował, i przyprowadziła mnie do niego.

Do getta?

Hana: Nie, getto zostało już zlikwidowane. Został tylko obóz dla młodych mężczyzn, których wywożono do różnych prac. Jak mnie ojciec do tego obozu wprowadził, nie wiem. Może komuś zapłacił? Strażnikami byli Polacy. Oprócz mnie ukrywała się tam jeszcze jedna dziewczynka. O czwartej rano mężczyźni wychodzili do pracy, zamykali wszystko i zostawałyśmy same dwie. Nawet nie musiałyśmy się za bardzo ukrywać. Siedziałyśmy za łóżkiem. I tak minęły dwa tygodnie. Chodziły słuchy, że zlikwidują obóz i wszystkich wywiozą. Nasi dwaj tatusiowie wynaleźli jakąś wieśniaczkę i dali jej to, co jeszcze im zostało, żeby nas ratowała. O czwartej rano konwój mężczyzn wyszedł, my między nimi. Było jeszcze ciemno, wieśniaczka czekała w umówionym miejscu i zabrała nas do swojego domu na wsi, dobrych kilka kilometrów od Dębicy. Wsadziła nas do komórki i zamknęła drzwi na skobel, który można było otworzyć małym cienkim palcem. Wrócił syn tej kobiety i zaczął krzyczeć: „Zwariowałaś! To żydowskie bachory, nie warto! Idę po Niemców". I ja, która przez całe życie byłam bardzo czynna i miałam jakiś *common sense*, wzięłam tę drugą dziewczynkę, otworzyłam skobel i uciekłyśmy. Jak doszłam na miejsce do obozu? Jak znalazłam drogę? W sumie do dziś się dobrze orientuję w terenie. Zawsze gdy jeździliśmy za granicę, byłam pilotem, a Marek kierowcą. I teraz sobie wyobraź tych dwóch tatusiów, którzy myśleli, że przed paroma godzinami uratowali swoje dzieci. Zobaczyli nas i nie mieli już żadnego rozwiązania, bo zostali bez pieniędzy. Zdecydowali: każdy idzie swoją drogą. My z tatusiem uciekaliśmy, ale nie mieliśmy dokąd. Szliśmy, szliśmy, aż dotarliśmy do domu w budowie, którą przerwano na czas wojny.

Obok było wielkie pole, pełno dzieci. Grały w piłkę, zaglądały do naszej kryjówki. Nie było bezpiecznie. Po kilku dniach tatuś mnie zostawił i poszedł znaleźć rozwiązanie. Dębica i dom moich dziadków znajdowały się niedaleko. Oczywiście dziadków już tam nie było, ale to była ładna, duża, sześciopokojowa willa (chciałam ją niedawno odnaleźć, ale nie udało mi się). Z tyłu warzywnik, a z przodu spory ogród. Dziadek był znanym w mieście geodetą. Gdy dzieci wyprowadziły się z domu, dziadkowie wynajęli pokój rodzinie… Marek, jak oni mieli na nazwisko?

Marek: Święciło!

Hana: Tak jak mój mąż mówi: Święciło. Podpisali folkslistę. On pracował w urzędzie pracy. Zgodzili się nas ukryć przez kilka dni. Czwartego dnia wieczorem powiedzieli: mamy niespodziankę! I kto tam był? Moja Zosia! Jak tylko wyszła po trzech i pół miesiąca z więzienia, przeszła znowu granicę i przyjechała do nas. Nie wiem, skąd wzięła na to pieniądze. Znów przyjechała nas ratować. Nie zapomnę nigdy jej pleców z garbem całym w siniakach od nahajek, którymi ją waliło Gestapo. Ale nic nie znaleźli. Potrzymali ją i w końcu puścili. Co robić? Zosia chciała nas zabrać do siebie na poddasze. Tata się nie zgodził, bo wiedział, że to bardzo niebezpieczne. Ustalili, że pojadą do Piotrkowa Trybunalskiego. Zosia miała tam dalekich krewnych folksdojczów. Tatę wszyscy w Dębicy znali, to małe miasteczko, więc poszedł w nocy w kierunku pociągu, do którego miałyśmy wsiąść rano. Umówiliśmy się na stacji Koluszki. To była stacja centralna, stamtąd odjeżdżały pociągi we wszystkie strony. Trzeba było czekać kilka godzin. Tymczasem wyglądaliśmy bardzo podejrzanie. Tatuś po prostu okropnie: wychudzony, wykończony. Ja bardzo zmęczona. Zapadła decyzja: wejdziemy po ciemku do wagonu, który stoi na bocznych torach. Ja się tam prześpię, oni może też. Byliśmy w środku. Przyszedł konduktor, Polak. Poświecił raz, drugi, popatrzył, za chwilę wrócił z żandarmami. Wzięli nas na komendę. Ja to wszystko wciąż dokładnie widzę. Dlatego nie chciałam o tym myśleć. Mam to precyzyjnie zakodowane, każdy szczegół. Przed wojną bardzo bałam się psów. A tam był wilczur. Pamiętam, że miałam skarpeteczki z pomponami i ten wilczur mi je obgryzał. A ja się go wcale nie bałam. Takie dziwne uczucie – wiedziałam, że to wszystko i tak za chwilę się skończy. Będzie koniec.

Wiedziałaś to jako dziecko?

Hana: Już nie byłam dzieckiem. Z tym wszystkim człowiek szybko dojrzewał. Szkoda, że potem nie wiedziałam, jak go odszukać, folksdojcza Święciłę – przecież nam pomógł, a może jemu trzeba było pomóc? Wtedy mi to nie wpadło do głowy. Byłam za młoda, żeby o tym myśleć, i odsunięta od żydowskiego dziedzictwa. Byłam Polką. Przeszłam chrzest, komunię, bierzmowanie. Mówiłam na głos wszystkie modlitwy. Święciło dał tatusiowi dowód na nazwisko Jan Ostaszewski, mnie dokument na Marię Plater, Zosia miała swoją kenkartę. Wręczył nam też odcinki meldunkowe. Już z pieczątką, ale bez wypisanego adresu. Już samo to było dowodem przeciwko nam. Ja to wszystko wiedziałam już wtedy, jako dziecko. Komendant żandarmerii powiedział: „Nie ma co gadać, ty jesteś Żydem, to twoja córka, a to kobieta, która was przeprowadza". Mój tatuś i Zosia hardo obstawali przy swoim. I nagle komendant odpuścił: „Dobrze, idźcie". A do taty: „Za pół godziny zjawisz się na komendzie". Poszliśmy do wielkiej dworcowej poczekalni. Co robić? Uciec? Na pewno nas obserwują. Wrócić? To mu każą spuścić spodnie. Łatwo sprawdzić. Ja dlatego nie chciałam mojego syna obrzezać. Ale w końcu to zrobiłam. Był u nas taki mohel z Polski. I co on, Marek, powiedział, żeby mnie przekonać, gdy nie chciałam się zgodzić na obrzezanie syna?

Marek: Że to jest jak trawka, że jak się podetnie, to lepiej rośnie.

Hana: No to mnie przekonał. Na czym skończyłam?

Na poczekalni.

Hana: Siedzieliśmy tam i myśleliśmy. Już zbliża się czas. Wokół baby z koszami. Tata wstał i powiedział: „Wracam do niego".

Siedziałam i wiedziałam, że za chwilę po nas przyjdą. Tymczasem wyobraź sobie, że tata wrócił! Takiego miałam mądrego tatę! Miał ten przebłysk, żeby pójść! Pojechaliśmy do Piotrkowa, dotarliśmy tam rano. Po ulicy biegały chłopaki i wołały za nami: „Żydy, Żydy!". Wiesz, co to znaczyło? Gdyby tylko jakiś Niemiec usłyszał... Mój ojciec kazał nam wracać do Łodzi, mówiąc, że będzie dobrze, że tak będzie najlepiej. On został. My z Zosią znowu przeszłyśmy granicę i trafiłyśmy do Zosinego pokoiku na poddaszu. Na początku tata słał jeszcze do nas listy. Przechowuję je wszystkie do tej pory. Potem nagle przestały przychodzić. Wykończyli go. Już nigdy nie zobaczyłam ukochanego, mądrego taty, który przed wojną, wracając z pracy, zawsze przy nosił mi podarunki – małe paczuszki zawieszone na guzikach płaszcza. I tak zostałam z Zosią. A teraz jestem w Holonie. Pokażę ci dziś, jak tu mieszkamy. Uwielbiam nasz park z placem zabaw, zielenią i wodospadem. Po południu dzieci wychodzą ze szkoły. Wszędzie słychać ich śmiech.

Często tam chodzisz?

Hana: Chodziłam z dziećmi, potem z wnukami. I sama skakałam po drabinkach. Jak ktoś nie miał dzieciństwa, to potem nadrabia. Wiesz, co znaczy po hebrajsku *hol*? Piasek. A Holon to znaczy mniej więcej Piaseczno. Tu wszędzie był tylko piasek. A teraz zobacz, jak jest pięknie i zielono. Na przekór piaskowi. Chodź, pokażę ci moje ukochane drzewa.

Podziękowania

Lubię myśleć, że ta książka ma wiele matek (i ojców). W rozmowach nazywam ją „naszą książką". Jej napisanie nie byłoby możliwe, gdyby nie zaangażowanie i wsparcie wielu osób.

Dziękuję wszystkim tym, którzy powierzyli mi swoje historie. Jestem Wam wdzięczna za zaufanie, jakim mnie obdarzyliście, za wzajemność, troskę i gościnność.

Elżbiecie Ficowskiej i Joannie Sobolewskiej-Pyz również za wiarę we mnie i w tę książkę od samego początku, za rekomendacje, śmiech i łzy oraz niekończące się rozmowy nie tylko o matkach. Jakubowi Romualdowi Wekslerowi-Waszkinelowi za wymuszenie na mnie obietnicy, że nie przestanę pisać, za podtrzymujące na duchu listy, wspólne płakanie i obiady w Yad Vashem. Elżbiecie Brzuskiej-Wojciechowskiej za otwartość i odwagę. Całej tej czwórce dziękuję za spektakl *Matki*, od którego wszystko się zaczęło.

Maryli Krasnowskiej za patrzenie głęboko w oczy i fotografię dziewczynki z lalką – jej samej sprzed lat – której fragment znalazł się na okładce tej książki. Zofii Żukowskiej za cięte pointy i celne uwagi. Irenie Gaweł za przekonanie niezdecydowanych, by dali mi szansę. Samowi Ponczakowi i Hanie Svirsky za to, że przyjęli mnie do swoich domów i dali mi poczucie, że są na różnych końcach świata miejsca, gdzie w razie potrzeby mogę się schronić. Alinie Maziarz za pierwszą historię. Annie Pliszce nie tylko za początek. Ali i Władkowi Konarom za wszystkie dobre słowa, żarty i wzruszenia. Marysi Dworzeckiej za wszystkie jej matki. Barbarze Lesowskiej, Romie Mansfeld-Booth, Jadwidze Gałązce, Helenie i Adamowi za piękne nazywanie niełatwych rzeczy. Lenie Choynowskiej za ważne pytania. Jadwidze Hreniak za troskę. Bożenie za postawienie mnie do pionu. Pani Bronisławie i pani Basi za wyrozumiałość.

Irit Amiel za słowa, które dostałam, i pytania, na które musiałam odpowiedzieć. Chanie Klein za ciąg dalszy. Aleksandrze Leliwie-Kopystyńskiej za wzruszające odkrycia. Irenie Szczurek za gorącą herbatę, chusteczki i fotografie. Jeremu Banderowi za wiersze. Joannie Podgórskiej za opowieści, których nie zapisałyśmy. Ewie Sonne i Teresie Kuźmicz za przywracanie nadziei. Katarzynie Andrejew za imiona. Krystynie Budnickiej za pamięć o nieistniejącym mieście. Magdalenie Skorupce za nagrania. Annie Groszkiewicz za dobre łzy. Lei Balint za najlepszy humus na świecie. Irze Nowickiej za osłonę przed żarem. Katarzynie Meloch za decyzję. Wojtkowi za jedno zdanie. Wujkowi Ariemu Kruglanskiemu za nasze rodzinne historie.

Mojej siostrze Nicole Dołowy-Rybińskiej, Mikołajowi Grynbergowi oraz Iwonie Pijanowskiej dziękuję za wspieranie mnie na wszystkich kolejnych etapach pisania tej książki, łącznie z pierwszym – wahaniem, czy w ogóle zaczynać, za dodające otuchy rozmowy, a wreszcie za wnikliwą lekturę i mądre uwagi, które wpłynęły na jej ostateczny kształt.

Aleksandrze Kot-Horodyńskiej za podtrzymywanie mnie na ostatniej prostej, kiedy już myślałam, że nie starczy mi sił. A także za uważne i czułe czytanie oraz za „to, co na niebiesko".

Annie Dobieckiej i Marcinowi Grynbergowi za ważne słowa, które wiele mi dały.

Pawłowi Passiniemu, Zuzie Srebrnej i Danielowi Mońskiemu za trzymanie mnie mocno za ręce przy trudnym porodzie, za nocne dyskusje w Chinach i teatr, w którym razem uczyliśmy się, jak o tym opowiadać. Marii Porzyc także za wspólne słuchanie historii i plątanie ścieżek. Za wszystkie nasze istotne rozmowy. To razem z Wami i dzięki Wam zrozumiałam, że można i trzeba zmierzyć się z tym tematem.

Magdalenie Kicińskiej dziękuję za nawigację, a przede wszystkim za to, że we mnie wierzyła i szeptała wokół dobre słowa na mój temat.

Monice Sznajderman za zaufanie, rozmowy, cierpliwość i otwarcie.

Ewie Polańskiej za mądrą i wrażliwą redakcję oraz wielką uważność na nasze różne języki i słowa.

Jakubowi Bożkowi, Małgorzacie Uzarowicz, Magdalenie Budzińskiej i pozostałym członkom zespołu Wydawnictwa Czarne za poczucie, że moja książka jest w najlepszych rękach.

Marii „Mroux" Bulikowskiej za okładkę, która sama jest opowieścią.

Małgosi i Witkowi Drukierom, Helenie Hessel i Olkowi Askanasowi oraz Zofii i Stanisławowi Namysłom za udzielenie mi gościny w swoich domach w trakcie pracy nad książką, za to, że czułam się zaopiekowana, za wieczorne rozmowy i dobre słowa. Majce Elczewskiej, Andrzejowi Krakowskiemu, Karinie Sokołowskiej, Dorocie Wiewiórze za wielką pomoc, kontakty i podnoszące na duchu anegdoty.

Barbarze Engelking za rekomendacje, które umożliwiły mi otrzymanie stypendium twórczego Ministerstwa Kultury i Dziedzictwa Narodowego oraz spokojną pracę. Magdalenie Fikus, Elżbiecie Magenheim i Magdalenie Srebrnej za laurki, które otwierały wiele drzwi. Michele Gelfand za zaproszenie na bat micwę, która stała się jednocześnie pretekstem do ważnej podróży i wysłuchania kolejnych opowieści.

Markowi Svirskiemu i Tadeuszowi Kuźmiczowi za dodawanie smaczku historiom, Julianowi Pyzowi za pyszne obiady serwowane między rozmowami, Pawłowi Skorupce za dźwięki w przerwie opowieści, Hannah Kruglanski za pamiętanie szczegółów, Agnieszce Maziarz-Lipce za coaching przy kawie i zmienianie złych zakończeń na dobre.

Elżbiecie Sachs za Hanę.

Gołdzie Tencer za Bietę, Inkę i Jakuba.

Wiktorii Grzybowskiej za Teresę.

Iwonie Kuleszy za Elżunię.

Moim przyjaciołom Justynie Biernackiej, Oli Chrzanowskiej, Magdzie Lipskiej, Ani Pietruszce-Dróżdż, Adze Kozak, Władkowi Rybińskiemu, Kasi Petersen, Jackowi Mikuszewskiemu, Kasi i Mikołajowi Tomaszewskim, Małgosi Kozerze-Topińskiej, Gabi von Seltman i Urszuli Bence-Urbanowicz za to, że dawali mi się wygadać.

Minde za dbanie o moją kondycję fizyczną podczas przerw w pisaniu.

Jewish Community Center Warszawa, Stowarzyszeniu Dzieci Holocaustu w Polsce i Asylum Arts za przestrzenie do słuchania.

Pawłowi Mordze za bycie ze mną i moimi emocjami, gdy ta niełatwa książka się rodziła (oraz za tłumaczenie esemesów z hebrajskiego).

Tomkowi i Hugowi za to, że są i może kiedyś zechcą przeczytać tę książkę, co nadaje jej jeszcze większy sens.

Mojej Mamie Annie Kołłajtis-Dołowy, bo to ona zawsze była strażniczką pamięci. Dziękuję, że nauczyłaś mnie słuchać. Tacie Krzysztofowi Dołowemu za tamten magnetofon z kasetą w środku, na której nagrał rodzinne historie. Za to, że mi zaufałeś. Dziękuję Wam obojgu za to, że w każdym momencie mogłam na Was liczyć.

Jest jeszcze jedna osoba, której chcę podziękować w sposób szczególny.

Któregoś dnia kilka lat temu – w czasach gdy miotając się między różnymi obowiązkami, wciąż w biegu i niedoczasie, zapisywałam myśli na tysiącach drobnych karteczek, z których większość gubiłam – wróciłam do domu i na biurku znalazłam bukiecik kwiatów oraz liścik: „Na dobre pisanie. Wszystkim innym się zajmę". Był od pani Ani, Anny Bazylińskiej, ukochanej niani moich dzieci, która była i jest (choć dziś mieszka daleko) dla nich jak druga babcia. Kiedy pisałam tę książkę, wciąż wracała do mnie myśl: moje dzieci mają swoją Dobrą Osobę, która jest gotowa wiele dla nich poświęcić.

Pani Aniu, dziękuję za to, że Pani jest.

Spis treści

WYDAWNICTWO CZARNE sp. z o.o.
czarne.com.pl

Sekretariat: ul. Węgierska 25A, 38-300 Gorlice
tel. +48 18 353 58 93, fax +48 18 352 04 75
mateusz@czarne.com.pl, dominik@czarne.com.pl
ewa@czarne.com.pl, edyta@czarne.com.pl

Redakcja: Wołowiec 11, 38-307 Sękowa
redakcja@czarne.com.pl

Sekretarz redakcji: malgorzata@czarne.com.pl

Dział promocji: ul. Marszałkowska 43/1, 00-648 Warszawa
tel./fax +48 22 621 10 48
agnieszka@czarne.com.pl, dorota@czarne.com.pl
zofia@czarne.com.pl, marcjanna@czarne.com.pl
magda.jobko@czarne.com.pl

Dział marketingu: lukasz.sobolewski@czarne.com.pl

Dział sprzedaży: piotr.baginski@czarne.com.pl
agnieszka.wilczak@czarne.com.pl, honorata@czarne.com.pl

Audiobooki i e-booki: tomasz@czarne.com.pl

Skład: d2d.pl
ul. Sienkiewicza 9/14, 30-033 Kraków
tel. +48 12 432 08 52, info@d2d.pl

Drukarnia Read Me
ul. Olechowska 83, 92-403 Łódź (Olechów)
tel. +48 42 649 33 91

Wołowiec 2019
Wydanie I
Ark. wyd. 12,2; ark. druk. 18,5